Retratos do Brasil

*Coleção* Retratos do Brasil

1. *Cartas Chilenas* — Tomás Antônio Gonzaga
   org. Joaci Pereira Furtado
2. *Apontamentos de Viagem* — J. A. Leite Moraes
   org. Antonio Candido
3. *Jornal de Timon* — João Francisco Lisboa
   org. José Murilo de Carvalho
4. *Memórias do Sobrinho de Meu Tio*
   — Joaquim Manuel Macedo
   org. Flora Süssekind
5. *O Carapuceiro* — Pe. Lopes Gama
   org. Evaldo Cabral de Mello

Pe. Lopes Gama

# O Carapuceiro

## Crônicas de costumes

Organização:

*Evaldo Cabral de Mello*

Companhia Das Letras

Capa e projeto gráfico:
*Victor Burton*

Preparação:
*Cecília Ramos*

Revisão:
*Rosemary Cataldi Machado*
*Carlos Alberto Inada*

Dados Internacionais de Catalogação na Publicação (CIP)
(Câmara Brasileira do Livro, SP, Brasil)

Gama, Lopes
O carapuceiro: Crônicas de costumes / Lopes Gama ; organização Evaldo Cabral de Mello. — São Paulo : Companhia das Letras, 1996. — (Retratos do Brasil).

ISBN 85-7164-539-6

1. Crônicas brasileiras I. Mello, Evaldo Cabral de, 1936- II. Título. III. Série.

96-0620 CDD-869.93

Índices para catálogo sistemático:
1. Crônicas : Literatura brasileira 869.93

1996


EDITORA SCHWARCZ LTDA.
Rua Bandeira Paulista, 702, cj. 72
04532-002 – São Paulo – SP
Telefone: (011) 866-0801
Fax: (011) 866-0814

# ÍNDICE

Introdução ........ 7
Cronologia ........ 27

## O CARAPUCEIRO

A religião ........ 31
O luxo ........ 43
O que é ser gamenho ........ 55
Os padres e frades gamenhos ........ 64
O luxo nos enterros e exéquias ........ 73
As modas ........ 82
Os curandeiros ........ 91
Despedida por este ano aos meus respeitáveis assinantes e leitores ........ 99
Os capadócios e manembros ........ 109
Não há nada como ser tolo ........ 116
Os mentirosos ........ 122
Ninguém se fie em aparências ........ 128
O jogo ........ 134
As procissões ........ 140
Os desmazelados que o vulgo chama filósofos ........ 149
Os mártires das modas ........ 157
A comichão de escrever ........ 164

As palestras da ponte da Boa Vista ..... 173
Os velhos namorados ..... 183
O vadiismo ..... 191
As demandas e os demandistas ..... 201
Os festejos de são João ..... 209
Os curadores de feitiço ..... 218
A influência dos nomes ..... 229
As constipações e as belas indigestões ..... 235
As festas de fim de ano ..... 246
Cada qual para o que nasceu ..... 256
Os bazófios ..... 267
As nossas festas do campo ..... 278
As aleluias ..... 287
Os sem-cerimônia ..... 295
A ornitomania ou paixão por pássaros ..... 301
A mesa de nossos avós ..... 307
A fofice aristocrata ..... 315
Furtar e mentir, adular e repartir ..... 321
A estultice do bumba-meu-boi ..... 330
O nosso gosto por macaquear ..... 339
A má-criação ..... 349
Os nazarenos ou ciganos de nova invenção ..... 358
As quadrilhas ..... 367
O que é ser pelintra ..... 377
O que é uma coqueta ..... 384
A sede dos empregos entre nós ..... 393
O que deve ser uma dona de casa ..... 403
A boa educação ..... 411
A linguagem bordalenga de muita gente ..... 421
O que é ser bom moço ..... 431
Os passatempos do Natal ..... 439

# Introdução

Na história do jornalismo brasileiro da primeira metade do século XIX, o padre Miguel do Sacramento Lopes Gama ocupou um lugar à parte. Embora compartilhando alegremente a moda do jornalismo político, que correspondeu a uma das vertentes da sua atividade de publicista, não se contentou em comentar a luta dos partidos da sua província no período regencial e realizou igualmente um trabalho de crítica social do Pernambuco da sua época que constitui uma fonte admirável à disposição do historiador da vida privada. Embora Lopes Gama tenha gozado de certa notoriedade no Rio de Janeiro, onde foi saudado como "o nosso La Bruyère", e até em Portugal, onde ainda se encontram velhas coleções do *Carapuceiro* amarelecendo em bibliotecas de província, sua obra ficou praticamente esquecida depois da sua morte, em 1852. Redescobriu-a Gilberto Freyre ao compulsar nos anos 20 as velhas coleções de jornais do acervo da Biblioteca Pública do Recife, no início das pesquisas que iriam desembocar em *Casa-grande & senzala* e *Sobrados e mucambos*, obras que invocam freqüentemente o depoimento do velho padre mestre no tocante à vida social e familiar do brasileiro.

Posteriormente, outros estudiosos, como Olívio Montenegro, Amaro Quintas e Valdemar Valente, debruçaram-se sobre a irrequieta figura desse beneditino *defroqué* convertido ao clero secular. Só recentemente, contudo, graças à iniciativa de Leonardo Dantas Silva, a quem tanto deve o trabalho de edição e reedição das fontes da história pernambucana, dispõe o leitor de edição fac-similar e completa de *O Carapuceiro*. Até então, quem não quisesse se dar ao trabalho de freqüentar nossas hemerotecas devia se contentar de ler Lopes Gama no pequeno volume de trechos escolhidos que Luís Delgado organizou em 1958 para a coleção "Nossos Clássicos" da Editora Agir. Esta edição, que agora se publica pela Companhia das Letras, constitui uma seleção de 48 crônicas escolhidas exclusivamente entre os artigos de crítica social, quase diria entre os artigos de feitio costumbrista. Isso significa que ficaria ainda por organizar, em outra ocasião, uma antologia das crônicas políticas de Lopes Gama, cujo interesse não é menor que o dos textos que agora se apresentam.

Falar de costumbrismo a respeito de Lopes Gama seguramente não é descabido. Nesses mesmos anos em que ele redigia seu obscuro jornal de província, o espanhol Mariano José de Larra levava o gênero ao ponto mais alto que viria a alcançar nas literaturas ibéricas. Certamente Lopes Gama não conheceu a obra de Larra, de modo que não caberia ver influências do escritor espanhol. Intelectualmente, o pernambucano foi o herdeiro da veia satírica da literatura clássica, que conheceu muito bem; da tradição moralista francesa do Grande Século; e do reformismo de púlpito que lhe permitiria, ao secularizar-se, transitar do sermão para a sátira com uma facilidade que nos faz esquecer muitas vezes o que esta pode dever àquele. Como o de Larra, o objetivo de Lopes Gama era o velho "*corrigit ridendo mores*", moralizar os costumes pelo humorismo. Não se trata, portanto, do gosto puro e simples pelo que os castelhanos, com matiz levemente diferente do "pitoresco" português, chamam de "pintoresco", filão muito explorado primeiro pela novela picaresca dos séculos XVI e

XVII, depois por alguns dos escritores da geração de 98, como Azorín e Pio Baroja. Por outro lado, o riso costumbrista é superficial, podendo mesmo disfarçar, como no caso de Larra, suicida aos 28 anos de idade, uma personalidade eminentemente trágica. O humor costumbrista pode esconder uma aspiração de pureza que, embora risonha, não é menos fanática que a do missionário. Daí que, com toda a sua aparência de iconoclasta ou de contestatário, o costumbrista tenda a ser indivíduo visceralmente conservador, por paradoxal que pareça. E, com efeito, ele está interessado não em transformar a sociedade, cuja organização, no essencial, aceita, mas apenas em reformar os costumes, por lhe parecerem ou perigosamente subversivos da ordem social ou simplesmente ridículos ou irracionais. O que não significa tampouco que ele seja um reacionário.

Esse foi seguramente o caso de Lopes Gama. Nascido e criado no Pernambuco de fins do período colonial, ele assistiu, aos trinta e tantos anos, ao espetáculo da sociedade regencial numa província que, como o Rio de Janeiro ou a Bahia, vinha constituindo desde a abertura dos portos e a transmigração da corte de Lisboa um dos principais focos de mudança social. Mudança social não na acepção, é claro, de modificação da estrutura social e das relações entre classes, mas no sentido menos relevante, e por isso mesmo mais facilmente assimilável, de substituição das maneiras e hábitos herdados da antiga sociedade luso-brasileira pelas maneiras e hábitos que, do exterior, reeuropeizavam a vida brasileira, até então ciosamente mantida no seu casticismo colonial, duplamente marginalizador vis-à-vis do Ocidente. Em Pernambuco, essas pressões modernizantes tornaram-se particularmente vivas no período regencial e nos primeiros anos do reinado de dom Pedro II, graças ao governo de Francisco do Rego Barros, futuro conde da Boa Vista, que iniciou um programa de obras públicas como não se via no Recife desde os dias do conde de Nassau ou de Antônio Fernandes de Matos. Tende-se a ver em Lopes Gama um crítico da europeização em nome dos valores da sociedade patriarcal, o que não me deixa inteiramente convencido. Diante dessa modificação social de fachada, que foi paralela ao aparecimento do Brasil como país independente, a atitude de Lopes Gama esteve longe de ser nostálgica. Ela foi muito mais ambígua. Se, por um lado, o nosso autor ataca ferozmente a importação de modas européias ou nossa velha mania de macaquear o estrangeiro, que no seu tempo não era tão velha assim, por outro lado ele não poupa os usos e os abusos do patriarcalismo rural e da escravidão.

Na realidade, a posição assumida por Lopes Gama na sua crítica social acompanhou de perto sua posição política. Não seria, portanto, ocioso tentar entender esta para melhor compreender aquela. O período regencial foi sempre encarado pelos publicistas da época e depois pela historiografia do Império como uma fase de grande instabilidade na vida política brasileira, felizmente espremida (Deus é brasileiro) entre duas etapas de grande estabilidade, o Primeiro e o Segundo Reinados. É necessário, porém, ter em mente duas reservas importantes. A primeira é a de que o Primeiro Reinado, embora repressivo, está longe de poder ser considerado estável. Uma etapa que assistiu a um movimento secessionista da amplitude territorial do Confederação do Equador e que se envolveu numa guerra no Prata, da qual só pôde sair mediante a interferência e a pressão estrangeiras, está longe de poder dar exemplo de estabilidade política. A instabilidade regencial foi apenas o legado da frustração das expectativas abertas pela Independência entre as camadas médias e subalternas da população e reprimidas pelo regime a partir do golpe de Estado de 1823. Em segundo lugar, a crítica da instabilidade regencial fez parte do arsenal ideológico usado pelo estadistas do Segundo Reinado no esforço de imunizar o sistema monárquico contra futuras veleidades republicanas, de modo que, por um lado, há de se dar o devido desconto à antipatia que a Regência despertou entre os bem-pensantes e, por outro, não esquecer o fato de que o Brasil de dom Pedro II só pode ser erigido em modelo institucional quando comparado à história política, ainda mais acidentada, dos nossos vizinhos da América espanhola. No caso específico do Pernambuco em que viveu Lopes Gama, seguramente só os "caramurus" empedernidos do interior e os grandes comerciantes portugueses do Recife teriam preferido o reinado de dom Pedro I aos anos da Regência, malgrado todo o tumulto das sedições castrenses (a setembrizada, a novembrada, as carneiradas) e da guerra dos cabanos.

O percurso político de Lopes Gama antecipou, com dois ou três decênios de diferença, o roteiro de vários dos estadistas do Segundo Reinado, como Nabuco de Araújo, para só citar o caso mais conspícuo, os quais, tendo iniciado suas carreiras sob o signo conservador-constitucional, corrigiriam o rumo a meio caminho para dar-lhe um destino liberal. O fato é que Lopes Gama começou suas atividades sob a proteção do setor mais reacionário da capitania, que era não a grande propriedade territorial, mas os círculos de comerciantes reinóis e de altos funcionários públicos a que estava ligado seu pai, cirurgião português radicado na terra e casado com brasileira de família influente mas de origem urbana. Apenas de regresso dos seus estudos com os beneditinos da Bahia, Lopes Gama foi nomeado lente de retórica do célebre Seminário de Olinda pelo último governador e capitão general de Pernambuco, Luís do Rego Barreto, que assumira o governo na esteira do fracasso da revolução de 1817, movimento de que o Seminário havia constituído o viveiro ideológico. Deposto Luís do Rego pelo movimento de Goiana, em 1821, Lopes Gama começou sua marcha para o centro do espectro político, lançando-se à atividade jornalística e colaborando com a junta presidida por Gervásio Pires Ferreira, de cujo *Diário* tornou-se diretor.

Seu apoio à nova ordem de coisas esteve longe, porém, de ser irrestrito. Essa primeira junta, suspeita de alimentar intuitos demasiado liberais e até separatistas, foi, com efeito, derrubada por um movimento castrense travestido de movimento popular, articulado por um parente seu do lado materno, Bernardo José da Gama, futuro visconde de Goiana, despachado por dom Pedro I para articular a adesão de Pernambuco à corte do Rio de Janeiro. Desde então, a agitação política e a luta de partidos na província percorreria o plano inclinado que conduzirá à Confederação do Equador (1824), que Lopes Gama, aliás coerentemente, criticaria toda a sua vida. No jornal que redigiu nessa época, *O Conciliador Nacional* (1822-1823), já reponta a posição de meio-termo que será a sua durante o período regencial, mas que lhe valeu a cerrada crítica de frei Caneca, numa de suas "Cartas de Pítia a Damão".

O malogro da Confederação do Equador trouxe Lopes Gama de volta às lides jornalísticas como diretor do *Diário do Governo de Pernambuco* e do *Conciliador Nacional* na sua nova fase, atividades, contudo, que abandonará pouco tempo depois, para dedicar-se à organização e direção do recém-criado Liceu, instituição de ensino secundário que se transformará no Ginásio Pernambucano. Lopes Gama também ensina aí a cadeira de retórica. Esse período pedagógico foi, porém, de curta duração, devido a problemas de saúde, que ele próprio descreverá como uma "antiga queixa nervosa", com insônia e vertigens. O certo é que, na província, os anos pós-Confederação do Equador foram de repressão política, com o aparecimento da Sociedade Colunas do Trono e do Altar, destinada a defender uma versão autoritária e católica da monarquia de dom Pedro I. É plausível, portanto, que Lopes Gama tenha aproveitado esses problemas de saúde para tomar suas distâncias relativamente a uma situação com a qual não podia estar de acordo, à luz das opiniões que exprimira outrora no *Conciliador Nacional*. Somente com o fim da guerra no Prata, em 1828, que abriu perspectivas de mudança no regime instaurado em 1823, é que Lopes Gama retornará à liça, colaborando no *Diário de Pernambuco* e lançando um novo jornal, *O Constitucional* (1829-1831).

O clima de liberdade de expressão instaurado no período regencial permitiu a Lopes Gama dar às suas idéias políticas e sociais um grau de influência de que até então só frei Caneca gozara na terra e que só será repetida nos anos 40 pela popularidade da imprensa "praieira", ou liberal. O instrumento dessa influência foi obviamente *O Carapuceiro*, que circulou com interrupções durante catorze anos, refugiando-se finalmente nas colunas do *Diário*. Nas suas opiniões políticas, *O Carapuceiro* é um advogado do meio-termo, batendo-se por uma aplicação liberal da Constituição de 1824 que evitasse os escolhos do populismo e do republicanismo, à esquerda, e do reacionarismo caramuru, à direita. Ele não podia concordar com o que chamava de "republiqueiros", para quem "ser moderado é o maior vício que pode ter um filho de Eva", e reputava os extremismos de um e outro bordo os ingredientes mais perigosos nas mutações políticas. Lopes Gama não tinha dúvidas de que o Brasil queria a monarquia constitucional, repelindo os extremos, pois o brasileiro não tinha vocação republicana e estava "tão apto para a democracia como o muçulmano para reconhecer a jurisdição do papa", o que não queria dizer que estivesse incapacitado de adotar, no futuro, o sistema republicano. Ao contrário, Lopes Gama pensava que, ao cabo de um longo processo de educação política, o Brasil se tornaria republicano e que essa ainda era, a longo prazo, a melhor solução. Num artigo de 1834, ele encapsulava o essencial da sua posição:

> Desengane-se finalmente o governo que a maioria do Brasil tem sentimentos republicanos; que a república há de aparecer não já, porque não nos convém, porque não temos todos os requisitos para ela. Mas é mister predispô-la lentamente, fazer a revolução, não física mas moral, a fim de que, quan-

do for convinhável, estabeleça-se quase por si mesma e entremos todos na grande família americana. Já nos conveio a monarquia, hoje convém-nos a monarquia sim, mas constitucional, representativa e federal. Para o diante, em seu tempo adequado, só nos convirá a república, que é a natural tendência da América.

Sua rejeição das novidades republicanas e democráticas, implantadas pela Regência ou ainda em cogitação, tais como a criação dos juízes de paz, que se haviam revelado tão autoritários quanto os antigos capitães-mores, ou o sistema de eleição na Guarda Nacional, ou ainda a eleição dos presidentes de província, não significava, contudo, que ele fosse refratário à adoção imediata do que lhe parecia positivo nessas novidades, em especial a assimilação do princípio federativo pelo regime monárquico. (Fórmula em que, meio século depois, feita a abolição, Joaquim Nabuco enxergaria a salvação da monarquia, reforma a que pretendia dedicar seus esforços, não tivesse o golpe republicano de 1889 alterado o quadro institucional.) Lopes Gama fora inicialmente hostil à federação quando proposta pela primeira vez por Borges da Fonseca no seu jornal *A Abelha*. Em 1834, parecia-lhe porém que, mudadas as condições, a federação tornara-se necessária, "uma vez que permaneça o elemento monárquico e todas as províncias reconheçam por chefe da nação o sr. dom Pedro II" e contanto que a reforma fosse introduzida pelos trâmites constitucionais e não por meios revolucionários. Destarte, poupar-se-ia às províncias o trabalho de irem "mendigar providências e recursos ao Rio de Janeiro", ao que eram forçadas pelo fato de seus erários se acharem "em absoluta sujeição às ordens da corte". Daí ser favorável ao Ato Adicional, embora lhe parecesse tímido o sistema de divisão de rendas entre o governo central e o provincial nele previsto. É que existia no Rio de Janeiro "um partido de figurões, inimigos jurados da federação, unitários por cálculo e que não podem tragar que as províncias se subtraiam à mais estrita dependência da corte", grupo que não titubeava em estimular a guerra dos cabanos em Pernambuco para que, espalhando-se pelo Norte, liquidasse as chances de regime federativo.

O meio-termo político de Lopes Gama rejeitava também a direita do seu tempo, o chamado "partido caramuru":

> Não há força que lhes [aos "caramurus"] tire do estúpido bestunto que nós, filhos do Brasil, somos meros colonos do caduco Portugal, que isto por cá é muito seu e a eles cabe governar-nos *per omnia saecula saeculorum*. A maior parte

> olha para os próprios filhos [já nascidos brasileiros] com ciúme e tem-nos por outros tantos cabrinhas etc. [...] Promover a reentronização de dom Pedro I é não ter juízo e desejar a desgraça geral de sua nação porque certamente esse príncipe não pode assenhorear outra vez o Império senão à custa de rios de sangue e só assentará o seu trono, sempre vacilante, sobre um montão de cadáveres.

Na sua oposição aos "caramurus", Lopes Gama criticava a própria atitude da Igreja, constatando que "ainda se não viu que os senhores párocos tomassem o louvável trabalho de explicar a seus fregueses ao menos os artigos essenciais da mesma Constituição". Além do clero, boa parte da açucarocracia, isto é, "quase toda a nossa aristocracia mascavada", aliara-se nos anos 20 à reação absolutista. Contudo, previa Lopes que, caso dom Pedro I retomasse o poder, os "caramurus" marginalizariam os "nossos palhaços da aristocracia, que para aqueles senhores nunca são outra coisa mais do que seus mulatinhos mais espertos do que os outros". Sempre fiel, porém, ao meio-termo, Lopes Gama não desejava ostracizar o comércio português, mas atraí-lo para a monarquia constitucional, afastando-o da tentação autoritária. E até admitia os benefícios do antigo absolutismo, do mesmo modo pelo qual reconhecia, à esquerda, as vantagens da fórmula federativa, comparando a rapidez e a eficiência com que o governo do último capitão general, Luís do Rego Barreto (1817-1821), construíra as estradas provinciais, ao passo que as administrações pós-Independência haviam lamentavelmente descurado objetivo tão vital aos interesses da província.

Em 1838, Lopes Gama dava um balanço moderadamente otimista do setenato regencial. A essa altura, o regime implantado em 1831 parecia-lhe consolidado. "A Regência", escrevia, "merece-me respeitos, mas nem por isso a adularei, sustentando que não tem cometidos erros", sendo o maior deles "o viver desconfiada dos liberais e querer sustentar-se à sombra dos partidos". Já repontava aí o que será futuramente o essencial da sua oposição à dominação conservadora da província, uma atitude visceralmente antioligárquica, de que ele se manteve sempre adepto, produto que era do meio recifense e do casamento de um imigrante português com mulher da terra, atitude que partilhou com frei Caneca, saído também mais ou menos do mesmo meio. O homem do meio-termo e o falecido revolucionário de 1817 e 1824 reconheciam, aliás, o que tinham em comum. Na feroz campanha que fez contra a família Fernandes Gama, a que Lopes Gama pertencia pelo lado materno, frei Caneca teve o cuidado de poupar o então jornalista de *O Conciliador Nacional* e o seu irmão, Caetano Maria Lopes Gama, futuro visconde de Maranguape, embora evidentemente não pudesse concordar com o seu programa político.

Por sua vez, executado frei Caneca, Lopes Gama sempre se lhe referirá de maneira respeitosa, "o invicto Caneca", "o gênio tutor de Pernambuco", que num dos seus artigos lhe aparece em sonho para alertar contra os males que se abateriam sobre a província em caso de vitória "caramuru". Com Caneca, Lopes Gama comungava sobretudo no horror ao que Arruda Câmara designara outrora por "essa acanalhada e absurda aristocracia cabundá". À medida que, nesses anos finais da Regência e nos primeiros do Segundo Reinado, os "guabirus", isto é, os conservadores pernambucanos arregimentados sob a batuta da oligarquia Rego Barros-Cavalcanti, dão início ao seu duradouro domínio político da província, só interrompido pelo triênio praieiro (1845-1848), o liberalismo de Lopes Gama se aprofunda, embora, como se apressava em explicar, "sou liberal sim, mas não sou nivelador". Em 1842, ele investia mesmo contra a base do poder oligárquico, a grande propriedade territorial, que desejava ver submetida a um processo de democratização mediante o aforamento das terras dos engenhos, reivindicação que depois será retomada por Antônio Pedro de Figueiredo na sua revista *O Progresso*.

No seu tempo, Lopes Gama foi acusado de versatilidade política e de haver traído os cavalcantistas, após se ter beneficiado dos favores do barão da Boa Vista. E com efeito a situação conservadora dos últimos anos da Regência confiou-lhe importantes tarefas de organização e supervisão do ensino, inclusive a direção do Curso Jurídico de Olinda, ademais de o fazer eleger deputado à assembléia local e depois suplente de deputado geral por Pernambuco. Separando-se dos seus amigos políticos de outrora para aproximar-se da oposição liberal, na sua versão praieira, isto é, populista, Lopes Gama escreveria contra seus aliados da véspera algumas das mais ferozes verrinas da história da imprensa pernambucana. A palavra de ordem dos jornais que lançou nos primeiros anos 40, *O Pernambucano* (1844) e sobretudo *O Sete de Setembro* (1845-1846), é a mesma dos jornais praieiros, como o *Diário Novo*, vale dizer, o combate sem concessões à oligarquia Rego Barros-Cavalcanti. A ascensão política do seu irmão, Caetano Maria Lopes Gama, na corte, beneficiou-o com a eleição de deputado geral por Alagoas, em 1845, e durante a situação praieira ele voltou à direção do Curso Jurídico. Contudo, o retorno conservador, após o esmagamento da revolução praieira (1848-1849), não acarretará sua ostracização política, graças provavelmente à proteção do visconde de Maranguape, a essa altura senador do Império e membro do Conselho de Estado. Em 1851, às vésperas do seu falecimento, Lopes Gama era nomeado diretor geral dos estudos na província.

Como constatará o leitor que percorrer as páginas desta coletânea, o meio-termo da sua doutrina política correu paralelo ao meio-termo da sua crítica social em *O Carapuceiro*: nem excessos modernizantes nem arcaísmos. Se, de um lado, ele verberou a assimilação indiscriminada de modas estrangeiras, "o nosso gosto por macaquear", de outro não foi menos intolerante com o que chamou "usanças bárbaras de nossos avós", como o curandeirismo, e até com inocentes manifestações da cultura popular, como o bumba-meu-boi, de que nos deixou a primeira descrição de interesse etnográfico. Ocorreu, porém, que, homem da cidade, escrevendo para um público urbano, Lopes Gama teve prioritariamente de partir em riste não contra a antiga sociedade senhorial, que agonizava lentamente na solidão dos engenhos, mas contra a burguesia recifense, que constituía o grupo social com quem privava desde criança e que, portanto, conhecia melhor do que qualquer outro. Ela lhe ofereceu o tema de seus melhores quadros da vida social e de família da época. Sua nostalgia dos tempos idos, ou do "tempo do rei morto", como ainda se dizia, era bastante discriminatória, só repontando aqui e ali, como no tocante à gastronomia das velhas mesas, estando longe em todo caso de constituir uma idealização da existência patriarcal. Foi intransigente sua condenação do regime escravo, que atacou em nome da moralização dos costumes e até devido aos vícios de pronúncia que legara às classes altas da província. E, com efeito, nada podia ser mais ofensivo aos ouvidos desse partidário da ilustração e defesa da língua portuguesa, cujos clássicos conhecia tão bem quanto os latinos. O empenho com que defendia os valores religiosos não o inibia de verberar acremente os padres e frades gamenhos. Sua misoginia era com certeza indisfarçável, mas seguramente mais tolerante do que a da esmagadora maioria de seus contemporâneos. Detectou, inclusive, entre várias de nossas mazelas, aquela que se aprofundará ao longo de todo o

Segundo Reinado, o empreguismo, que Joaquim Nabuco vinculará à economia escravista numa das páginas mais brilhantes de *O abolicionismo.* Escrevendo na atmosfera relativamente tolerante do período regencial, Lopes Gama pôde se dar ao luxo de penetrar nas intimidades da burguesia brasileira, tornando-se assim um dos primeiros observadores da nossa vida privada.

# Cronologia

**1793** Nasce no Recife, em 29 de setembro, Miguel do Sacramento Lopes Gama, filho de João Lopes Cardoso Machado, natural de Lisboa, médico pela Universidade de Coimbra e delegado da Real Junta do Protomedicato em Pernambuco, e de sua mulher, Ana Bernarda do Nascimento, da família Fernandes Gama.

**1805** Ingressa como noviço no mosteiro de São Bento de Olinda, onde fez seus primeiros estudos.

**1807** Transfere-se para o mosteiro de São Bento da Bahia.

**1808** Professa em Salvador como monge beneditino.

**1815** Havendo regressado ao Recife em data desconhecida, ordena-se religioso secular.

**1817** É nomeado lente de retórica do Seminário de Olinda pelo governador Luís do Rego Barreto, último capitão general de Pernambuco.

**1822** Publica *O Conciliador Nacional* e dirige o *Diário da Junta do Governo*.

**1824** Após o fracasso da Confederação do Equador, dirige o *Diário do Governo de Pernambuco* e publica a segunda fase de *O Conciliador Nacional*.

**1825** É nomeado visitador das escolas públicas, lente de retórica e diretor do recém-criado Liceu, futuro Ginásio Pernambucano.

**1826** Por motivos de saúde, retira-se à vida privada.

**1829** Regressa ao jornalismo; escreve para o *Diário de Pernam-*

*buco* e publica *O Constitucional* (1829-1831).

1830 Publica *O Popular*, de vida também efêmera.

1832 Inicia a publicação da primeira fase de *O Carapuceiro* e imprime *A Coluneida*, sátira poética contra a Sociedade Colunas do Trono e do Altar.

1834 Abandona a ordem beneditina.

1835 Dirige o Colégio dos Órfãos e o Curso Jurídico de Olinda, sendo também eleito deputado provincial.

1837 Publica três traduções: *Memória sobre quais são os meios de fundar a moral de um povo*, de Destut de Tracy; *Refutação completa da pestilencial doutrina do interesse propalada por Hobbes*, de Torombert; e *Princípios gerais de economia pública e industrial*, de Turanne.

1839 Encerra sua direção do Curso Jurídico e aposenta-se como professor do Colégio das Artes. Publica a tradução de *A religião cristã demonstrada pela conversão e apostolado de são Paulo*, de Lyttelton.

1840 Como suplente, assume a cadeira de deputado geral por Pernambuco; inicia a divulgação de *O Carapuceiro* na corte pelas colunas de *O Despertador*; publica a tradução do *Novo curso de filosofia*, de Gerusez.

1841 De sua autoria, publica *A farpeleira* e a sátira intitulada *Código criminal da semi-república do Passamão na Oceania.*

1842 Reinicia a publicação de *O Carapuceiro*, desta vez nas colunas do *Diário de Pernambuco.*

1844 Publica novo jornal, *O Pernambucano*, de que só se conhecem oito números.

1845 Publica *O Sete de Setembro* e é eleito deputado geral por Alagoas.

1846 Publica no Rio de Janeiro as *Lições de eloqüência nacional*, em dois volumes.

1847 Dirige pela segunda vez o Curso Jurídico de Olinda.

1850 Dirige o Liceu pela segunda vez. Publica *Observações críticas sobre o romance do sr. Eugênio Sue, "O judeu errante"* e a tradução de *Uma lição acadêmica sobre a pena de morte*, de Carmignani.

1851 É nomeado diretor geral da instrução pública em Pernambuco.

1852 Escreve na *Marmota Fluminense* e publica a tradução de *Os deveres dos homens*, de Silvio Pellico. Falece no Recife, em 9 de dezembro.

# *O Carapuceiro*

# *A religião*[1]

É a religião o objeto mais sagrado que tem o homem, é a religião o jugo mais suave, a prisão mais proveitosa, o mais sólido arrimo da sociedade. Se houvesse um povo sem religião, tal comunidade seria um antro de feras. Mas é preciso que a religião não seja confundida com o fanatismo, e que a piedade não degenere em superstição. Nós, que temos a ventura de seguir a religião católica, nela encontramos tudo quanto nos pode fazer felizes ainda nesta vida mortal. Ela nos ensina e manda crer certos dogmas essenciais, assim como praticar certas ações, sem as quais ninguém poderá ganhar o céu, para que todos fomos criados. E tão ligadas andam estas coisas, que crer e

[1] *O Carapuceiro*, n. 4 (7/5/1832).

não praticar é não ter de cristãos senão o nome, e quando muito as aparências.

Infelizmente uma grande parte do povo não tem religião, senão certas exterioridades, que são boas sem dúvida, quando correm unidas à justa e santa moral do Evangelho, e não o sendo só servem de fazer hipócritas, jacobeus e inumeráveis velhacos. Ordinariamente essas práticas externas, essas devoções e carolices, nenhum sacrifício, nenhum incômodo requerem das pessoas que as exercem, pois que muitas as tomam não poucas vezes por mero divertimento, por passatempo e até por medidas de estudado interesse. Pelo contrário, os preceitos essenciais da religião demandam esforços e privações da parte da nossa natureza rebelde. Que custa, por exemplo, rezar em umas contas? Muitas mulheres trazem-nas cosidas consigo, de forma que despachando contas saem a fazer visitas; despachando padre-nossos e ave-marias, dão à tramela horas esquecidas com as amigas e camaradas; despachando contas murmuram do próximo, desenterram mortos, sepultam vivos; despachando contas descompõem bem descomposta uma vizinha, apalpam galinhas, mentem, juram e praguejam, e fazem mil outras coisas piores. E ainda há quem crê que tais mulheres têm verdadeira religião? Muito boa coisa é rezar nas contas, mas não é essencial. Muito melhor, porque é essencial, é não murmurar do seu próximo, não mentir, não jurar falso, é guardar finalmente os mandamentos da lei de Deus e da santa madre Igreja.

Sujeitos há cuja consciência engole traves e engasga-se com mosquitos. Um destes não come carne pela Quaresma e dias de preceito ainda que morra de fome, ainda que lhe mostrem uma bula de dispensa deste preceito disciplinar promulgada pelo sumo pontífice, mas nenhum escrúpulo tem, não lhe remorde a consciência de viver pública e escandalosamente amancebado até com mulheres casadas, crime de que se horrorizam os mesmos pagãos. Há homens tão miseravelmente iludidos, que não deixam de fazer uma novena, de rezar o seu terço, ainda que estejam com um garrotilho, mas são capazes de pregar um calote na cabeça do mais ladino, mentem que se (...).[2] Se fazem qualquer negócio, procuram todas as traças de enganar o seu semelhante; se compram, é vendo modos de o conseguir por muito menos do seu valor; se vendem, é com mil embustes, mil trapaças e usuras. Finalmente há homem que não pode ouvir dizer a mais leve chança que pareça duvidar do dilúvio de milagres, atribuídos ao padre santo Antônio; há homem que não quer saber de patriotas

[2] Palavra ilegível.

porque lhe disse um padre, outro que tal, como ele, que os patriotas são todos hereges, pedreiros livres e têm pacto com o diabo. Mas para matar, ou mandar matar um homem, não põe tempo, nem lhe bate o papo.

Não é coisa risível ver mulheres de má vida, que não perdem a visita do Senhor dos Passos, a novena de tal santo, a ladainha de tal igreja, atos aliás muito piedosos, mas que dali saltam aos braços dos amantes, e que da terrível casa do Deus vivo passam-se a ofendê-lo nos hediondos prostíbulos de Vênus? Do que serve a um carola destes andar beijando os ladrilhos de quanta igreja há, fazendo do pescoço cabide de verônicas, de bentinhos, de medidas e breves da marca, se ele *v. g.* é um Nero para os seus escravos aos quais traz nus, famintos e retalhados de açoites? Se é um Sardanapalo, que vive na mais sórdida frascaria? Um usurário que só empresta esfolando, um usurpador de terra e outros bens alheios? Se aproveita a desgraça, a fome, a miséria do seu semelhante para lhe empolgar escravos a troco de punhados de farinha, ouro e prata vendidos com a corda na garganta por pouco mais do preço do cobre? É isto religião ou hipocrisia? Na seca de 1825, quantos desses santarrões, mormente pelo mato, forneceram-se de escravos, comprados por pouco mais de nada aos míseros habitantes dos sertões, que desciam mortos a fome e sede? Mas não perdiam o seu terço, nem comeriam carne pela Quaresma, ainda que absolutamente não tivessem outra coisa com que se alimentassem.

A religião pois da maior parte dessa gente é a mesma que a do fariseu, de que nos fala o Evangelho. Há sujeitinho tão velhaco e de tão larga consciência, que faz medo tratar algum negócio com ele e que, em podendo enterrar a unha, não guarda fidelidade nem a seu próprio pai, mas não quer saber de Constituição, porque ouviu dizer a certos padres estúpidos ou velhacos que é preceito divino considerar a todos os reis como emanações da divindade, ainda que seja um rei de Cabinda ou Calabar. Mas se lhe fossem oferecer um príncipe negro, pilhado na guerra e vendido bem baratinho, nenhum escrúpulo teria em o comprar, e às duas por três pespegar trezentos e mais açoites nas reais nádegas de um lugar-tenente de Deus. São esses impostores os que mais choram pelas barbas abaixo, dizendo que os liberais querem dar cabo da santa religião de seus pais. Olhando-se, porém, para as suas ações, vê-se claramente que eles de religião nada têm sólido, e o que lhes falta dos preceitos essenciais querem suprir com rosários, contas bentas, beijos em registros,[3]

[3] *Registros*: gravuras de santos.

novenas cantaroladas, romarias e outras práticas sensíveis, que sendo muito louváveis, quando assentam sobre o desempenho de toda a moral evangélica, são obras mortas para quem vive em pecado, e mais parecem irrisão do que piedade.

Tal é a religião prática da maior parte da gente do povo. Eles bem viam as escandalosas ladroeiras da corte do rei,[4] bem observavam e alguns sofriam os rigorosos tributos, impostos pelo mesmo rei, não para pagar à tropa, que vivia rota e mendiga, não para sustentar aos funcionários públicos, de cujos mesquinhos honorários nenhum se podia manter, mas para cevar o luxo asiático dos seus áulicos e aduladores. Eles bem observaram a desmarcada rapina dos ministros, que entrando nos lugares pobres como Job saíam ricos e faustosos como Cressos. Eles bem viram reis e príncipes desordenadamente sensuais tirando mulheres a seus maridos, e, já enfastiados de ter filhos em todas as classes, i-los fazer nas freiras, talvez para saírem mais açucarados e delicadinhos.[5] Eles bem conhecem, pois

[4] Isto é, da corte de dom João VI e, por extensão, dos monarcas portugueses.

[5] Alusão a dom João V (1706-1750), cuja predileção amorosa pelas freiras era notória, gosto, aliás, que partilhava com muitos nobres portugueses, por isso mesmo conhecidos por "freiráticos".

estão vendo muitas vezes em si mesmos, que há muitíssimos realistas ladrões, mentirosos, amancebados, adúlteros, assassinos, borrachos, facinorosos etc. etc. E não dizem que estes estão corrompendo a religião, como se a observância do Evangelho, se a prática das virtudes cristãs não fossem os alicerces do edifício da mesma religião. Se alguns liberais por tolos e a maior parte das vezes por malcriados soltam chufas contra os mistérios, os sacramentos etc. etc. não faltam realistas que façam o mesmo. E por que se há de dizer que aqueles querem destruir o altar, e estes não?

A respeito das devoções há tanta extravagância, que apenas se pode crer que tais desvarios caibam em quem está em seu perfeito juízo. Mulheres há que prometem missas às almas do purgatório, que prometem novenas a santo Onofre, responsos a santo Antônio para que os santos e benditas almas lhe alcancem de Deus o fazer pazes com os amantes, com quem brigaram. E se conseguem congraçar-se com eles, o que é muito ordinário, ninguém lhes tira dos cascos que foi o santinho da sua devoção que dobrou aquele coração de pedra dura. Outras e outros estão muito persuadidos que as imagens de um mesmo santo têm diferentes préstimos, e que esta é mais milagrosa que aquela, e mais se a boa imagem passou as ondas do mar. E é de notar que as mulheres ordinariamente só têm por prodigiosos os santos que não estão nos seus oratórios, ou que residem em igrejas bem distantes de suas casas, o que tudo é por causa do passeio da romaria. Muitas vezes tem uma mulher no seu oratório não só um santo Antônio, mas três e quatro de diversas bitolas, mas ninguém a verá fazer promessas aos seus, porém sim a santo Antônio do Monte,[6] ou de outro lugar remoto, e sempre com o voto de lá ir. Todas as imagens de Cristo, uma vez bentas, merecem o mesmo respeito e veneração, mas vão dizer a essa gente por aí que o santo Cristo de Ipojuca[7] não é mais milagroso que todos os santos Cristos do mundo?

Para fazer uma idéia bem clara do que é a religião da totalidade da plebe, basta ver como têm os realistas levantado as suas bandeiras por esses matos, e proclamado o governo do seu rei e senhor absoluto. A par da bandeira real tremula sempre outra, chamada da Senhora da Conceição, da Penha, do Rosário etc. E mortos que sejam

[6] Referência à igreja de Nossa Senhora do Monte, nos arredores de Olinda.

[7] Devoção muito viva em Pernambuco desde o período colonial e que dizia respeito à imagem do Senhor existente na igreja do convento franciscano de Ipojuca.

alguns bois, quase sempre alheios, não é preciso outro rebate para ajuntar homens com caras de fúrias, que surgem de todos os cantos. Vamos sustentar a nossa santa religião, que os patriotas querem destruir, viva Nosso Senhor Jesus (dizem os seus chefes), viva o rei, ou imperador, e nestas vozes não há rês que não matem, ou recolham para si, casa que não escalem, engenho ou fazenda que não roubem, assassínio que não cometam, virgem que não forcem, casada que não insultem, excesso que não pratiquem, tudo para maior glória de Deus, salvação das suas almas etc., triunfo da religião e estabilidade do trono.

Que coisa haverá mais irrisória do que ouvir um homem de péssimos costumes, que rara vez ou nunca se confessa, que não dá uma esmola por amor de Deus, antes é capaz de arrancar a última camisa do pobre, um homem usurário, caloteiro e velhaco gritando que quer sustentar o trono ameaçado e o altar, isto é, a religião, que está próximo a cair? Vem cá, grandíssimo impostor, que religião é a tua? Tu revoltas os povos e tens temor de Deus? Tu roubas, ou consentes roubar, tu devastas (...),[8] incendeias searas, tiras honras, arrancas vida ao teu semelhante, e tens

[8] Palavra ilegível.

caridade? Leste jamais que os apóstolos, os mártires e tais discípulos do homem Deus matassem bois para fazer partido de gente estúpida e miserável, que saíssem de mão armada assolando tudo a pretexto de sustentar a religião de seu divino mestre então mais ameaçada e perseguida do que nunca? Leste acaso que os verdadeiros cristãos pegassem nunca em armas para repor no trono aos Dioclecianos, Calígulas, Galbas e outros imperadores cruéis, de quem aliás eram súditos, depois que os povos cansados das barbaridades os apeavam, e até tiraram de alguns a infame vida? Como é que por meio de crimes e por mãos de homens cheios de vícios se pode restaurar uma religião divina, que proscreve os crimes e castiga severamente os vícios? Ademais, ou é que Jesus Cristo não pode mentir, ou vós não tendes nenhuma fé. Jesus Cristo prometeu expressamente que as mesmas portas do inferno não prevaleceriam contra a sua Igreja, com a qual sempre estaria até a consumação dos séculos. Logo, haja os erros, heresias e pecados que houver, não há poder humano que destrua a religião do homem Deus, donde igualmente se conclui que a religião não há mister de outros sustentáculos, de que sobre todo o redentor divino, e depois dele o merecimento dos santos, justos e virtuosos, que nunca faltam, como devemos tendo fé (*sic*). Esses lamentos, esses carpidos são velhacarias do magistrado que estava afeito a roubar à sombra do trono absoluto, e vê que a Constituição há de vir a tirar-lhe o vezo; do comandante, que era sultão no seu distrito e a Constituição não lho consente ser com tanta facilidade etc. etc. Já houve século em que tudo era realista, muito mais cheio de heresias e pecados públicos, do que hoje. Manoel de Faria e Souza, escritor português bem conhecido e antigo, na sua história sincrônica de Portugal, é tão fiel e sem-cerimônia, que no fim do catálogo dos filhos legítimos daqueles santos reis apresenta o dos filhos naturais, bastardos, adulterinos e de coito danado, isto é, filhos de freiras com os reis casados, que é um pasmar. Já houve século em que na mesma Roma os pecados, fossem de que natureza fossem, estavam postos em tabela com os preços correntes dos seus respectivos perdões. Já houve século em que poucos bispos deixavam de ter amásias de público, e com tal descaramento que alguns concílios cansavam-se em lhes rogar que ao menos não tivessem mais do que uma. E em todos esses tempos nem se sabia o que queria dizer Constituição, e os povos só criam em seu Deus no céu, e seu rei na terra. De todos estes fatos, de que estão cheias as histórias antigas, devemos concluir que, se a religião então não caiu, muito menos cairá agora, e que um governo livre tão longe está de ser oposto ao Evangelho, que, pelo contrário, é o mais ajustado ao espírito desse código divino, cujo fundamento é: que todos os homens são iguais aos olhos de Deus, e irmãos que se devem amar reciprocamente, merecendo preferência somente a virtude.

Esta carapuça saiu-me mais séria do que eu queria. Tenham paciência, a outra irá mais garrida e faceta.

# *O luxo*[1]

Muito se tem escrito contra o luxo. Uns o encaram pelo lado moral, e dizem dele o que Mafoma não disse do toucinho; outros pelo lado político, e mostram-lhe seus préstimos e utilidades. Eu, porém, depois de examinar a matéria, entendo, em última análise, que o luxo é relativo, como todas as coisas sociais, isto é, bom ou mau relativamente às pessoas que dele usam. A feitura dos objetos de luxo ocupa muitos braços e, por conseqüência, sustenta muitas famílias e engrossa consideravelmente as riquezas da nação industriosa. A quem, sobre o necessário, tem acumulado o supérfluo, não pode o luxo prejudicar, uma vez que não exceda os limites da mode-

[1] *O Carapuceiro*, n. 5 (26/5/1832).

ração, a qual deve sempre acompanhar a todas as ações humanas. Mas o luxo é uma peste horrível quando se estende às classes e pessoas que não o podem nutrir sem grave prejuízo de sua fortuna e honra.

O povo, que ama apaixonadamente as coisas de luxo, tem mais de meio caminho andado para ser escravo, porque para o satisfazer facilmente venderá a honra, a liberdade e todas as virtudes. O magistrado que quer ser um Lúculo,[2] que não pode passar sem riquíssimos móveis, douradas traquitanas, mesa lauta e esquisita, forçosamente há de pôr a justiça em almoeda; por isso que os seus honorários não têm ensanchas para tanta coisa. O militar, que se enamora dos galões e faz consistir o seu mérito em ser faustoso, cerceia o que pode do mesquinho pão do soldado; e ao primeiro aceno do déspota, que lhe promete postos e riquezas, não cobrará vergonha de empregar as armas ou brandir a espada para subjugar os seus concidadãos. O funcionário público, uma vez caroável do fausto, armará todos os laços ao dinheiro, e não haverá repartição em que não busque prear. O negociante será tão

[2] *Lúculo*: político romano da primeira metade do século I a. C., conhecido pelo seu gosto ostentatório e sua sofisticação alimentar.

variável em seus ajustes e palavras, como os padrões das suas fazendas, e todos enfim serão matéria disposta para as injustas pretensões de qualquer governo.

O luxo, quando chega ao ponto de paixão, é tão ávido e hidrópico, como todas as mais, não havendo embaraço que se não procure romper, meio de que se não lance mão, crime que se não cometa para o satisfazer e consentar. Daí a facilidade com que o ministro se deixa subornar, o capitão vende a praça, o marido fecha os olhos às torpezas de sua mulher e a donzela deixa-se facilmente corromper a troco de prendas e atavios de luxo. Quando todos querem galear e viver, como Aprícios, não sendo possível que a riqueza caiba igualmente a todos, de força hão de haver injustiças, roubos, peculatos e crimes de toda a laia. Se o luxo nos homens é uma paixão, nas senhoras chega ao termo da mania. É ele o primeiro ídolo, ao qual sacrificarão facilmente o que têm de mais precioso, a honra.

O mundo todo concorre para os enfeites de uma mulher. Os reinos do Decão, Visnagar e Golconda contribuem para os diamantes; a Bactria, Cítia e Egito, para as esmeraldas; o Pegu, Calecute e Ceilão, com as safiras; o seio pérsico entre Ormuz e Bassorá, Sumatra, Bornéu e na

Europa a Escócia, Silésia, Boêmia, com as pérolas; o porto de Juffar, na Pérsia, com o aljôfar; Siene, no Egito, e o mar Tirreno, com os corais; a Suécia e Lübeck, com os alambres; os campos de Pisa e os montes Alpes, com os cristais; o Monomotapa, Sofala e as nossas Minas, com o ouro; o Potosí, com a prata; a Alemanha, com os camafeus; a Moscóvia, com as martas e zibelinas; a (...),[3] com os arminhos; Tiro, na Fenícia, com a púrpura; Veneza e Holanda, com os espelhos; Córdoba e Hungria, com as receitas para as águas; Granada, com os tafetás; Flandres, com as rendas; Cambraia, com as finíssimas teias do seu nome; a França, enfim, com luvas, leques, pomadas, vidrinhos, fitas, reloginhos, bichinhos e tantas maravilhas e perendengues, que um calepino fora curto espaço para lhe conter a nomenclatura.

Às tais senhoritas, até o mar paga tributos, não só nas ostras, de que se esbulham as pérolas, mas também nas tartarugas, que desarmando as costas lhes armam as cabeças. As mesmas baleias empenham as barbas para converter-se em coletes e espartilhos. Outras mais partes contribuem com materiais para bocetas, escritorinhos, cartei-

[3] Palavra ilegível.

rinhas, bauzinhos, e indispensáveis para acomodar os pertences desses mundos abreviados. São necessários vidrinhos, garrafinhas, bocetas curiosamente forradas para toda a farmacopéia de ingredientes, líquidos e secos, simples e confeccionados, que servem de estender o dia da formosura, quando já vêm caindo maiores as sombras dos altos montes da anosidade, e os perigalhos do carão lhes anunciam a próxima quadra de fúria, por mais que todos os atavios se esforcem por dizer na cara ao desengano e ao espelho que mentem.

Só a cabeça de uma senhorita faustosa, para adereçar-se à moda, faz arrancar suspiros à bolsa do barão de Quintela.[4] Só um pente de alto bordo com duas ou três baterias custa no sumidouro das lojas francesas 28, 30 e 32 réis, e apenas está a santinha com seu resplandor. A essa nau catarineta[5] acompanham de bombordo a estibordo quatro e mais catraios, chamados pentinhos travessos, que a cada passo estalam, e é mister pôr outros. Altos montes e cachopos se levantam no promontório das

---

[4] Alusão a Joaquim Pedro Quintela, barão de Quintela, capitalista português dos começos do século XIX.

[5] *Nau catarineta*: xácara de procedência portuguesa cantada nos fandangos ou marujadas.

cabeças, sucedendo muitas vezes, se a moça é de marca pequena, que tendo ela ao todo seis palmos, vem a ter mais três pelo menos só de cabeça. E o que direi dos laços de brilhantes, que são às vezes indispensáveis para ornar todo aquele edifício? Os franceses, que não estudam para tolos, cá nos encamparam a moda dos vestidos com mangas de cogula beneditina. Um vestido de senhora, que até agora se fazia muito à larga com sete côvados de chita e quatro varas de cassa, hoje precisa de doze daquela e seis desta, porque há mangas com mais pano do que todo o corpo do vestido. Que boa lembrança para dar consumo às fazendas! E que coisa tão linda! (dizem as meninas): a cintura estreitíssima pelo umbigo, a moça tão bojuda para cima como para baixo faz a figura de uma ampulheta. Mas como é moda, não há coisa mais encantadora. Todavia, com o devido respeito das senhoras damas, muito má me parece a moda que redunda em maiores sobressaltos da bolsa, porque, se antigamente uma pobre moça fazia um vestidinho com dez patacas, hoje (graças às espertezas de Paris) são precisas vinte para arranjar um vestido da mesma fazenda. Não crimino os franceses; cada um pesca para si. O que me desgosta é a nossa tolice em se querer macaquear em tudo, e por tudo, até a despeito da nossa justa economia.

Pobre pai, mísero marido, a quem coube em mau fado filha pimpona e mulher faustosa! Saia de onde sair, venha de onde vier, hão de os pastranos apresentar para ali todas as galas, e louçainha, que apetecem aquelas senhoras, e hão de ser as da última moda. E como esta anda sempre numa dobadoura, e a de hoje já não é a de ontem, é mister que o paciente pai ou marido ande sempre armado de dinheiro e santa paciência. Ai da casa em que uma vez o cansado homem foge com o corpo à carga; a mulher vaidosa, a filha avezada ao luxo não admitem razões: querem três e quatro andares de pentes; querem cabelos postiços, querem sedas, toucados, fitas, ouro, prata, cobre, mariscos; querem tudo, uma vez que se ponha a vender nas lojas da rua Nova.[6] A senhorita dada ao luxo antes quer comer de 24 em 24 horas feijão solteiro do que não possuir por exemplo um pente de tartaruga do tamanho de uma charola. Ora, se sucede a uma destas faltar-lhe o pai ou marido (o que é muito ordinário) e cair em pobreza, o

[6] Rua Nova, no Recife, até duas ou três décadas atrás, centro do comércio elegante da cidade.

que é de esperar de hábitos tão inveterados? Uma mulher criada desde menina a ver satisfeitos todos os seus caprichos, uma mulher a quem o luxo tem-se convertido para ela em precisão, resistirá facilmente ao lúbrico sedutor, que lhe oferece uma jóia de preço, um rico vestido, um perendengue de última moda? Respondam os que têm feito algum estudo sobre os esconderijos do coração humano.

Que raiva me não terão essas senhoritas, se chegarem a ler este meu escrito. Que pragas me não rogarão. Este escritor (parece-me que as estou ouvindo) não diz senão asneiras; é um jacobeu insuportável, um carrança impertinente, que não sabendo mais o que diga meteu-se a falar das mulheres. Pois a gente (dirá alguma mais desembainhada) há de andar de tanga, como as negras novas? Para que é o dinheiro, senão para gastar nestas e em outras coisas! Ui, minhas ricas patrícias e senhoras, não me sentenciem sem me ouvirem. Eu não reprovo os asseios, as galas, as modas absolutamente. Só reprovo o abuso, só condeno estas coisas nas pessoas que não as podem ter sem que lhes falte o preciso e desarranjem a sua fortuna. E o que sobretudo desaprovo é que se dê tanta intensidade ao amor do luxo. Vistam e galeiem as senhoras, conforme as posses de seus maridos, pais etc.; mas ande cada uma como puder, e não como quiser, devendo todas estar bem persuadidas que a formosura natural é melhor que todos os adereços, as qualidades do espírito melhor que as partes do corpo, e que a melhor gala de uma brasileira (e de todas as senhoras) é o temor de Deus, a fidelidade conjugal, o cuidado e arranjo da família, o recato, o pudor, a honestidade e a honra.

Quisera ver nas minhas muito estimáveis patrícias mais espírito nacional a este respeito, não abraçando a trouxe-mouxe quanta farandolagem nos embutem os estrangeiros, que trazendo-nos cascas de alhos nos levam toda a prata e ouro. Que lindas ficariam as nossas brasileiras, se *v. g.* assentassem todas de trazer os cabelos cortados? Poupavam-se pentes, pentinhos e pentões; poupavam-se cabeleiras e crescentes de defuntos, que por serem da França são mais bonitos que os nossos, até se forrava bastante algodão para feridas, uma vez abolidos os chouriços, que são os andaimes dos edifícios da cabeça. E, quando alguém quisesse censurar, respondessem as nossas meninas: O cabelinho cortado é à brasileira, porque, assim como há pés à chinesa, cintura à espanhola, anquinhas à francesa, não será absurdo que haja cabeças à brasileira. E não cuidem as nossas patrícias que com isso perderiam casamentos, porque estes em toda parte procedem algumas vezes da inclinação ou simpatia, e quase sempre dos atrativos do interesse.

Mas todas essas coisas só as poderá remediar a boa educação, cuidando os pais em infundir sólidos princípios a seus filhos e mormente às suas filhas desde os tenros anos, não lhes metendo nas cabecinhas tenras tantos fumos, tantas vaidades, em que ordinariamente as embalam, desvelando-se mais em lhes ornar o espírito, em lhes formar o coração do que em lhes compor o corpo, ensinando-lhes, enfim, que uma senhora honesta e virtuosa é incomparavelmente mais estimável ainda com um simples vestido de paninho do que outra, que alardeia riquíssimas alfaias à custa do seu dever e reputação. Contudo, bem ponderados esses objetos, não se pode desconvir que a maior parte das pechas das mulheres procede dos homens. Elas, coitadinhas, não conhecem o mundo; a educação que ordinariamente se lhes dá faz com que todo o seu estudo consista em parecer bem aos homens. Ora, se estes pela maior parte reprovassem nas mulheres o luxo destruidor, elas seguramente contentar-se-iam com a mediocridade. Uma moça, quando aparece em público com todos os atavios do luxo, e pentiparada com todos os pontos do ritual da moda, julga-se uma Vênus, adorada em Pafos, e que nos olhos dos circunstantes vai levando os corações; e o mais é que assim lho fazem crer as zumbaias e adorações, que lhe tributam os sacerdotes de Cupido.

À paixão do luxo são devidos muitos ou quase todos os roubos que se fazem de mão armada por esses caminhos. Os vadios, que vivem na mais escandalosa frascaria, querem passar bem, galear, e jogar etc. sem meios para o fazer. E daí com muita facilidade juntam-se em companhias de bandoleiros a atacar pelas estradas, a invadir casas etc. etc. Tanto é isso verdade que os tempos próximos à festa do Natal são os mais atormentados de salteadores, porque todos querem passar a festa à la grande, todos querem estrear librés novas, (...)[7] e não só eles, mas as suas amadas, que não hão de passear pelo Poço da Panela, Casa Forte, Monteiro, Caldeireiro, Manguinho, Estância, Cidade e Beberibe[8] sem vestidos faustosos, boas argolas de

[7] Palavra ilegível.

[8] Subúrbios do Recife e lugares de vilegiatura das classes altas nas férias de Natal e Ano Novo entre os fins do século XVIII e os meados do XIX.

pedras, preciosos xales de seda, sapatinhos franceses, pentes por essas nuvens, saia de onde sair.

Quando considero seriamente nestes e noutros males do nosso Brasil, rio-me com os meus botões daqueles reformistas em papel, que julgam melhorar tudo de improviso com palavras, com planos, com mãos cheias de (...).[9] Façam lá o que quiserem, dêem as voltas que lhes parecer. Enquanto se não cuidar muito atentamente na educação da mocidade, enquanto não houver um impulso verdadeiramente heróico dado à observância da religião, derramando pelos povos um santo e ilustrado temor de Deus, não teremos senão muito palanfrório, enxurradas de teorias, e nada sólido e seguro. Um povo bem-educado, um povo religioso é matéria apta para tudo quanto é bom; e botem para cá com estas qualidades, que eu, apesar de ser um piegas, mostrarei imediatamente o melhor dos estados republicanos.

---

[9] Palavra ilegível.

# *O que é ser gamenho*[1]

Chama-se gamenho todo aquele indivíduo que não tem outro ofício, outro emprego, outro cuidado, senão embonecar-se para namorar. Donde bem se vê que gamenho e tolo são sinônimos. Quando vós virdes um sujeitinho, quase Melquisedeque, sem parente nem aderente e (o que ainda é mais) sem ofício dos conhecidos na república, sem indústria lícita, sem benefício, e entretanto muito asseado e faustoso, com todos os cinco dedos de uma e outra mão carregados de anelões de ouro, brilhantes etc., passeador incessante e quase inquilino das esquinas e botequins, levando manhãs e tardes já numa botica, já numa loja, porque defronte moram umas meninas jei-

[1] *O Carapuceiro*, n. 11 (7/7/1832).

tosas e caroáveis de namoro, aí tendes um gamenho às direitas.

Ainda as modas estão em arquétipo, isto é, na mente incansável e prodigiosamente criadora dos petimetres de Paris, já o nosso gamenho as adivinha, e as faz aparecer com todo o escrúpulo e com uma pontualidade verdadeiramente admirável. Mr. tal, cabeleireiro formado em Estranja, lhe corta e prepara os cabelos por bom dinheiro, já se sabe, porque não há de um homem lá das Europas atravessar o Atlântico para preparar cabeças, armar andaimes de cabelos, levantar trepa-moleques, pôr lindos chinós de cabelos de defuntos franceses a troco de padres-nossos, ou pelo amor de Deus e do próximo. Todo se mira e remira o gamenho, quando olha para o espelho, e vê-se com um bom par de melenas de sagüim. E parece dizer-se a si mesmo, mais derretido que um Narciso: Que menina haverá que me resista?

Já enfia a escovadíssima casaca, cujos ombros levantados têm uma graça indizível, e tornam um homem bem parecido com um capão molhado, encolhido e tiritando a um canto. Sai o adônis por essas ruas com os braços meio curvos, porque parece que é do grande cerimonial gamenho tomar a postura de tocador de rabeca, e na verdade quase todos dessa estofa são metidos a rabequista. Não há rua que não registre, beco que não passe, varanda para a qual não olhe requebrado. Da algibeira da casaca, assoma-lhe e parece que cai a descuido um pedaço de lenço de seda, quase do tamanho de um lençol, e com pinturas tão grandes, com tanto encarnado e azul, que em caso de necessidade bem pode servir de bandeira em festa de algum nicho. Aquele muitas vezes é telégrafo, porque a cuja que lhe assiste, se está por acaso cosendo na porta da varanda, ou no assoalho da sacada, em vendo tremular e chamejar a bandeira, conserta mais que depressa a charola, quero dizer, o pente; endireita o lenço algumas vezes; se é das descoradas, passa uma rápida esfregação nas faces para tomarem cor; e imediatamente apresenta-se desdenhosa à varanda, ainda ajeitando um dos pentezinhos travessos, e com escarrinho de tiple responde ao escarro de tenor ou de baixo que lhe envia o amantético.

E quem há aí que pinte as cabriolas que faz, os trejeitos que toma, as olhaduras que escandalosamente lança para aquela varanda o nosso gamenho? Se defronte há uma loja de sapateiros, lá se encaixa o boneco, e logo tem calçado que encomendar, remonte que fazer, ainda que o sapateiro seja um remendão. Se há loja de alfaiate, lá vai falar em calças, jaquetas etc. E tudo sempre na porta e com os olhos cravados no anjinho, que também não arreda pé, ainda que lhe grite de dentro a enfezada mãe que o gato lhe quebrou o espelho. Se a fortuna depara ao gamenho uma botica que defronte bem com a morada da sua Vênus, ali está o nosso cupido como peixe n'água. Ali parola horas inteiras, de tudo ri com grandes gargalhadas. Conhece quanta gente por ali passa, a todos dá seca na porta. E, enquanto a boca vai soltando palavras e frases descosidas, os olhos estão embebidos na contemplação do ídolo janeleiro.

Pois se o bom do gamenho pilha um cavalo emprestado! Isso é dia de touros e torneios. Se a sua viagem é, por exemplo, para os Afogados, e ele mora na rua Direita, o seu caminho não é pelas Cinco Pontas, é sim pela Boa Vista, porque lá mora a sua deusa. Mísero cavalo. O pobre animal é que paga todas as contas do namoro. Sofreadas, esporadas, repetidos estalos de chicote, (...)[2] em obras o bicho, e ainda que seja mais pacífico e pachorrento do que um camelo, o gamenho tem a habilidade de lhe comunicar o fogo que lhe anda nos miolos, e o cavalo parece

[2] Palavra ilegível.

que tem azougue vivo nos ouvidos: salta, faz galões, levanta-se sobre os pés, morde o freio, espuma, e o Galvão mostrando as suas habilidades e namorando em virtude do cavalo. Verdade é que às vezes o animal exaspera-se e vaza o namorado pela cabeça no meio do chão com geral aplauso do rapazio, e até com sufocadas risadinhas da sua mesma pécora, mas tais entremeses nem sempre aparecem, o que é uma pena!

Um gamenho destes em uma roda ou assembléia onde há senhoritas é um objeto verdadeiramente cômico. Ele se apresenta com todos os arreios do mais escrupuloso cerimonial da moda. O colete está escancarado para deixar ver o parapeito da camisa, que é todo empapuçado e cheio de botõezinhos de ouro, quando Deus quer e algum calote o outorga, com seus brilhantes e os mais simples de madrepérola. Naquele peito assim empanturrado vão embeber-se todas as setas do deus flecheiro: um vidrinho de macáçar todo se derrama no cabelo, água de lavanda no lenço, e até na camisa. Recendem os cheiros a duzentos passos de distância; e as senhoras que padecem faniquitos têm os lenços pregados nos narizes para poderem sofrer as exalações daquele turíbulo ambulante.

Que voz aflautada que toma o gamenho! Que gestos, que esgares, que momices! Ele tem certas expressões de tarraxa, com que responde a tudo quanto dizem as madamas, como sejam — decerto, ainda que hajam elas dito grande parvoíce; estou ao fato, sensibilizou-me isto ou aquilo etc. etc., que são como bordões, que vão sustentando a conversação, quase sempre muito manca de bom senso. É de advertir que de certo tempo a esta parte um dos trastes indispensáveis a um gamenho é um bom par de óculos permanentes. Ora, a falar a verdade fui rapaz. Andei com muitos rapazes em diferentes aulas; e raro foi o moço do meu tempo que me constasse trouxesse óculos. Hoje, pelo contrário, é raríssimo o que os não traz, donde infiro que as oftalmias são agora muito mais freqüentes do que em outros tempos. Talvez proceda esta peste de cegueira do muito que estudam os nossos moços; a estes, bom é recomendar-lhes que estudem menos alguma coisa, porque por um cálculo bem fundado se um rapaz de dezoito anos, de muita aplicação aos livros, já carece de óculos de graus, continuando com os estudos, estará inteiramente cego quando chegar aos quarenta. O que lhes vale à maior parte deles é que quando querem ver algum objeto, olham por cima dos vidros. Assim é conveniente para não andarem marrando em todo o mundo pelas ruas.*

Mas deixando este episódio, vamos ao nosso gamenho, que está em um círculo, e às vezes grupo (palavra afrancesada, e por conseqüência mais casquilha). Só ele fala, só ele dá o tom à companhia, e ao mesmo tempo que fala, se defronte lhe fica um espelho, é olho nas meninas, olho no tremó; ora conserta o lenço da gravata, ora amansa o cabelo. E se tem os dedos cheios de anelões (o que raras vezes deixa de ter) manuseia como um cômico, mas abrindo por tal forma os dedos, para que se lhe vejam os ricos anéis, que parece uma lagartixa a trepar por parede lisa.

Entretanto nada diz o adônis que não tenha suma graça na opinião de certas senhoritas. Não cessam de o aplaudir e vitorear, e ele, que está conhecendo o seu mérito, solta de todo a caravelha, e não tem par nem conta o chorrilho dos despropósitos. Se por acaso está no círculo alguma senhora veterana, que pronuncie por ventura alguma palavra que diga respeito à religião, oh!, que triunfo

* Note bem: Nem todos quantos andam de óculos são gamenhos, mas quase todos os gamenhos ou sujeitos do namorico usam de óculos *ad hoc*. Nada de equívocos. (N. A.)

do nosso gamenho! Um riso sardônico lhe assoma no semblante: chama logo prejuízo ao que a boa senhora proferiu; diz em tom magistral que a nossa religião só tem frioleiras e absurdos; cita Voltaire (que é um bom padre da Igreja), repete dois argumentos da algibeira, sacados de Boulanger, e arremata o seu judicioso aranzel com duas ou três quadrinhas de José Anastácio,[3] que principiam: "*Ouve Anélia, a minha lira*". Que sábio! (estão dizendo as meninas umas às outras), e como é galante!

Por desencargo de consciência, dá louvores à religião natural. Mas se alguém lhe perguntasse o que é religião e o que é natural, adeus minhas encomendas: o homem não entende de definições; o seu forte é o namoro. As moças naturalmente endereçam a prática para a matéria vasta das modas. Aqui é ele verdadeiramente enciclopédico; e como lhe tocaram na tecla, empurra o peito para fora, levanta ainda mais os ombros, põe a cabecinha a uma banda e, cavalgando uma perneta sobre outra, discorre uma noite inteira em bons moldes de pentes, de uns, que há pouco chegaram, que têm mais de palmo de testa; faz uma inte-

[3] José Anastácio da Cunha, poeta e matemático português da segunda metade do século XVIII.

ressante dissertação acerca dos melhores grampos; faz ver as vantagens dos espartilhos para espiritualizar as senhoras; sabe qual o melhor método dos chouriços; ensina a seus agrados (que é uma moçoila das da companhia, que assim a chama sem malícia alguma), como há de estufar bem (...)[4] dos vestidos, que talvez seja introduzir em cada manga uma capoeira de galinhas presa por cordões nos braços, o que fará escusados tantos panos engomados, que sempre se amarrotam, e vêm a ficar as mangas reduzidas a bexigas, que, depois de assopradas, têm despejado parte do ar. Enfim o gamenho é um ditongo de tolo e de vadio. Está-me parecendo que essas carapuças hão de ter seu gasto. Lá se avenham; quem vir que lhe ajusta alguma, fique-se com ela.

[4] Palavra ilegível.

# *Os padres e frades gamenhos*[1]

Eu mostraria parcialidade se deixasse de falar da gamenhice eclesiástica, assim porque infelizmente há nesta respeitável classe não poucos indivíduos gamenhos, como porque neles é este vício muito mais escandaloso e censurável do que nos leigos e seculares. Cumpre-me antes de tudo protestar que muito respeito ao sacerdócio, assim como que estou bem certo que estas carapuças não ajustam nas cabeças de todos, porque também não faltam entre nós eclesiásticos, se não de uma virtude angélica, ao menos modestos, graves, sisudos, morigerados. Isto de carapuças são para quem são.

Em verdade é para lastimar que entre os mesmos ministros da religião, entre aqueles que deverão ser os primei-

[1] *O Carapuceiro*, n. 16 (11/8/1832).

ros exemplares da modéstia e bons costumes, apareçam gamenhos, que tanto injuriam o seu sagrado ministério, quanto se desacreditam e menosprezam a si próprios. Ser gamenho já é coisa repreensível em um moço do mundo; é horrível em um clérigo, o que será em um frade? E se este for mendicante? É o *supra summum* do ridículo. O que quer dizer um padre todo dengue com a cabeça de cação (por causa do molde do cabelo) com um remendinho no meio, fazendo vezes de coroa, a qual assim mesmo alguns têm o cuidado de esconder, arrepelando bem o cabelo para o centro, como se se injuriassem de ser conhecidos por ministros do Evangelho? Que quer dizer um sacerdote com cheiro de macáçar no cabelo, com camisas papudas e com as abas da casaca esparralhadas para trás com feitio de arraia?

Há nada mais cômico, mais burlesco e risível, do que ver um frade, que professou total desapego das vaidades do mundo, que pelo seu instituto anda amortalhado em vida, apresentar-se no meio da rua com um chapéu de forma esquisita, alteroso como uma fragata, com o hábito todo arrepanhado para trás, a fim de deixar ver à vontade o esbelto do seu corpinho feiticeiro; com a correia ou cordão mamando-lhe nas tetas, limpando o suor evangélico em lencinhos de cambraia, bordados *in longum, latum, et profundum*,[2] e mais aromáticos do que uma Semana Santa de freiras? Há coisa mais vergonhosa e miserável, do que ver no mesmo altar, na celebração dos tremendos mistérios da religião, um clérigo ou frade bamboleando-se, saracoteando as ancas, requebrando-se, de maneira que um *Dominus vobiscum*[3] parece que é uma embigada ao povo em festança de lundum?

Vejamos um destes a pregar. Que contraste tão extraordinário! Ele, como ministro do homem Deus, vem anunciar ao mundo a pura e austera doutrina do crucificado: ele, pelo seu estado e profissão, fez divórcio com as pompas e vaidades mundanas; ele enfim é ali o intérprete da lei do Senhor, o dispenseiro da sua divina palavra, o espelho onde se devem mirar os fiéis. Entretanto, como se oferece ele em espetáculo aos olhos do povo? Quando se aproxima ao altar para receber a bênção, já vai todo gamenho e sacudido. Sobe ao púlpito tão dengosamente, que parece que vai dançar, e não orar. Feita a genuflexão do estilo, acabada a muitas vezes impertinentíssima gaitada da música, ei-lo que se ergue todo adônis, ou, antes, todo narciso: apruma-se no alto grau; conserta as patas de

[2] "Em comprimento, largura e profundidade."

[3] "O Senhor esteja convosco."

sagüim, saca o precioso e aromatizado lencinho, escarra em tom definitório, mira e remira todo o templo, lança terníssima olhadura sobre as benditas filhas de Jerusalém, e empurra o discurso, cujo fim é persuadir a todos que busquem a espinhosa estrada do céu, deixando os caminhos do mundo. Quem há aí que se converta com semelhante pregador? Como pode insinuar a modéstia e recolhimento quem se mostra tão vaidoso e descomedido? Como a honestidade quem se está inculcando um cupidinho de batina ou roupeta? Como finalmente a pureza evangélica quem parece todo formado de prazeres terrestres e de frivolidades, indignas até de um filósofo pagão?

Um frade conheci eu, e mendicante, que em saindo à rua não só lavava muito bem as pernas (no que o não censuro) como também, porque era muito alvinho, avivava as veias das pernas com anil para ficarem mais visíveis, e no seu entender mais formosas. Isto é o creme, a geléia das gamenhices. Até nas vestes e ornamentos sacerdotais, há quem tenha introduzido modas e faceirices. O roquete há de ser bem curtinho, justo no corpo, todo cheio de pregas; a estola há de ser bem pequena etc. etc. Os seculares que convivem, suciam e vão de acordo com o frade ou padre gamenho, que o convidam para broegas e lunduzadas, são os mesmos que na ausência mais o censuram e assentam-lhe o arco da rabeca com mais conhecimento de causa. Por mais filosófico que se diga o mundo, ele não quer ver um frade ou padre tocando e cantando em rodas de senhoritas. Todos reprovam, uns porque talvez tenham inveja dos aplausos, outros porque realmente conhecem que não é aquilo próprio do seu estado. Felizes ainda são aqueles eclesiásticos que chegam a cair em si, e se emendam com tempo desses devaneios.

Eu não conheço coisa mais asquerosa do que um frade metido a namorador: é um verdadeiro bufo, um palhaço dos outros gamenhos, porque parece-me quase impossível que uma menina empregue o seu tempo em retribuir afetos a um homem amortalhado em vida, com a cabeça ordinariamente rapada, e sem nenhum dos adornos do século. E é possível que um eclesiástico deste ande pelas ruas todo amantético, olhando requebradamente para as varandas, estirando a perneta, dizendo chistes às moças? É mais que possível, é certo por nossos pecados. Que um clérigo ou frade ande limpo e asseado, isso aprovam todas as pessoas sensatas; nem a porcaria cabe bem com a virtude; mas que ponha-se fora do seu estado, que se vista como os peraltas; *non Dii, non homines, non concesse columnae.* Escapou-me do bico da pena este latim. Os que não souberem façam de conta que ele quer dizer pouco mais ou menos que nem os colunas[4] gostam disso.

E o que direi de um frade gamenho encarapitado a cavalo? Ele vai vestido meio a secular, meio a frade; parece então pertencer à família das lagartas, quando estão próximas a passar do estado de crisálidas para o de borboletas. Ele também corre pernas no bicho, mete-o em obras, fá-lo trotar, esquipar e cavar, o que com efeito é muito recomendado pelos seus santos patriarcas. Que um eclesiástico tenha fragilidades, tropece alguma vez, mau é, mas enfim é homem, e a perfeição não é partilha da nossa natureza. Mas que faça alarde da sua mesma miséria, que passeie de braço dado com a sua concubina, que se gabe de viver em vergonhosa frascaria, chamando irrisoriamente matrimônios às suas torpes mancebias, é o que escandaliza o céu, a terra e mesmo o inferno.

Sim, meus padres e frades gamenhos, quanto vos iludis nas vossas idéias! A quem pretendeis agarrar com esse vosso proceder, ao belo sexo? Ides de foz em fora, ides

---

[4] *Colunas*: membros da Sociedade Colunas do Trono e do Altar, organização secreta de extrema direita fundada no Recife em 1828 para derrubar o regime constitucional da Carta de 1824 e restaurar o poder absoluto em dom Pedro I.

errados. O belo sexo compõe-se em todos os países de senhoras honestas e de gente de vida airada. As primeiras, bem longe de vos estimarem por isso, não podem deixar de vos aborrecer. Para as segundas não valem exterioridades, não valem perendengues, não valem pernas pintadas, chapéus torreados, barbinhas amoladas, cordões ou correias deste ou daquele modo, nem palavreado insosso vale de nada. O que vale tudo é o dinheiro. E, se não, fazei entrar em concorrência o mais lépido, o mais pentiparado de vós, sem chelpa, e qualquer frei rabugem, ainda que seja um barbaças, e oferece, este, uma porção boa de louras e até bastam patacões de raminho, e vereis qual é o que leva as lampas, e merece as boas graças da ninfa.

Para que são pois essas esquisitices, esses escândalos, essas gamenhadas? Para que é em um hábito de burel (pano o mais grosseiro que se conhece), um pescocinho forrado de seda ou veludo, preso com colchetes de ouro, como já vi em um gamenho destes? Eis aqui uma das causas primárias da relaxação do século. Do clero, quer regular, quer secular, procede por estas e outras a imoralidade dos povos. Certamente se os senhores bispos fossem exatos na observância dos sagrados concílios, se não fossem tão fáceis em dar ordens a toda laia de gente, fazendo do sacerdócio um novo modo de vida, se não consentissem, como é do seu dever, vaguearem por aí clérigos e frades que mais parecem uns bonecos do que ministros do altar, a religião seria incomparavelmente mais respeitada, haveria nos povos mais temor a Deus, e por conseqüência teríamos melhores costumes. Da devassidão e desleixo em que vivem muitos eclesiásticos é que nasce em grande parte o menosprezo que hoje se faz de um estado, aliás tão respeitável. A corrupção do ótimo é o péssimo; e desenganemo-nos que se as reformas não começam pelas pessoas, debalde é estar mudando as coisas. Emendemo-nos todos dos nossos maus hábitos; principie a emenda pelas classes mais distintas e subidas da sociedade, que os pequenos os imitarão, e tudo seguirá o bom caminho.

Bem sei eu as cólicas, as zanguinhas, as raivas que têm causado por aí os meus pobres *Carapuceiros*, e talvez este número seja dos que me acarretem não menos pragas e apodos. Uma senhorita gamenha, em quem as carapuças vêm tão de molde que não parecem de carregação, porém sim obra de encomenda, desdenha daqui, e diz: Olhem quem fala! Quem sabe Deus o que tem feito! Dali salta um gamenho, talvez dissaboreado da santa proibição das novenas à noite, e vozeia: Não se lembra o maldito *Carapuceiro* quando fazia isto e fazia aquilo. E cada um assaca-lhe as baldas que lhe parece, como se ainda tendo sido eu um diabrete, as suas gamenhices e outros vícios se tornassem por isso ações edificantes, muito louváveis e meritórias. Entretanto não há um só deles, e menos delas, que dissesse que esta ou aquela carapuça lhe servia. Todas servem nos outros, em nós por nenhuma forma.

Além disso quem disse a essa gente que me censura (porque têm dodói) que eu tendo tanta abundância de carapuças, que até as vendo a quem queira, não me fique com as que melhor assentarem na minha cabeça? Até posso escolher as que mais bem me armarem; e é o que muitas vezes tenho feito caladinho para não me dar por carapuçado. Façam o mesmo os meus pios leitores, e vamos vivendo. Creio que hei satisfeito ao senhor meu ajudante do *Diário* número 443.[5] O que eu não posso é levantar a proibição das novenas de noite, nem deixar de ir talhando as minhas carapuças. Se alguns e algumas não gostam delas, toda a gente sensata e que sabe prezar a moral pública as aplaude; isto me basta. Não trato das freiras, porque não as temos em Pernambuco, para o qual escrevo.

---

[5] Alusão ao *Diário de Pernambuco*, fundado em 1825.

# *O luxo nos enterros e exéquias*[1]

Há muitos séculos que a razão clama, que a Igreja se queixa, que os filósofos escrevem contra a louca vaidade dos funerais, mas tal é a cegueira dos homens, tanto império tem em nós o amor-próprio, que queremos merecer cortesias e respeitos, ainda naquele último estado em que a natureza confunde todas as jerarquias, acaba todas as distinções, põe termo a todas as esperanças, tornando-nos ao pó, de que fomos formados. É a vaidade um vício bem desprezível aos olhos da reta razão, porque o homem que entra em si mesmo mais deve horrorizar-se das suas misérias e fraqueza do que fazer alarde do seu préstimo e merecimento.

[1] *O Carapuceiro*, n. 23 (22/9/1832).

Mas levar a vaidade além do túmulo, rodear de sedas, de galões, de ricos ornatos um corpo já inanimado, uma podridão, um seminário de bichos é o que a razão não menos que a religião muito reprova e condena. Em verdade, o que é o homem enquanto vive? Um ente racional, que poucas vezes se dirige pela razão, um indivíduo que se diz o rei da criação, mas que ao mesmo tempo está sujeito a todas as vicissitudes da atmosfera, que o torneia, a todos os elementos, que depende de quantas coisas o rodeiam, que afronta os mares por uma parte, e por outra não pode tolerar o ferrão imperceptível de um mosquito. E o que é ele depois de morto? Não é mais homem; nem há em língua alguma vocábulo que o caracterize: nos primeiros dias é um objeto horroroso. Ao depois um montão de ruínas, que ultimamente se reduzem a cinzas.

De que servem pois essas pompas, essas grandezas, essas vaidades nos enterros e exéquias dos finados? Se é para as suas almas, estas pertencem à religião, e a religião detesta, e expressamente condena, semelhantes abusos; se é para honra do cadáver, este já não a sente, já se lhe não faz obséquio. Enfim, dirigir zumbaias a um defunto é o mesmo que fazê-las a um pão ou a uma pedra.

Além disto, se cremos firmemente que depois desta vida mortal a nossa alma tem de passar à eterna, e que esta será feliz ou desgraçada na razão das nossas boas ou más ações, que pode aproveitar o luxo do enterro a um morto, se aos mesmos vivos é o luxo sempre prejudicial? A alma humana, uma vez separada da matéria que a prendia, já entra em outro sistema muito diferente; ela já não pode ter as mesmas idéias, nada do mundo a impressiona mais; e, pelos princípios da nossa crença, só os sufrágios dos vivos, só as obras de caridade oferecidas ao Pai das misericórdias por tenção dos nossos finados podem servir de lhes minorar as penas do purgatório. A missa, pelo valor infinito do sacrifício, do sacrificador e da vítima, é o maior, o mais digno de todos os sufrágios; assim não houvesse certas especulações mercantis até sobre este objeto tão sagrado, como adiante explicarei.

As preces, as orações, os jejuns valem muito, e muito mais as esmolas. Ah! Quanto melhor fora que o cabedal, que se gasta em galões, em sedas, em armações de mausoléus nas exéquias de um rico, fosse todo dado por sua alma à viúva honesta e desvalida, ao orfãozinho desamparado, ao velho decrépito e pobre, à mísera donzela para casar, aos lazarentos etc. etc.? Mas isto é praticado por muito poucos, porque tais ações de caridade (aliás a mais nobre das virtudes) não dão estrondo, não falam à imaginação do povo, que paga-se muito de exterioridades; finalmente os vivos querem bazofiar até à custa dos mortos.

Muita gente está persuadida que deixando de fazer exéquias suntuosas aos seus finados escandalizam o público, e dá quebra na sua pessoa. Um diz daqui: Pois eu hei de enterrar a meu pai como a um escravo? Outro diz: Minha mulher não é nenhuma cativa para ser sepultada sem pompa alguma. E por este prejuízo, que se recebe da educação, vai-se perpetuando o luxo dos enterros e honras funerais. Quantas vezes uma senhora, carregada de filhos, despende nas exéquias de seu marido todo o dinheirinho que há em casa, empenha traste de ouro e prata, e além da despesa da moléstia de seu defunto fica por tal modo arruinada, que no outro dia não tem com que mande à quitanda, à taberna e ao açougue, e os meninos a berrarem com fome? Pode isto ser agradável a Deus, pode isto compadecer-se com a boa razão? Entretanto, que dirá o mundo? É a saída, que dão todos os fátuos que esperdiçam dinheiro em pompas fúnebres. Que me importa (responde o homem assisado) o que dirá o mundo, quando o que eu obro é conforme à razão, e até ajusta-se perfeitamente com o espírito da religião que professo? A boa fama é coisa estimável, ela funda-se no juízo favorável que outros fazem de nós, mas é preciso que esse juízo assente sobre a verdade e justiça, é preciso que aquele a quem todos honram seja realmente um homem de bem. Nós não temos obrigação de satisfazer aos caprichos do vulgo.

O que significa tanto aparato, tanta riqueza para dar à sepultura um cadáver, a maior parte das vezes já podre, senão vaidade e mais vaidade? Para que são essas que se levantam ao teto da igreja, circuladas de tantas luzes, com tanta sobejidão de galões etc.? Serão para adornar os frios restos de um morto? Os mortos são insensíveis a essas decorações. Serão para maior glória de Deus? Deus ama o espírito, ama a pureza, e não aparatos. Serão para nutrir a soberba dos vivos? Isto sim, nem outros são os desenhos das pompas funerais. Nestas também costumam entrar os dobres de sinos, chamados sinais, que de nada aproveitando aos mortos só servem de afligir e atormentar aos vivos. Apenas expira um homem rico, ou dos chamados de consideração, há como um rebate em quase todas as torres da cidade. Ninguém se entende com a vozaria dos sinos, e ficam muito satisfeitos os parentes com essa matinada, que bem se pode chamar sufrágio de badalo. Entretanto, está uma mulher lutando com as dores do parto, e ouvindo esses telégrafos de morte, esmorece, perde a força e sucumbe. Outro está perigoso, os dobres falam-lhe à imaginação, horríveis idéias atormentam-lhe o pensamento, e vem a morrer por causa do luxo funeral um cidadão, um pai de família, que talvez escapasse. Um dos requisitos dos enterros gamenhos (se assim me posso exprimir) é haver grande prantina de parentes e estranhos. Em Portugal há mulheres que, não servindo já nem para corretoras de Cupido, vivem de carpideiras, isto é, em se lhes dando uns tantos réis, pranteiam um defunto, que parece que se funde à casa. Por cá não temos carpideiras de profissão, mas não faltam certas mulheres de timão, que são capazes de chorar incessantemente de pura mágoa de quanto defunto elas nunca viram, nem conheceram. É inegável que as senhoras mulheres são muito fáceis em chorar, e algumas há tão dispostas para isso, que parece têm lágrimas de tarraxa. E um enterro, quanto mais chorado é, maior fama adquire.

Não poucas vezes acontece que os herdeiros do finado rico estão pulando interiormente de alegria com a próxima esperança do bolo, que lhes há de tocar. Mas no exterior aparecem lutuosos, arrancam uns suspiros forçados, esfregam e espremem os olhos, que estão mais secos do que as unhas, convêm no enterramento suntuoso porque querem dar um público testemunho do seu grande sentimento. Mas se bem almoçam de portas fechadas, melhor jantam e ceiam, acrescenta-se a dose do almo licor, pai da alegria, molha-se a palavra repetidas vezes, tomam-se bebedeiras, nas quais já se tem visto gritar: Viva o defunto; e tudo isto se faz para disfarçar a dor, a mágoa, a saudade daquele que Deus haja, que era uma boa criatura, principalmente depois que morreu. Assim os porcos só se lhes sabe do peso depois de esquartejados.

À vista de tantas falsas aparências, de que está cheio o mundo, ninguém se persuada que esses enterros faustosos, essas exéquias dispendiosas são testemunhos de amizade, que os vivos consagram aos seus defuntos. Pelo contrário, nada há mais equívoco do que essas exterioridades. O mesmo sujeito que não porá dúvida de dar duzentos mil-réis por um mausoléu, outros tantos por um ofício de David Peres etc. etc., para dar realce e pompa ao funeral de seu parente, muitas vezes não terá ânimo de dar uma pataca a um pobre por alma daquele. E por quê? Porque a esmola não grita, não estronda, não arrebata os olhos.

Muito se enganam quase todas as pessoas, que fazem os seus testamentos, porque deixam à disposição de outros o que muito melhor seria executado durante a vida do testador. Se eu quisesse dizer o que são pela maior parte os testamenteiros, não haveria papel que me chegasse. É bem raro aquele que cumpre fielmente as verbas, e satisfaz a última vontade do deslembrado defunto. E por isso bem poucos são os testamenteiros que dêem conta de si sem renhidas e muito dilatadas demandas.

A respeito de legados, e principalmente de missas, isso é uma miséria. Há escrivães e corregedores que têm dito mais missas do que a mais numerosa comunidade de frades, em muitos anos. Há testamenteiros de consciência tão angélica, que se o defunto deixa por exemplo 128 mil-réis para oito capelas de missas à esmola de 320 réis cada uma, ele, que é pontual, manda-as dizer a Lisboa à razão de 120 réis, que vem a somar a quantia de 48 réis, e mete em si oitenta réis, que ficam *pro labore.* Eis aqui como até em missas se fazem especulações. Muito mais acertadamente obrarão aqueles que em sua vida fizerem as suas disposições e mandarem celebrar por sua alma as missas que puderem e quiserem, porém felizes só são os que praticarem a virtude, pois estes de nada disto carecem, que morrer na graça de Deus é a maior felicidade a que pode chegar o homem.

Aqui, por vir a pêlo, ocorre-me censurar amargamente uma lei nossa, que infelizmente ainda não foi revogada, que vem a ser a décima dos legados. Deixa um homem por exemplo em seu testamento quinhentos réis para serem repartidos em esmolas pelos pobres: que acontece em virtude dessa lei iníqua? O Tesouro tira-lhe cinqüenta réis que é a décima, que vêm a ser arrancados da boca do pobre. Que tal? E esta lei foi feita pelos nossos bons reis (eram todos uns santinhos), pelos lugares-tenentes de Deus, pelas imagens da divindade sobre a terra!!!

Finalmente desenganemo-nos, que enterros pomposos são loucas vaidades, que não servem aos mortos nem aproveitam aos vivos. Estes e outros prejuízos são a causa primária dos nossos males. É preciso que as pessoas sensatas encetem a reforma, ralhem muito embora os tolos, cujo número é infinito, como nos assevera Salomão.

# *As modas*[1]

Posto que, quando tratei do luxo, alguma coisa disse a respeito de certas modas, todavia não toquei nesta matéria, senão de passagem. Mas como o objeto é fértil e oferece pano com muita largueza para boas carapuças, aproveito o cabedal e vou talhar as que puder. Assim Deus me ajude, e os benignos fregueses deixem escorregar da sua para a minha algibeira os competentes sessenta réis. Se forem do tempo do rei velho, melhor, porque a respeito de moeda de cobre não gosto de modernices. Basta pois de prefácio: vamos ao artigo *moda*.

Este culto das pessoas do mundo reconhece por deusa a frivolidade; o seu templo é Paris; os seus sacerdotes são

[1] *O Carapuceiro*, n. 25 (6/10/1832).

os caprichos; os franceses são os verdadeiros crentes; e todos nós, pobres papalvos, não somos mais do que escravos convertidos, que sem reflexão, sem idéias próprias, seguimos maquinalmente as leis arbitrárias dessa divindade fantástica. Com efeito, de França nos vêm quase todas as modas; e nós, que achamos todo o nosso prazer em macaquear, tudo a esmo abraçamos alto-e-malo, só porque nos entrou por aquela barra. Não sou eu contudo tão quinhentista e intolerante, que deseje proscrever todas as modas, mas não sou também tão superficial e aparvalhado, que todas aprove a carga cerrada, sem outro motivo, senão por assim ter ocorrido ao bestunto dos petimetres e das coquetas (gamenhos e namoradeiras) do Sena.

Ainda que as modas sejam filhas da imaginação, não devem ser elas tão extravagantes e destemperadas, que nenhum parentesco ou afinidade tenham com a razão, pois que até que nas matérias de gosto releva que este seja guiado por ela, sob pena de ser justamente reputado caprichoso e desprezível. Que o sapato, por exemplo tenha o bico fino, como o focinho de um quati (o que já foi moda de grande voga) ou a imitação de bico de pato, parece ser coisa indiferente. E será singularidade de velho rabugento embirrar com essas variedades. Mas quem aprovaria um calçado com o bico para o calcanhar, ou com o molde tal e qual dos cascos de um burro? Assim também que as mangas dos vestidos das senhoras sejam mais curtas ou mais compridas, mais folgadas ou mais estreitas, não devemos estranhar. Mas ver uma senhora com mangas de *jambon* (de presunto) é coisa em verdade muito extravagante, porque em que é que se parece um braço humano com a disforme perna de um porco? Que graça pode ter este arremedo, tanto mais fastidioso quanto o porco é dos animais domésticos o mais feio, mais grosseiro e desengraçado? Não diga isto (parece-me estar ouvindo alguma senhorita): isto é de ter muito mau gosto. Nunca veio cá moda mais linda do que mangas de presunto. E está decidido. Não há coisa própria, formosa e bem garrida como os braços de uma senhora arremedando o garboso molde das pernas de um porco.

O mesmo digo dos grandíssimos pentes com que se adornam as senhoras. Os pentes, quanto a mim, não foram inventados senão para prender e segurar os cabelos. Este foi o uso que sempre tiveram. Agora, porém, pelo contrário, é preciso que os cabelos, escorados por grampos, arrumados em oiteirinhos, sejam os que sustentem os pentes debaixo das regras do equilíbrio, sob pena de ir à terra a charola de tartaruga, e evaporarem-se em um instante trinta e quarenta réis, com grande mágoa de quem o comprou e repiques de gosto das lojas francesas. Confessemos que nós ainda somos muito inocentes! Asseveram-me que algumas senhoras vão-se apresentando em público com ricos aventais; não sei para que serventia. Dizem que é a última moda de Paris. Já o uso das bolsinhas no braço, chamadas indispensáveis (só o nome está mostrando a esperteza dos inventores e fabricantes desses pequenos anzóis, que vão puxando pelo nosso dinheiro), é alguma coisa extravagante. O que será se tivermos de ver a maior parte das senhoras em traje de cozinheiras? Tudo está em constar que é moda, vinda de França, para ser logo abraçada e aplaudida. Por que não cuidam as nossas meninas em imitar as muitas senhoras francesas no desejo de instruir-se e adquirir prendas estimáveis? Isso não, porque pede aplicação e trabalho, e temo-las de tal natureza, que nem a ler e escrever querem que se lhes ensine.

E vá alguém dizer às nossas senhoritas que o saquitel que enfiam no braço não é uma coisa mesmo indispensável. Tiplam logo a vozinha, e dizem muito sentenciosas: Em que há de a gente levar, quando sai fora, o lenço, o leque, o vidrinho de cheiros etc. E em que carregavam todas essas coisinhas as nossas avós? (respondo eu). Isto não tem réplica. Entretanto elas viveram contentes, mereceram mil finezas dos nossos maiores, foram comparadas a Vênus na beleza pelos poetas do seu tempo, não perderam casamento (que é o grande caso para a maior parte das senhoras) por falta de indispensáveis. E quando casavam os filhos dotavam-nos mais abundantemente do que hoje se pratica de ordinário.

No vestuário dos homens tenho de notar sobretudo os inchaços dos ombros, tão altos e por tal feitio que parecem galhos molhados. Alguns, e principalmente algumas, dirão que assim mesmo é, que é bonito. Será; mas ninguém dirá que homens arremedando, com o molde das casacas, a um galho molhado ou corrido de outro tem o seu fundamento na natureza, que deve ser o tipo de todas as produções da imaginação. Não são menos monstruosas as calças muito estreitas dos joelhos para cima, e daí para baixo com feitio de lanternas de papel. Mas esse invento alguma serventia tem: é um excelente recurso para os sujeitos de gâmbias finas, e tortas. Em suma, hoje quem traja o mais extravagante e defeituosamente que é possível está em todo o rigor da moda. Mais parecem caricaturas do que usos; o que em verdade é para admirar no Século das Luzes.

Não julguem todavia os meus pios leitores que eu pretendo (como já disse) proscrever todas as modas. O mundo a este respeito sempre andou como uma roda de alcatruzes, uns para baixo, outros para cima, pelo que sobre este objeto mais assisado é ir um homem no marulho das turbas do que querer fazer-se singular, trajando, e arriando-se no século XIX, como Egas Moniz, o Magriço, ou mesmo como o nosso honrado velho Luiz Nogueira, que ainda usava de cabeleiras e seus calçõezinhos de pano pelas virilhas. O que reprovo na maior parte das coisas é o excesso e a extravagância, e essa espécie de fanatismo gamenho, com que muitos dos nossos moços abraçam as modas, fazendo consistir nestas frioleiras o seu total e único merecimento. Por outra parte, conhecendo os males horríveis que o luxo acarreta, e que se pode chamar a fonte de toda a imoralidade pública, desejara vê-lo coartado, porque é evidentíssimo que uma moça que se habitua ao fausto, um rapaz que se aveza ao mesmo, em lhes faltando os meios lícitos, em não tendo quem lhes forneça por caminhos honestos esses nadas, aliás muito custosos, a primeira será uma raridade deixar de prostituir-se, para ter quem lhe nutra o luxo, o segundo só quase por milagre não dará em caloteiro, cavaleiro da indústria, salteador e coisas ainda mais vergonhosas.

Não faltam pessoas que tenham notado a minha embirração acerca das lojas francesas. Alguns desses senhores consta-me terem dito: Que se importa conosco, com o que nós vendemos, o redator do *Carapuceiro*? Que me importa? Importa-me muito, porque sou brasileiro, escrevo no meu país natal, e desejo vê-lo melhorado dos muitos abusos e misérias em que o criaram e vai jazendo. Confesso que muito respeito a grande nação francesa, e que mil bens desejo a todos os seus filhos. Mas seria errada e criminosa a minha filantropia se lhes apetecesse vantagens em prejuízo dos meus próprios concidadãos. Creio que não há Estado, Reino ou Império sobre a face da Terra onde se permita que estrangeiros vendam a retalho, enriquecendo-os e privando os nacionais desse meio de subsistência.

Só o Brasil suporta essa albarda; e o mais é que assim o entenderam os senhores ministros do ex-imperador no missérimo tratado concluído com a França e Inglaterra, em virtude do qual por uma reciprocidade, que faria rir a um padecente já com o laço estreitando-lhe o gasnate, podem os senhores franceses e ingleses não só trazer-nos as suas manufaturas, senão vendê-las a retalho, assim como nós brasileiros podemos ir fazer o mesmo lá por essas Européias, isto é, que toda a vez que quisermos, podemos carregar com os nossos abanos, cocos torneados, cuias pintadas, esteiras de periperi e cordas de embira, e abrir loja destas preciosidades em Londres e Paris etc.!! Que tal a igualdade? Felizmente expirou o prazo desse vergonhoso tratado.[2] E se eu for tão feliz que este meu pobre *Carapuceiro* chegue às mãos do nosso governo, desde já lhe rogo em nome de todo o Brasil que não subscreva mais a semelhante artigo, que é uma verdadeira logração. Tragam-no sim os estrangeiros as suas manufaturas, abarrotem-nos muito embora os senhores franceses de um dilúvio de quinquilharias e nadas bonitinhos. Mas vendam-nos em grosso, e deixe o governo que o lucro, não pouco considerável, que estão percebendo estrangeiros, que às duas por três vão abalando com boa chelpa, rindo de nossa simpleza, tenham-no os nossos concidadãos, muitos dos quais não têm de que viver por estes e outros

[2] Referência ao tratado de comércio entre Portugal e Inglaterra, assinado em 1810.

erros e improvidências dos nossos governantes. Conheço muitos franceses e ingleses estimáveis, porém *Amicus Socrates, amicus Plato, sed magis amica veritas.*[3] Acabei em latim. E como terminou o papel, não vai a tradução, mas não há capadócio que já não saiba o que quer dizer.

---

[3] "Amigo de Sócrates, amigo de Platão, porém mais ainda amigo da verdade."

# *Os curandeiros*[1]

Eu já disse (e é muita verdade) que medicina e política são duas ciências sobre as quais todo o mundo dá a sua penada. Muitas vezes o mesmo indivíduo que não sabe ajuntar duas sílabas, que não sabe assinar o seu nome, fala em política que parece um Benjamin Constant, ou Royer-Collard, e arrota sentenças fisiológicas que metem num chinelo o mesmíssimo Broussais.[2] Não há moléstia, por mais complicada e recôndita que seja, que não encontre milhares de curandeiros e curandeiras prometendo de as medicar da noite para o dia. Se me queixo de uma dor de

[1] *O Carapuceiro*, n. 31 (17/11/1832).

[2] *Benjamin Constant*: constitucionalista suíço de começo do século XIX. *Royer-Collard*: político e orador francês da primeira metade do mesmo século. *Broussais*: médico francês contemporâneo de Constant.

cabeça, surge dali uma velha, que muitas vezes também serve de parteira, e logo me repete uma ladainha de mezinhas para dor de cabeça, todas prodigiosas, e quer aplicar-me clisteres de quanta erva contém o infinito reino vegetal.

Os eméticos mais drásticos, remédio que atemoriza os professores mais hábeis, que só os receitam em poucos casos, e extremos, são prodigalizados pelos curandeiros com uma sem-cerimônia verdadeiramente espantosa. É para ver o desempenho e fresquidão com que um assassino destes de curiosidade tateia o pulso de um pobre doente, sem saber o que é pulso, nem onde ele está, nem qual o seu estado normal, nem as variações dos temperamentos e das diversas idiossincrasias, classifica as febres, chama-lhes causas e não efeitos de enfermidades, manda botar ao doente a língua de fora, e, reduzindo as entranhas a outras tantas cloacas, decide que está com o estômago sujo, e em conseqüência trata de o limpar, pespegando-lhe um, dois e mais vomitórios de tártaro, que alguns boticários dão sem receita de facultativo, como se fosse cevada ou água-de-flor.

A gente do povo, que acredita em duendes e lobisomens, como não acreditará em mezinheiros? Debalde alguma pessoa sensata lhe diz que é imprudência e temeridade confiar a saúde, e o bem mais precioso, qual é a vida, de mãos inteiramente inábeis, e de pessoas estúpidas, quando aqueles mesmos que têm consumido anos e anos no estudo da anatomia, fisiologia, patologia etc. etc. estão errando a cada passo, porque as moléstias e suas causas são infinitas, e o uso clínico põe muitas vezes em embaraços inextricáveis as mais bem concebidas teorias. Nenhuma destas considerações os empacha. Surge daqui uma mulher tonta, dali toma a palavra um pascácio, e diz muito cheio de si: "Não sei lá disso. Senhou Mané não teve estudos, sinhá Rosa nem sabe ler, porém qualquer deles tem uma queda para curar, que fazem milagres. Nunca aprenderam, mas têm muita prática, e contra a experiência não há argumento". E tirem-lhe lá um cabelo da venta! Mas qual é essa experiência? Que coisa é prática de uma arte sem nenhuma teoria?

Muitas vezes a constituição de um enfermo é tão vigorosa e favorável, que luta com a moléstia e com os venenos do curandeiro, e sai vencedora. E como escapou o doente quase por milagre, chamam a estas bordoadas de cego a sua prática, e sua experiência, mas nunca se metem em conta as inumeráveis vítimas, sacrificadas pela imperícia desses mezinheiros homicidas. O mal é logo atribuído à falta de dieta, ao enfermo já estar muito passado, ou porque assim foi Deus servido, estava chegada a sua hora, e o pobrezinho foi quem pagou a prática, e mais a experiência de Mané Coco, Chico Piegas e comadre Benta. Por estas e outras razões, eu não conheço ofício mais desgraçado do que o de médico. Se o enfermo foi tratado por uma velha cristaleira e ervanária e morre, ninguém se queixa da bruxa assassina. Deus, nosso senhor, achou-o em estado da sua graça, e lá o levou para si. Mas com o médico não há indulgência, o médico nunca tem senão o demérito, porque se o doente escapa, não foi o professor que o curou, foi o padre santo Antônio, a quem se prometeu uma trezena, foi o glorioso senhor santo Amaro, a quem se fez voto de uma romaria, foi o anjo da guarda, foram até as benditas almas do purgatório. Porém, se apesar de todos os recursos da arte o enfermo sucumbe, aqui d'el-rei; foi o dr. fulano, que o matou, porque a moléstia era um espasmo conhecido e mandou-o sangrar; porque teve uma febre maligna, e em vez de lhe dar água inglesa (que é fogo em cima de pólvora) para evitar a gangrena, encheu-o de bichas, deu-lhe águas de cevada e de arroz, e matou-o à fome.

Toda a parentela do defunto, todas as comadres e conhecidas dão o seu voto e classificam a enfermidade. "Olhe, minha comadre", diz uma das carpideiras à lacrimosa viúva, mãe, filha ou irmã, "meu compadre, que Deus haja, não tinha senão uma esbilitação. O médico foi sangrá-lo, e tirou-lhe todo o comer. Que queria? Aquilo é um cavalo: não eu, que o queira para a minha casa. Por que não mandou chamar sinhá Bertuleza, a parteira? Aquilo sim tem mãos para curar as moléstias mais perigosas." Outra já diz daqui: "O defunto, na minha opinião, o que teve foram maleitas: se o médico o vomita, está bem livre, que morresse". "Não" (diz dali um pai senhor, que também aplica suas drogas medicinais), "não: eu tomei o pulso do doente (Deus te fale na alma), e logo conheci que a moléstia era uma maligna sorrateira nas tripas. Se lhe botassem bastante ajudas de cabacinho, pregassem-lhe dois ou três purgantes de jalapa preparada, eu lhe afirmo que não morria." De parte está um Hipócrates encoberto, o qual, meneando com a cabeça, exclama muito sentencioso: "Por que não deram Le Roy ao defunto? Aposto que não morria".

Mas em que fui eu falar? No talismã de todas as enfermidades? No pancresto prodigioso? Em um remédio tão misterioso, que até goza dos mais nobres atributos do ser inteligente, isto é, de entendimento e vontade: entendimento para conhecer e distinguir os maus dos bons humores, confundidos e misturados no corpo humano (que neste sábio sistema vem a ser uma sentina), e vontade para lhes intimar o mandado de despejo? Eu não quero pôr-me a trava-contas com pessoa alguma: não sou químico, nem médico para entender da virtude ou vício das drogas que compõem os remédios. Deixo isso para quem tem sua experiência e sua prática, declarando ao mesmo tempo que muito respeito aos purgantes e vomitórios de mr. Le Roy, e tanto os respeito que sempre os quererei longe de mim em sinal da minha maior veneração. Pelo que, e o mais dos autos, rogo àqueles ou àquelas de meus respeitáveis subscritores e subscritoras que militam nas bandeiras de Le Roy, não me tenham por antagonista do seu santo remédio, que lhes faça bom proveito, porque cada um costuma dizer da festa conforme lhe vai nela.

Mas tornando à matéria, eu já vi com estes que a terra há de comer (aqui tenham os meus leitores a bondade de apontar para os seus olhos) um pobre homem verdadeiramente assassinado por uma dessas curandeiras, que já tem a mão assentada na sua prática (de matar). A moléstia era um grande catarro, que provavelmente cederia a lambedores, a cozimentos adoçantes etc. Mas a maldita bruxa não esteve por isso: preparou uma tigela com uma beberagem do inferno. Compunha-se ela (ainda me lembra) de fuligem de chaminé, vulgarmente chamada pucumã, mel de furo, aguardente, limão e pimentas-malaguetas. O doente teve a coragem de beber semelhante cáustico. Mas o que aconteceu? Dali a poucas horas, apareceu-lhe grande febre, que não tinha, ansiedade extrema, a língua tornou-se muito seca e demasiadamente rubra, logo dor de um lado, escarros de sangue, e no fim de quatro dias foi puxando para o outro mundo, graças à prática e experiência da milagrosa mezinheira.

Que fatalidade! Que estupidez! Que miséria! Eu tremo quando em qualquer enfermidade um professor passa a mão da pena para receitar. E hei de ficar muito tranqüilo e tragar sem cerimônia qualquer beberagem que me ensina um ignorante, que me aconselha uma mulher idiota e crédula, que se diz mezinheira? Pelos matos, ainda é maior a desgraça. Por essas alturas todo o mundo é médico e cirurgião, e tão avezada está essa gente a morrerem uns pelas mãos dos outros, que tem por grande infelicidade, quando consta que algum está tomando remédios de botica. Com ajudas de cabacinho (que é um drástico nada inferior à escamônea), com ajudas de guardião de aleluia, com vomitórios e purgas de jalapa e de quatro humores, e ultimamente com Le Roy para toda a espécie de enfermidade, lá vão morrendo a seu modo e a seu gosto, e dizem muito enxutos que também na praça se morre.

# *Despedida por este ano aos meus respeitáveis assinantes e leitores*[1]

É chegado o tempo dos banhos, dos passeios, dos passatempos e passa-festas, e não há quem, podendo, deixe de ir para o campo, porque em verdade o Recife nestes meses é um forno. Em conseqüência da emigração há um certo armistício entre os guerreiros periodistas, que também precisam espairecer. Os subscritores eclipsam-se todos os dias, e a política toma alguma folga, e cede o passo ao esfolador gagau, aos banhos, às comezainas, às indigestões, apoplexias e outros divertimentos, que são da safra dos médicos e boticários. Nós, periodiqueiros, enfim ficamos em tempo de festa, como as meretrizes pela

[1] *O Carapuceiro*, n. 32 (24/11/1832).

Quaresma. Dos nossos amantes uns vão para o Poço da Panela, outros para o Monteiro, estes para o Caldeireiro, aqueles para Beberibe, Caxangá, Benfica, Ponte de Uchoa, e alguns para a cidade de Olinda. E adeus, periódicos.

As meninas, chegado este tempo, não cuidam senão em vestidos novos de molde mais moderno, isto é, com umas mangas como bujarronas; em fitas, crescentes, frasquinhos, indispensáveis (sem o quais não se pode tomar banho que preste); em xales, lencinhos, finalmente cada uma trata de embonecar-se o melhor que pode, e às vezes mais do que pode. Os nossos gamenhos consideram-se no tempo da colheita: cortam os cabelos à sagüim, às escocesas, andam em bolandas para jaquetas e sobrecasacos, e os míseros cavalos de aluguel ou emprestados já vão chorando as crudelíssimas estafas, fomes, chicotadas e esporadas, que têm de gramar, porque um gamenho que vai montado quer que o pobre cavalo também namore, ou que a sua Clóris também se enamore do cavalo. Sujeito há que, em uma tarde, vai cinco e seis vezes do Recife ao Monteiro, por exemplo, só para passar pela porta da sua deusa, que lá está grudada na janela, e toda a vez que chega ali, há de por força meter em obras o cansado animal, ainda que este já não saiba senão estirar o pescoço, chutar e dar coices. Tudo serve; porque são outros tantos sinais de grande afeto.

Muitos, que nunca dançaram, nem jeito têm para isso, matriculam-se em uma sala de dança, e aprendendo a dar meia dúzia de pernadas a compasso, estão habilitados para passar a festa às mil maravilhas. Algumas senhoritas estão com grande empenho aprendendo às escondidas as modinhas mais modernas, não para se inculcarem por cantoras, mas para darem boa conta de si, no caso de serem rogadas, ou para cumprirem uma prenda, o que sempre fazem depois de muitas escusas, queixando-se impreterivelmente de rouquidão e de defluxo. Ainda não ouvi cantar a uma só senhora que primeiro não dissesse que tinha a garganta incomodada.

Todos sabem que as contradanças foram inventadas na Europa com o fim primário de agitar e esquentar o corpo contra os rigores do frio, que em alguns países chega a matar. Nós, brasileiros, mormente os que ficamos mais próximos ao equador, embora vivamos em um clima adusto, como temos um prurido irresistível para macaquear, também contradançamos, não para espantarmos o frio, porque o não há, mas para aumentarmos a calma e moermos os nossos corpos debaixo de simetria e compasso.

Causa lástima ao observador filósofo o ver como saem castigadas de uma contradança as nossas senhoritas. Apertadas de um verdadeiro cilício, chamado espartilho, os pulmões estão oprimidos e não podem dilatar-se, como a sua natureza pede. Todas as mais entranhas participam mais ou menos do arrocho, e sobre tudo isto vêm os saltos, os passa-pés, os rodopios, indispensáveis nas contradanças. Um suor copioso as inunda, a respiração é presa e tormentosa, todos os fluidos põem-se em revolução, as artérias pulsam descompassadamente, as coitadinhas não podem proferir uma palavra. E quando acabam dessa folia dizem muito satisfeitas que divertiram-se à grande, porque só lhes faltou botar a alma pela boca. Ah!, quantas pulmonias, quantas tísicas, quantas hemoptises, e outras muitas enfermidades de nomes gregos e todos feios, não têm causado, mormente no belo sexo, por mais delicado, o tal divertimento das contradanças! Mas que importa isso, se as contradanças são tão lindas, e se as inglesas, francesas etc. fazem o mesmo?

Ainda que nada entendo de danças, o simples bom senso me diz que em um país como o nosso, onde a transpiração é quase contínua, onde os raios do sol nos ferem tão de perto, só assentam bem as danças moderadas, e (se assim me posso exprimir) as mais macias. Que há feito daqueles minuetos, chamados rasteiros, por que ainda hoje choram muitos babaquaras, que já foram gamenhos a seu modo, e naqueles felizes tempos em que uma moça, se namorava, era com os olhos no céu e no gamenho, e com suas contas na mão? Boas coisas houve nessas eras, mas o tal minueto rasteiro (não se piquem os nossos velhos) era uma opiada insuportável. Quanto às valsas em um dos meus números passados já disse o que sentia a respeito delas.

O tempo de festa do Natal é o mais propício para os gamenhos de ambos os sexos. É nesses dias que se pescam amores novos, e encetam-se namoricos para todo o ano. Pessoas que nunca se viram nem conheceram visitam-se, fazem-se reciprocamente protestos de cordial amizade, que ordinariamente expira no último dia de entrudo. As meninas granjeiam muitas camaradas, e as partidas quase sempre consistem em alguns jogos de prendas, em algumas modinhas, em muita algazarra. E acabado tudo cada um vai para o seu ninho murmurar e desenferrujar a língua à custa dos amigos. Mas nessas partidas o que nunca se dispensa é a incessante papagueação das senhoras. Ali dão conta umas às outras dos vestidos que fizeram, da qualidade do pano, a como lhes saiu, de quem houveram os moldes, quais são os melhores lavarintos; que bico pede este vestido, que fita assenta bem naquele; e muitas vezes vai-se buscar uma vela, e lá de dentro vem rebolindo a cesta, ou bauzinho, e ali são examinadas e postas à discussão todas as galas e modernas louçainhas da senhora.

As solteiras, quando conversam umas com as outras, nunca se esquecem de meter em reste as suas conhecidas, que estão para casar, ou casarão de próximo. Umas aprovam a boa eleição, outras reprovam, porque o noivo já não é menino e anda muito à jarreta. Esta acha-o muito feio, aquela diz que é desengraçado, mas é rara a que se não está moendo de inveja. Outros pensamentos ocupam o rancho das senhoras casadas. Volta e meia vem à baila o seu homem, que anda agora muito fastioso e impertinente. Uma entretém-se em desfiar as histórias das raivas e quizilas, que lhe fazem as pretinhas e servas de casa. Outra espraia-se em relatar por miúdo todas as gracinhas, espertezas e travessuras do seu Cazuzinha, do seu Manezinho, que ainda não tem idade para tanto saber, a cuja narração acode uma matronaça, que já está jubilada, e não deixa de dizer: "Assim foi o meu Totônio (que às vezes é um dos maiores marmanjos que está presente): foi um menino que parecia espevitado e engraçadinho, como nunca vi". E todos vitoreiam ao sr. Totônio pela sua primitiva esperteza. Então as meninas que o não conhecem perguntam logo ao ouvido de alguma das outras se é casado, ou solteiro, e que modo de vida tem, naturalmente porque desejam que o sr. Totônio tome ordens de missa.

Enquanto o madamismo assim desbarata o precioso tempo, papagueando sem nunca se enfastiar, lá estão amuados para um canto da sala os devotos das cartas e dados, divertindo-se em se esfolarem uns aos outros. Um tem os olhos cravados nos ossinhos, e tão embebido na observação do trocadilho, que, parece, trata de resolver o problema da quadratura do círculo. Mas em que susto não está aquela alma quando o parceiro, empunhando o copo, remeneando-o e batendo sobre a banca, profere o fatal: Topo tudo! Outro, todo absorto em uma remissa, a que se atirou, medita se há de pedir resposta ou mandar jogar, em tanto que os mirões andam registrando os pontos, proferindo sentenças definitivas com grande zanga dos que estão perdendo. Assim correm as horas fugitivas, consomem-se a paciência e o dinheiro, e depois que o amigo procura tirar a camisa ao seu amigo, todos dizem que muito se divertiram. Mas o certo é que a maior parte dos jogos, e mais se são de parar, são verdadeiros martírios, são escolas de imoralidade, ruína das bolsas, gérmen de discórdias, recreio de vadios e peste da república. Jogar algumas horas e jogos baratos pode ser divertimento, que a eutrapelia não reprova, mas jogar grosso, parar punhados e mais punhados de patacões e meias doblas, não é certamente recrear-se, é esfolar o próximo, ou ser esfolado por ele, é expor-se a perder a sua fortuna, e acabar como mendigo, do que há inumeráveis exemplos. De mais eu não sei como possa haver contentamento pacífico, qual deve ser o recreio honesto onde o coração está em contínuo susto, onde as raivas são quase inevitáveis, e o prejuízo do nosso semelhante constitui todo o nosso prazer.

Mas que importa que o *Carapuceiro* grite contra esses e outros vícios tão prejudiciais aos indivíduos, às famílias e à sociedade? É voz que clama no deserto, porque palavras não reformam os homens. O que os há de reformar é a boa educação religiosa e civil, é o governo enfim, que tem uma influência imediata sobre os bons ou maus costumes dos Estados.

Nesses tempos de festa é que os tolineiros mais se regalam à custa dos papalvos. Então multiplicam-se os jantares profusos, as ceias largas, os almoços ajantarados; e nunca faltam amigos, que os venham papar com uma cordialidade que admira. Esses banquetes custam dinheiro e bom dinheiro, o luxo das mulheres, filhas etc. etc. muito mais. E como poucos têm uma pletora pecuniária tão forte, que possa resistir a tantas sangrias, fora as sanguessugas, que sempre sobrevêm, o que é que acontece muitas vezes? O magistrado vende a justiça todo o ano para galear pela festa, o escrivão, o letrado, o procurador escorcham os pleiteantes, o oficial da alfândega enche-se a seu sabor (advirtam que em todas estas classes há exceções), e quem não tem ofício, emprego ou benefício algum o que fará? Vale-se das suas agências; uns caloteiam, outros fazem ações vergonhosas, e os especuladores mais ousados pescam por aí seus cavalinhos, armam esparrelas aos viandantes pelas estradas, ajuntam-se em confrarias para visitarem as casas que podem, e daí os ricos chalés, os pentes alterosos, os vestidos magníficos, as sedas, com que se adornam muitas sulamitas e filhas de Jerusalém.

Boas festas, pois, desejo a todos os meus respeitáveis assinantes e leitores, isto é, que tenham sempre saúde e prazeres sólidos, não experimentando a mais grave das enfermidades morais e civis, que vem a ser falta de dinheiro, enfermidade tão pestilencial e asquerosa que os próprios parentes fogem de tal enfermo. Deus, nosso Senhor, lhes conceda paz e sossego de espírito, livre a todos de indigestões, constipações e da medicina e farmácia; dos aboletados, tolineiros e parasitas, de visitadores impertinentes, de uma má vizinhança, e os pais de famílias também dos cumprimentos de certos gamenhos; quem tiver seu cavalo, de o emprestar a uns tantos sujeitinhos e dinheiro a pouquíssimos.

Adeus, meus ilustres senhores, até janeiro de 1833, se antes disso Pinto Madeira e o Benze-cacete,[2] escapulindo da prisão em que se acham, não capitanearem alguma falange de cristãos-velhos, amigos do trono, do altar e das coisas alheias, e não vierem dar cabo de todos os liberais, que já estão vestidos e calçados no inferno por sentença de boas e piedosas cacholas; e de envolta com aqueles não tirarem o vulto ao pobre *Carapuceiro*, que aliás só lhes deseja menos ignorância e mais vergonha, porque para ser escravo voluntário são precisas muita estupidez e demasiada safadeza. Por este ano disse.

---

[2] Joaquim Pinto Madeira, fazendeiro e coronel de milícias na Vila de Jardim (Ceará), promoveu em 1831-1832 uma rebelião em favor da restauração de dom Pedro I no trono imperial, sendo coadjuvado pelo padre Antônio Manuel de Souza, de alcunha o Benze-cacete.

# *Os capadócios e manembros*[1]

O povo algumas vezes é filólogo; e quando para exprimir certos objetos, certas impressões, não encontra termo nem o ouve de pessoas polidas, inventa-o com a mesma liberdade com que se inventam as modas, e não é raro ouvirmos nomes de criação popular, aliás engraçados, expressivos e até onomatopéicos. Tais são, por exemplo, os vocábulos *capadócio* e *manembro*, de cujo significado passo a tratar, e espero merecer, ó leitores, a vossa benigna atenção. Eu principio. (Aqui pode quem quiser assoar-se, escarrar, tossir, tomar sua pitada, que eu não lho embargo.)

Já tenho quebrado a cabeça para descobrir a etimologia da tão usada palavra *capadócio.* Talvez venha de

[1] *O Carapuceiro*, n. 36 (26/1/1833).

Capadócia, província da Ásia entre o ponto Euxino, a Armênia, a Galácia e o monte Tauro, de cujos habitantes fala Plínio, dizendo: "*Et fallatüs Capadoces dediti*!". Mas o povo tem cá notícias de Plínio? Seja o que for, o vocábulo *capadócio* é uma dessas idéias complexas, que melhor se descreve do que se define. Capadócio, pois, anda muito perto de impostor, de maneira que todo o capadócio é impostor, se bem que nem todo o impostor é capadócio. Legítimo capadócio é todo aquele sujeito que fala e decide sobre matérias de que nada entende, como *v. g.* o sapateiro, o barbeiro etc., que decidem categoricamente do mérito ou demérito de quanto sermão se prega por essas igrejas, aplaudindo qualquer passagem da oração tanto mais quanto menos a entenderam.

Não é menos capadócio o sujeitinho que, mal sabendo ler, escrever e contar, apenas arranhando sua fatiota de francês, sem princípios, sem anos e sem estudos, atira-se às ciências morais, como um Aristóteles, e papagueia em política que é um abismo. Não há questão, por mais intrincada que seja, que ele não a espatife e acabe de estalo; não há embaraço que o empache, nem opinião de publicista que ele deixe de pulverizar em quatro palhetadas. Pois se lhe dá a mania para periodiqueiro, isso é um trovão de pataratas. Muitas vezes é um fedelho que há pouco saiu da escola, que nunca estudou a filosofia racional e moral, nem uma noção tem de belas-letras, nada sabe de direito natural, menos de direito público, ignora inteiramente a sua própria língua. E entretanto é o senhor redator do periódico tal, que está muito acreditado, e ele com grandes e bem fundadas pretensões de sair deputado, se bem que, apertados os casos, já se contenta que se lembrem dele para fiscal! O que é isto, senão ser capadócio, e muito capadócio?

Capadócios há afrancesados, e destes é mais crescido o número, e outros há que são latinórios. Os primeiros tudo debruam de palavrinhas francesas, como *ressortes*, *massacres*, *engajamentos* ou *engajadelas* etc., e, se acertam de escrever para o público, vão-se com unhas e dentes a qualquer dos muitíssimos livros franceses, e trasladando o que lá encontram, e melhor lhes soa palavra por palavra, com o mesmíssimo torneio, fraseado e molde daquele idioma estrangeiro, nos arrumam por sua aquela empada, e não faltam basbaques que os tenham por uns talentos assombrosos. Os segundos são aqueles que, já na conversação, ainda que seja entre umas poucas de parteiras, já escrevendo, permeiam todo o seu arrazoado, todas as suas histórias de expressões latinas, de frases de algibeira, como sejam *ad hoc*, querendo dizer a este propósito, neste caso, *in statu quo* etc., palavrinhas que pescaram de orelha.

Também há capadócio taciturno e misterioso, e estes ainda são mais impostores do que capadócios. Falam pouco para se inculcarem de assisados; franzem a testa, como um mono que bebeu aguardente, as suas respostas são sempre em monossílabos; e quando gastam algumas palavras são sempre vendidas, como outros tantos oráculos. Perante pessoas entendidas estão calados e meditabundos, mas em se vendo no meio de gente simples e idiota, são letrados, são doutores, são sabichões, são tudo. Os capadócios deste jaez ordinariamente são em cima disto muito velhacos e sempiternos demandistas. E como dão para papelistas, isto é, como têm aprendido certa gíria de fazer requerimentos, trazem as ordenações debaixo do braço, e atormentam os escrivães, os advogados, os mesmos ministros com dúvidas, com reparos, com objeções, tudo endereçado à velhacaria. Estes são os capadócios mais intoleráveis.

Pasmo de ver os gênios que têm como surgido debaixo da terra em nossos dias. Sei quanto custa adquirir alguns conhecimentos em qualquer faculdade: são precisos anos, uma vida retirada e aplicação assídua. Ainda assim uma só disciplina basta para tomar todo o tempo ao homem de talentos e estudioso. Mas hoje não é assim: qualquer rapaz é um prodígio de engenho. É menino e já tem a experiência do homem maduro: joga, brinca, desbarata os dias e noites em passatempos, em súcias de pécoras etc. etc.; e não obstante toda esta calaçaria, sabe tudo quanto há, sem ter lido, sem ter estudado. É um portento, dizem as turbas (se bem que é mais afrancesado dizer as *massas*): é um capadócio, digo eu com os meus botões, ainda que um desses ande nos anais da fama.

Passemos agora a tratar dos senhores manembros. E o que será isso de manembros?, perguntarão os meus pios e curiosos leitores. Eu verei se posso fazer-me entendido. Não terão Vossas Mercês visto um homem de maneiras bambas e desmanchadas, com certa fisionomia aparvalhada, feito uma espécie de bobo de qualquer casa de família, onde há raparigas já casadeiras, levando uns puxões de umas, socos e sopapos de outras, e todas dizendo que aquilo é um toleirão, uma coisa simples e sincera, que não serve para nada, senão para dizer bobagens? Pois aí tem um manembro. Ninguém faz caso dele por simplório e desmanchado, e anda misturado com as meninas, como se fora um eunuco: ele entra por camarinhas, vai à cozinha, sabe temperar quitutes, apalpa galinhas, e uma vez por outra põe-se a fazer renda por engraçado. Ai da família onde se introduz um destes manembros sem-cerimônia e reputado por tolo! Tolo! Tolos serão os pais que os consentirem, e mais se à *manembrice* ajuntar o predicado de primo das meninas: isso é um raio. Santa Bárbara, são Jerônimo!

O manembro passa uma vida animal sim, porém tranqüila, e a pretexto de pateta desfruta muitas vezes o melhor. Eu já vi um (e que latagão!) que até apanhava com as correias, que lhe davam as raparigas: mostrava-se às vezes agastado, do que todas riam muito. Estava quase sempre em casa das primas com medo de assentar praça: o seu traje era uma calça enxovalhada, caindo a uma banda, e a outra suspendida por uma perna de suspensório. O colarinho da camisa sempre desabotoado, em pernas, mal calçado com os chinelos de uma das raparigas; e neste desalinho era sempre o que ia para o meio da roda procurar o limãozinho no brinquedo de "Chora Mané, não chora",[2] e muito aplaudido no folguedo das escondidas. O

[2] Manembro era o boneco de engonço do brinquedo do "Chora Mané, não chora".

resultado de toda essa folgança e das tolices do manembro deixarei ao juízo dos prudentes. Pais de famílias, nada de manembros familiarizados em vossas casas. Lembrai-vos que já houve rapariga que perdeu-se de amores por um sacristão, por causa do garbo e gracinha com que dava ao padre as galhetas, quando ajudava as missas.

# *Não há nada como ser tolo*[1]

Muito mal fundada me parece a compaixão que ordinariamente se tem dos tolos. É muito comum ouvir-se dizer: Fulano, coitado, é um pobre tolo! Entretanto, se bem examinarmos a matéria, convencer-nos-emos que, longe de merecerem dó, os tolos são por ventura os indivíduos mais regalões, mais bem aditados, mais felizes da sociedade. Certamente há nada como ser tolo? Que vida satisfeita que passa! Que glórias que desfruta! Que privilégios que tem, inerentes à sua alta qualidade de tolo! Primeiramente um tolo não prevê coisa alguma. Os males que nos torneiam nesta vida, e a cada passo nos assaltam, ele os não conhece, não os encara, não os apre-

[1] *O Carapuceiro*, n. 77 (22/11/1833).

cia. À maneira de um frágil ramo, que nada para aqui e para ali, arrebatado da correnteza, ele deixa-se atuar pelo curso das coisas, e no vasto oceano da vida vai alegremente à cortesia das ondas.

O tolo está sempre contente, sempre risonho e prazenteiro. Se está no verdor dos anos, é o mimo, é a flor, é as delícias da maior parte das senhoras. A sua conversação é uma hemorragia de parvoíces: se se fala em matérias de religião, zomba e ri de todos os mistérios, mete a ridículo os sacramentos e as práticas mais respeitáveis de piedade. Se vem a pêlo a inexaurível política, é verdade que ele mal aprendeu as primeiras letras, nunca estudou filosofia, até ignora, como se (...)[2] essa bicha, mas sabe política melhor que Aristóteles, que Bentham ou Benjamin Constant. Em economia política, é o mesmíssimo Smith ou J. B. Say. Em boas letras papagueia horas esquecidas. Conhece e tem na unha toda a literatura e filologia estrangeira, até conhece a literatura turca, mas o que ele só não sabe é a sua própria língua. Decide de tudo rápida e categoricamente, e com esperteza de rato, mas, se lhe perguntarem

[2] Palavra ilegível.

quem é o pai dos filhos de Zabedeu, pensará um pouco e por fim concluirá que é Abraão.

A respeito de trajes e modas é horrorosamente vasto; pode ser chamado o almanaque da frioleira. Sabe exatissimamente quantos papinhos deve ter a abertura de uma camisa, que moldes de casacas, coletes e calças se estão usando nesta mesma hora em Lisboa, em Paris, em Londres, na Filadélfia etc. Entende de feitios de vestidos de senhoras, de armações de cabeça, que o não desbancam uma modista francesa nem mr. Cabriolé, cabeleireiro formado e que já vive na biografia dos homens grandes. Sobre danças, pode passar por inventor, e sabe dar coices em uma sala com tanto garbo e lindeza que não há objeto mais amável.

Todas estas prendas e qualidades fazem um tolo ídolo do madamismo (com algumas exceções). Quase todas desvivem-se por ele: as suas palavras, por mais destemperadas, deslavadas e sensaboronas, são outras tantas pérolas, seus ademanes estouvados, suas mogigangas estudadas, suas gaifonas muito desenxabidas, seus esgares, biocos afetados têm para elas uma graça particular, um sainete que as faz rir disenterialmente. Muito engraçado (diz uma), é sr. Chiquinho. Não há pessoa mais amável (diz outra) do que sr. Cazuzinha. E tudo isto por quê? Porque ambos são dois soleníssimos tolos. Então há nada como ser tolo? Do que serve ser sensato, e entregar-se um homem à amargurada carreira das letras? Malbarata o melhor de seus dias, estraga a saúde, torna-se misantropo, abre o passo a uma velhice achacosa e rabugenta, e morre sem ter gozado. Se consulta a história, esta lhe não oferece senão incerteza, se se remonta à metafísica, só acha sutilezas; se se passa à física, não vê senão trevas, se à moral, verdades triviais ou paradoxos. Depois de vinte e mais anos de vigílias e aturado estudo, em vão é perguntar a esse homem por que é que uma pedra cai; por que movemos a mão; por que temos a faculdade de pensar e sentir. E se não foram as luzes da revelação, que em muitas coisas nos veio consolar da nossa ignorância, nenhum livro há capaz de ensinar ao senhor Sábio quem ele é, de onde vem, e para onde deve ir.

Não é assim o tolo; nada destas minudências o empacham. Nunca se deu a estudos, nem deles quer dar fé. Só porque tem o apreciável condão de ser tolo, bem pode dizer, como o impostor Mascarilho nas precisas *Preciosas ridículas*, de Molière: "*Les gens de qualité savent tout sans avoir jamais rien appris*". As pessoas qualificadas sabem tudo sem nunca ter aprendido! O tolo ordinariamente come bem, dorme melhor, goza inalterável saúde. Para os lugares e empregos da república, o homem instruído encolhe-se, e a modéstia o faz solitário e acanhado, porque vive quase sempre deslembrado e na concha. O tolo, pelo contrário, é desembainhado e metediço, é lisonjeiro, macaqueador e condescendente; ajeita-se a tudo, vai com todos os ventos, e por isso empolga os melhores ofícios. O sábio de tudo faz escrúpulo, o tolo nem remorsos tem. O sábio, quando muito, quer que a fortuna o procure, o tolo não tem essa pachorra: vai atrás dela, agarra-a, e muitas vezes a tira pelos cabelos. O sábio deseja instruir-se, o tolo só aspira a gozar. O primeiro tem a mira no passado e no futuro; o tolo tem antolhos, que o levam a olhar só para o presente.

Se na pretensão de uma senhorita concorrem um homem sensato e um tolo, quem duvidará que este se avantaje daquele? São raras as meninas que apreciem as qualidades do espírito de um amoroso pretendente. A educação as tem feito muito cativas dos sentidos, pelo que ordinariamente só olham para o físico, só se levam de exterioridades. Em vendo um sujeito bem empernado, pintalegrete e casquilho a não poder ser mais, não querem saber mais de outras inquirições: este é o seu cupidinho, com este desejam ligar-se, ainda que lhe façam ver que é tolo *in longum, latum, et profundum.* Geralmente falando, as senhoras mulheres o que querem é casar. E por isso uma, que já o havia sido três vezes, aconselhando a uma menina a que tomasse estado, depois de fazer a enumeração das prendas e boas qualidades dos seus defuntos, dizia-lhe: "Casar sempre é bom: quando mais não seja, que fortuna não é ter uma mulher quem lhe dê os bons dias logo de manhã cedo, e quem lhe responda *Dominus tecum* toda vez que espirra?". À vista de tantas vantagens e primazias bem se pode concluir que não há nada como ser tolo.

## *Os mentirosos*[1]

Disse a divina sabedoria que todo homem é mentiroso, proposição que, tendo universalidade moral, admite, como se sabe, suas exceções. E quem há aí por esse mundo de Cristo que nunca tenha proferido alguma peta? Quem não terá pregado mentiras, ainda que sejam das que se chamam oficiosas? Mas não é dessa geralidade que falo, porém sim dos mentirosos de profissão, isto é, daqueles que, habituados a mentir, parece que declararam guerra à verdade, desses sujeitos inimigos jurados de Epaminondas, porque este, segundo nos refere a história, nem zombando mentia, e eles nem por gracejo dizem a verdade.

[1] *O Carapuceiro*, n. 78 (9/11/1833).

O mais é que a cada passo encontram-se desses pataratas, que não abrem boca senão para mentir, ainda bem quando as suas petas só provocam o riso, e não são em prejuízo de terceiro. Por via de regra a maior parte dos que viajam gostam muito da tal asneirinha de mentir, e tanto mais taludas são as suas mentiras, quanto mais remotos os países que percorreram. A alguns bastou irem a Lisboa para virem contando maravilhas e petas por todo o resto da sua vida. O que será quem já foi à França, à Itália, à Inglaterra? E se chegou a dar consigo na Rússia? Esse tem carta patente para mentir por si, e deixar mentindo filhos e netos.

Um, que tinha estado em Paris, voltando aos seus lares e perguntando-lhe uma senhora se tinha visto o delfim (que, como todos sabem, é príncipe herdeiro da França) e se era galante, respondeu logo muito expedito que sim, que era tal e qual um bacorinho muito lindo, só com a diferença de não ser rombudo e ter o pêlo muito macio. Outro, que tendo chegado de Roma e achava-se improvisando em uma grande roda, sendo perguntado por um manganão se também vira o Concílio Tridentino: "Pois não (respondeu muito ancho) conheci-o muito de perto, e por várias vezes o vi revestido de hábitos prelatícios nas tribunas do Vaticano". Outro, que contava coisas prodigiosas do teatro de São Carlos em Lisboa, como lhe perguntasse uma senhorita que tal achara o verso italiano, acudiu prontamente dizendo que por muitas vezes viu representar a esse sujeito, e que era dos melhores cômicos daquele teatro.

Estes são os mentirosos que podemos chamar burlescos, porque são mais risíveis do que prejudiciais. Muitos outros há, cujas mentiras são muito danosas ao próximo, por exemplo as que continuamente pregam os negociantes, mercadores etc., com pouquíssimas exceções. Certamente os que vivem de comprar e vender quase todos habituam-se a mentir no negócio por maneira tal que já não se sentem. Estão impingindo ao pobre matuto gato por lebre, e cantando-lhe ao ouvido que é a melhor fazenda possível. No preço não falemos, porque são todos tão pouco interesseiros que confessam não ganhar com os fregueses, senão uma bagatela. Creia-me, meu amigo (diz um com simpleza que admira), que com Vossa Mercê apenas ganho 2% — posso pegar-lhe a fatura, e verá que ainda perco com Vossa Mercê mas dou por bem empregado, porque somos fregueses etc. Ai daquele pexote que se fia nesses palavreados!

Na santa gente da Justiça não faltam mentirosos, e de grosso calibre. O letrado está conhecendo a cavilíssima injustiça de um tratante, que o vai consultar, entretanto afirma que lhe sobra a razão, e deve quanto antes começar o pleito, o que corresponde a meter uma alma nas profundas dos infernos. O escrivão, que ordinariamente tem uma consciência muito elástica, está jurando à mísera parte que já lhe copiou os autos de apelação; e ainda nem para eles olhou. O meirinho, que quase sempre é um serafim, certifica e jura que notificou ou citou em sua própria pessoa a sujeitos em quem nunca pôs olho, ainda que estes residam além da Taprobana.[2] Os senhores magistrados não mentem pouco quando proferem sentenças contra a sua consciência, se é que ainda a têm. Em tudo há suas exceções: poucas, sim, mas há.

Mas de todas as classes de mentirosos não há uma que minta tanto, como a dos jogadores. A sinceridade, a lhaneza, a boa-fé não podem ter cabida em pessoas cujo desvelo todo cifra-se em verem de que maneira hão de embaçar ao seu próximo. Vão perguntar a um que joga o voltarete, e pede licença, ou faz qualquer dos voltes, se

[2] *Taprobana:* o Ceilão.

comprou bem? Ainda que encontre todos os sete matadores, sempre faz beicinho, queixa-se ou da sua má estrela, ou de algum mirão calisto, que lhe fica no pé, que lhe está botando mofina no jogo. O mais é que há sujeito que de coração acredita no influxo de um caipora, de um peru etc. etc.

Finalmente em todos os estados, em todas as jerarquias e condições há mentirosos, e alguns tão miseráveis que chegam a mentir em seu próprio prejuízo. Tais são certos bazófios, que para exaltarem a sua suposta valentia, mentem de tal jeito, que por último até confessam que foram assassinos. Em verdade o hábito de mentir é dos vícios mais vergonhosos que se pode ter. Um homem que se assoalha por peteiro é um bobo em qualquer parte que apareça; perde todo o crédito; e ainda que diga verdades, ninguém mais o acredita, e vive no meio da sociedade solitário como se estivera num ermo. A mentira habitual é menos desculpável do que a bebedice, o furto e outros muitos vícios. No furto cai-se quase sempre por necessidade, na bebedice por falso prazer e miséria, mas para ser mentiroso não há nem incentivo, nem necessidade.

E no belo sexo também haverá gente mentirosa? Tenho meu receio de decidir, porque as senhoras estão de tal quisa avezadas à lisonja que não podem ouvir dizer que nelas há o mais leve defeito. São todas filhas de Eva, mas querem passar por impecáveis. Todavia, apesar das zanguinhas e remoelas que lhes causam algumas verdades do meu *Carapuceiro*, direi sempre que não faltam senhoritas que pregam suas petas muito honradamente. Quase por via de regra aquela que passou dos trinta anos mente, se lhe perguntam pela idade. Neste caso nunca dirá em que ano nasceu, porque ela bem sabe que a aritmética não mente. Fará sim umas contas tais, referirá sucessos da sua meninice, que confrontadas as épocas vem sempre a empequenitar-lhe a idade assim uns oito ou dez anos: bagatelas. Por isso já houve uma que emperrou nos trinta anos; e notando-lhe um sujeito que havia dez anos que tinha a honra de a conhecer, e lhe ouvira dizer que estava com trinta anos, saiu dessas talas com responder-lhe que nisso mesmo mostrava ser senhora de uma só palavra.

# *Ninguém se fie em aparências* [1]

Se a cara fosse sempre o espelho dos sentimentos internos, bastaria que víssemos qualquer pessoa para lhe conhecermos o coração. Mas não sucede assim, e por isso bem dizia o faceto Juvenal:[2] "*Fronti nulla fides*". Ninguém se fie em aparências. Em verdade basta freqüentar o grande teatro do mundo para qualquer desenganar-se de que não deve deixar-se levar de exterioridades! Quantas vezes, enquanto uma boca risonha exprime palavras fagueiras e acariciadoras, o coração borbulha em desejos de vingança, ou de outra qualquer paixão malfazeja!

Pessoas há que, parece, habituam-se a certa fraseologia urbana e benéfica, sem que no seu interior haja a mais

[1] *O Carapuceiro*, n. 80 (23/11/1833).

[2] *Juvenal*: poeta satírico latino do começo do século II.

leve disposição benfazeja. Se encontra pela primeira vez a qualquer indivíduo, e mais se é conhecido por fama, desfazem-se em afetos para com ele, e quem os vê de fora julgará que são dois amigos velhos, que se encontram depois de longa ausência. Mas tudo aquilo é fingido; aquelas palavras são tabelioas, ali não mora sinceridade: *Fronti nulla fides.*

Vou à casa de um homem, que me recebe com mil afagos e toda a cortesania. Chegada a hora do jantar, por exemplo, cuido em retirar-me. Ele não consente, roga-me para que lhe faça companhia. Fico eu muito cativo da generosidade e boa sombra com que me trata. Entretanto, muitas vezes está-se dando a perros por havê-lo eu procurado àquela hora, e está ansioso de me ver pelas costas. E não será novidade que me fique roendo na pele apenas me vir no limiar da porta da rua, chamando-me grosseiro, impertinente e cáustico.

Meu cordial amigo, diz outro, conte com os meus bons ofícios, creia que muito o desejo servir, e anelo ocasião de lhe mostrar. Quem deixará de acreditar em palavras tão agradáveis, em expressões tão afáveis? Todavia ali não há nem sombra de verdade, aquele coração, bem longe de enunciar o que sente, está de outro ânimo, e dali a poucos instantes nem mais se recorda de tantas promessas. E se quiserem experimentar vão pedir ao generoso protetor qualquer quantia emprestada. Que mudança de cor! Que desculpas tão prontas e acepilhadas! Ora queixa-se das circunstâncias do tempo, ora acabou de fazer uma despesa horrorosa; e dizendo-se sempre desejoso de ser prestadio ao seu amigo, nunca chega o ensejo de o mostrar: *Fronti nulla fides.*

Entro em uma grande roda de partida, ou, como vulgarmente se chama, assembléia. Ali está o império das aparências. De uma parte, vejo sujeitos que se confessam amigos, ferrados à orelha da sota ou com a mira nos dados, sequiosos por arrancarem a camisa um do outro, e entretanto com ar prazenteiro, e barateando-se expressões de recíproca amizade. De outra se me antolham dois ou três sujeitos, que em estirada conversação prodigalizam-se às invejas palavras amigáveis, quando na realidade nenhum se interessa pelo outro, antes estão se observando reciprocamente, para ao depois fartarem em particular a fome murmuradora que os devora.

Até no belo sexo (quem tal diria?), na mais amável porção da espécie humana (aqui ficam as senhoras muito cheias de si) não faltam fingimentos e vãs aparências.

(Agora com esta coartada apostemam-se todas: tenham paciência, que devo dizer a verdade, e dar-lhes o quinhão que lhes toca, malgrado o amor-próprio que as deslumbra.) É para ver na mesma assembléia os agrados, as festas que se fazem umas às outras, as expressões açucaradas de que se servem para significar a recíproca ternura que se consagram, entretanto que estão notando tudo para ao depois lhes servir de pasto à maledicência. Trajes, enfeites, maneiras, nada escapa à vigilância das senhoritas. Muito amiga sou de Vossa Mercê (diz uma, que mais se requebra em afetos): tenho-lhe um amor que não acho expressões com que lho signifique. A esta chama-se minha vida, àquela minha sozinha, uma é seu bem deveras, outra seu mais que tudo. Mas, em se separando e indo cada qual para sua casa, fazem-se uma anatomia tal que nada lhes passa por alto. Dona fulana estava muito mal vestida: se ela soubesse quão mal lhe fica o pente a uma banda, nunca o poria daquele modo. Dona sicrana não tem gosto para se vestir; é muito malfeita por mais que se espartilhe etc. E o que lhes pareceu minha saudade? Coitada! É uma tola; não abre a boca, senão para dizer asneiras. Uma, que já vai caindo de madura, não se contenta com essas minudências, atira-se a coisas mais sérias, e nota o muito que dona fulana olhava para certo sujeito da companhia, o extraordinário volume do seio desta, o desmaiado da cor daquela sem que tenha moléstia conhecida. E cada gilvaz de pesada murmuração vai quase sempre temperado com um Deus me perdoe, que é o bordão a que se arrimam os maldizentes.

O nosso mundo é um verdadeiro teatro, onde a ficção tem muito mais lugar do que a realidade. Quem estudar os homens nos livros nunca chegará a conhecê-los. Toda a moral de Aristóteles e o seu tratado dos afetos, os caracteres de Teofrasto e os de La Bruyère, as máximas de La Rochefoucauld[3] não nos ensinam tanto a conhecer o que é esse animalzinho de dois pés sem penas chamado homem, como a prática e observação do mundo. A sinceridade, a chaneza, a boa-fé, de que aliás todos fazem alarde, são virtudes muito raras. O mercador está-me jurando que é muito sincero e verdadeiro, e no mesmo ponto enfia-me e prega-me um formidável logro. O ministro, o advogado, o escrivão asseveram-me que o meu pleito é o mais justo possível; que eles muito se interessam por ver tirar a limpo a minha justiça. Entretanto, afinal de contas o escrivão,

[3] *La Bruyère* e *La Rochefoucauld*: moralistas franceses do século XVII.

vendido à parte contrária, demora-me de propósito os autos e sou lançado. O procurador, que mais procura para si do que para o seu próximo, deixa de interpor a apelação, o advogado, a rogo do meu adversário, enfraquece umas razões finais, e o ministro, que segue a razão suficiente de quem mais lhe dá, casca-me uma sentença contra, que me põe a alma de avesso: *Fronti nulla fides.*

Ninguém pois acredite em boas maneiras, em semblantes afáveis e risonhos, em palavras, enfim, que nada custam a despender. Se quisermos conhecer ou levar os homens à pedra de toque para lhes saber dos quilates, olhemos para suas ações. Atendamos ao que eles fazem, e não aos seus esgares e palavreado.

# *O jogo*[1]

Falar no Brasil contra a paixão do jogo, e mormente no nosso Pernambuco, é porventura tampouco proveitoso, como se alguém fosse persuadir a frugalidade aos sibaritas, o desinteresse aos judeus, a filantropia aos argelinos. O jogo (com mágoa o confesso) é hoje o gosto dominante do meu país. E haverá coisa mais nociva, mais contrária aos bons costumes, do que essa paixão, quando se torna habitual, e por conseqüência dominante? Bem longe de mim o reprovar o jogo, quando não passa de mero recreio, e de poucas horas, se bem que na minha opinião é o último de todos os passatempos. Jogar por duas ou três horas qualquer dos jogos que se chamam cartea-

[1] *O Carapuceiro*, n. 82 (5/12/1833).

dos, como por exemplo o voltarete a real o tento e tostão a entrada, pode servir de divertimento até certo ponto, e sem prejuízo notável dos parceiros. Mas arriscar um sujeito toda a sua fortuna em jogos de azar, não sei como possa chamar-se desenfado honesto, e coisa que possa refocilar o ânimo.

Debalde aparecem em qualquer companhia senhoras que cantam ou dançam agradavelmente, músicos que desempenham com gosto os seus instrumentos. Ninguém os atende, ninguém dá fé dos encantos da harmonia, porque lá estão as malditas mesas do gagau, da banca ou da ronda, que atraem a si maior parte dos circunstantes. E não se ouvem senão o tinir das meias doblas e patacões e as assustadoras vozes de *topo tudo*, *varro*, *topo e abono*, *levo metade* etc. etc. Muitas vezes um desses mesmos cativos do dado chega a pedir instantemente e até com impertinência a uma senhora que cante esta ou aquela modinha. Com efeito a boa madama, depois de muitas escusas de rouquidão, de pigarro, de defluxo, de dor de cabeça, de qualquer indisposição enfim, que já são coisas de tarifa, prepara a garganta com dois ou três escarrinhos puxados, faz-se rubicunda e resolve-se a cantar. Parece que todos estarão *arrectis auribus*, muito atentos e circunspectos à cantoria da senhora, que tanto os obsequia. Mas não é assim: a banda dos jogadores não perde por um só minuto o cuidado ao seu jogo. Continuam a parar, a topar etc. E de vez em quando, como por formalidade, e com tão pouca atenção, como se lhes coaxassem rãs aos ouvidos, lá surge um dos mais ferrados parceiros e exclama desenxabidamente: "Bravo, minha senhora, muito bem, muito bem". E isto mesmo muitas vezes é proferido sem olhar para ela, recebendo pagas ou deslindando uma contestação das muitas que tais brincos a cada passo oferecem. Parece-me que se não pode fazer maior insulto a uma pessoa a quem se convida com tanto empenho para cantar; a mais se é uma senhora, a quem nós homens sempre devemos os maiores respeitos e atenções delicadas.

O homem que se entrega ao hábito do jogo é um homem inútil para o Estado, para os seus semelhantes e para si próprio; é um homem que insensivelmente vai perdendo as boas maneiras, se as tinha, a vergonha e aquela sensibilidade bem entendida, que nos leva às ações mais generosas. Sim, o jogador de profissão não tem amigos, e só mede os seus semelhantes pela razão direta do que podem perder com ele ao jogo. Aquele que hoje perdeu um conto de réis, por exemplo, amanhã perderá três e quatro, perderá todos os seus bens e a própria camisa, em busca da fatal desforra, que raras vezes empolga. A ambição o devora e rala, porque qual é o único pensamento do jogador senão esfolar os seus sócios e tirar-lhes até o último real? O espírito se lhe acanha e apouca, porque habitua-se a tomar zanga de qualquer coisa; e em que sustos não vive o desgraçado jogador? Em verdade é quase impossível que um homem, que para mãos cheias de patacões e peças e mais peças não tenha o coração palpitante e inquieto, quando ouve o fatal *topo* do inexorável banqueiro, que porventura não está menos salteado de pressentimentos e receios: é um milagre, que não morram de tubérculo todos os jogadores.

É para ver e admirar a fraseologia de que se eles servem, quando falam uns dos outros. Fulano (diz este) é bom parceiro, é um parceirão; ainda ontem perdeu duas peças. Muito amigo sou de sicrano (exclama aquele), acabo de lhe ganhar quinhentos patacões. Que tal o amiguinho? Entretanto quantas vezes aquelas trezentas peças ou estes patacões decidem da fortuna desses sujeitos? Padece a mulher, choram os filhinhos, a quem falta até o próprio sustento, porque todo o dinheiro é precipitado na voragem no jogo! Enquanto há que empenhar ou vender, empenha-se ou vende-se para saciar a maldita paixão do jogo. Em não havendo que empenhar ou vender, pregam calotes. Em faltando o recurso dos calotes (que nem todos estão para ser bigodeados), furta-se às escâncaras e chega-se a saltear pelas estradas.

Que fortunas que tem o jogo absorvido! Que famílias tem levado ao túmulo da indigência ou ao lodaçal imundo da prostituição! Eu pasmo de ver como certos filhos-famílias, certos sujeitos que nada possuem e a quem se não conhece ofício, emprego rendoso, ou herança pingue, apresentam-se em uma mesa de jogo e desentranham das elásticas algibeiras peças e mais peças, patacões e mais patacões, e a frescura com que dizem na bochecha de quem os conhece: Hoje perdi seiscentos réis; ando perdendo dois contos etc., como se foram castanhas, ou que isso de dinheiro se apanhasse aí pelas ruas.

A nossa mocidade, com poucas exceções, não tem hoje outro divertimento senão o jogo. Rapazes imberbes largam os seus estudos e correm aos muitos gariteiros, que infelizmente existem quase em todas as ruas, e ali desbaratam o precioso tempo e dinheiro, que não sei donde vem. Alguns jogadores há que tendo o copo na mão, e havendo perdido o último real, como vejam na mesa estendidas, aqui e ali, grossas paradas, recorrem a uma branquinha, que deram em chamar mão do rei; e empertigando-se dizem: Topo, e abono, que significa tanto quanto isto: se lançam sorte, ficam soldados, e começam nova vida, se azar, com uma roda de *devo, devo, devo* está remediado o negócio, e faça Deus bom tempo.

Já não trato das astúcias, ligeirezas e peloticas, que alguns sabem fazer em certos jogos, porque essa matéria é muito vasta, e não cabe no pequeno espaço deste meu periódico. Há sujeitinho tão destro em manejar as cartinhas na ronda, por exemplo, que dá dezesseis, vinte e mais rondas, limpando quanta moedinha lhe apresentam os pobres pataus. Finalmente não sei qual será o meio de curar essa enfermidade, que parece endêmica no nosso país. Oxalá que todos refletissem com madureza nas terríveis conseqüências do jogo habitual, onde o precioso tempo é a perda menos considerável que se tem.

## *As procissões*[1]

São as procissões atos de piedade muito bem entendida, e que remontam aos bons tempos primitivos da santa Igreja, nossa mãe. As procissões eram naqueles felizes séculos visitas que os bispos faziam aos sepulcros dos Santos Mártires, ou já para lhes trasladar as preciosas relíquias, ou já para invocarem, solene e publicamente, o auxílio da divina misericórdia em qualquer calamidade pública; e daí as rogações, as ladainhas etc. etc. Pelo decurso dos tempos, estenderam-se as processões a outros muitos objetos de religião, e a piedade cristã deu-lhes mais ou menos voga, conforme aos tempos e os lugares.

[1] *O Carapuceiro*, n. 10 (5/4/1834).

À vista pois de tão santa origem, de tão respeitável fim, eu, que prezo acima de tudo a honra e mercê divina de pertencer à fé católica apostólica romana, em cujo grêmio espero exalar o último suspiro, bem longe estou de reprovar as procissões, nem é meu intento proscrevê-las do culto santíssimo de nosso país. Sim, se em opiniões políticas não vou de acordo com os antigos, em matéria de religião não quero apartar-me um só ápice daquela crença, que começando em Jesus Cristo, nosso redentor, e seus apóstolos, tem transposto todos os embaraços, triunfado de todos os combates, e há de sobreviver à dissolução e ruína do Universo. Embora os meus inimigos, ou antes inimigos das instituições liberais que advogo, hajam procurado desacreditar-me assacando-me o cediço labéu de pedreiro livre e incrédulo, *qui judicat me* (direi com o apóstolo) *Dominus est* se a minha vida não é limpa, escoimada de pecados, a minha fé (graças ao Senhor) é pura, é firme. Se sou liberal é porque estou convencido que Jesus Cristo foi o primeiro liberal que o mundo viu, foi quem nos veio avisar a doutrina da verdadeira e bem entendida igualdade, foi quem restituiu o homem à sua original dignidade, foi em uma palavra quem trouxe a liberdade aos homens. Certamente uma religião onde há um mistério (o da Eucaristia), pelo qual o homem Deus sob as espécies e acidentes de pão dá-se como comida e identifica-se com o rei poderoso, do mesmo modo que com o mais desprezível mendigo, banquete misterioso, onde o senhor não se distingue do escravo, onde o pobrezinho é muitas vezes mais bem-aceito do que o faustoso Lúculo, que o despreza, uma religião, enfim, onde o Pai universal não olha para condições ou jerarquias, senão para as virtudes individuais, uma religião em que um Deus se sacrifica pela salvação, não do conquistador, do magnata, do poderoso tão-somente, mas do povo, é essencialmente democrática, é a religião liberal por excelência. De maneira que, se me perguntarem quem é o verdadeiro liberal, não hesitarei um minuto em responder que é o verdadeiro cristão: bom cristão e homem livre são sinônimos, donde fácil é concluir que aqueles que se dizem liberais e menoscabam o cristianismo, em que nasceram, é mentira que são liberais, são peralvilhos, são velhaquetes; mais escravos e servis do que um turco.

Não reprovo pois nas nossas procissões senão os abusos, palhaçadas e indecências, que nelas há introduzido a desgraça da fantasia de alguns, talvez devotos, mas pouco assisados, e bem assim que se não vá a elas com aquele espírito de religiosidade, com que foram limitados. Em verdade, o que é que se observa em quase todas as pessoas, que vão ver as procissões? O madamismo, que o que quer é um motivo, seja ele qual for, para sair de casa, veste-se com todos os adornos e louçainhas que tem, e do mesmo teor que se preparasse para ir ao teatro. As cadeirinhas andam acima e abaixo como barcos de carreira, conduzindo as senhoritas, que são o menor peso para os pobres pretos, comparativamente aos enormes pentes, e as *des* nas braquiais (permita-se-me a expressão) chamadas mangas. Os cheiros propagam-se por todas as ruas, porque as senhoritas põem em si quanto macáçar, água de lavanda, essência de rosas, extratos desta e daquela flor se vendem nas lojas francesas.

As varandas das ruas, por onde tem de passar a procissão, são outros tantos escaparates de ourives e cada é pendão que se divisa a quarto de légua de distância. Enquanto não passa a verdadeira procissão e que as meninas estão grudadas nas varandas com olhinhos girovagos, registrando tudo e murmurando a umas das outras muito devotamente, aparece a primeira procissão profana, que é a dos senhores gamenhos, que andam discorrendo por todas as ruas, qual laia de caçadores, que batem e varejam os matos em busca de caça. E como vão eles retesados, pernilongos e empapuçados! As gravatas (lençóis de cetim preto) somem-lhes mais de metade das caras, os bracinhos meio levantados andam em posição de quem toca rabeca, e alguns tanto levantam as omoplatas que parece que estão *voa, não voa.* Sujeito há que leva seis e oito lenços em cada algibeira da casaca, a fim de também terem suas anquinhas!!!

Ferve o namoro por todas as ruas e de umas para outras varandas; e os gamenhos andam divididos em patrulhas, umas a dois, outras a três e a quatro de fundo. Os que são manembros ordinariamente deixam-se ficar nas casas, por onde tem de passar a procissão; e ali estão muito mansinhos e aparvalhados fazendo corte às madamas, que às vezes por esquisitice tomam paixão por quem é tolo ou faz-se tolo. A súcia dos gamenhos nem dá fé das imagens que vão na procissão, porque têm os olhos cravados nas santinhas da terra. E estas se por uma parte pela curiosidade, que lhes é natural, examinam rapidamente todos os andares, todos os anjinhos etc. etc., não se esquecem de lançar a furto olhaduras significativas ao rancho manchador, que está grudado em adoração para elas.

E que extravagâncias se não vêem dentro das mesmas procissões! Até bem pouco tempo não deixavam de aparecer sujeitos irrisoriamente vestidos com uma túnica preta, cingida de uma corda, com um capuz pela cabeça, apenas com dois buracos no lugar dos olhos, e outra cordinha cingindo a cabeça; chamava e tais palhaços eram os que carregavam os andores. Um desses bufões precedia a procissão, tocando uma desafinadíssima buzina, e, armado de um chicote, ia zurzindo o rapazio, que levantava uma grita insuportável, atirando no farricoco mosquetaria grossa de caroços de pitombas. Que indecência! Que desacato! Bem haja quem extinguiu a farsa dos farricocos. Mas assim mesmo não há muitos dias que em certa procissão saiu adiante um mascarado, coisa que, sobre ser ridícula em um ato tão grave e respeitável, é expressamente proibida por uma postura da Câmara Municipal.

Ainda alcancei o inferno nas procissões de cinza; e já nesse tempo era objeto de risota para a maior parte do povo. Também já vi uma procissão na qual dois meninos faziam de Caim e Abel, vestidos com peles de ovelhas. O Caim empunhava uma queixada de cavalo e tinham-no ensaiado para, de espaço em espaço, fingir que descarregava a queixada sobre a cabeça do Abel, o qual caía por terra esperneando etc. De uma das vezes, o meu Caim influiu-se e desandou deveras a queixada de maneira que o pobre Abelzinho foi ao chão, tonto do golpe, e levantou uma prantina que pôs tudo em alvoroço. Em tempos mais remotos, em algumas procissões apresentava-se um marmanjo, vestido de rei Davi com uma viola nas mãos e aos pulos e pernadas adiante de uma caixa velha, que dizia ser a arca da aliança; em outras representações o sacrifício de Isaac e até a fuga da Santíssima Virgem para o Egito etc. etc.

Todas essas farsas foram desaparecendo insensivelmente com as luzes do século, esse que vivemos. A charola do inferno, que tantos sustos fingidos causava às beatas, foi eliminada das procissões de cinza. Não há mais os tais bobos chamados farricocos, mas ainda aparece nesta procissão a caturrice da intitulada árvore da penitência, que não é outra coisa mais do que um garavanço, donde vão pendentes bentinhos velhos e camândulas bolorentas, tudo isto carregado por um barbaças mascarado. Já se não vê uma enfiada de meninos, vestidos de fradinhos franciscanos, com as cabeças tintas de zarcão para fingir sangue, todos acorrentados e tirados por um latagão de botas encarnadas, bigodes retorcidos e um alfange na mão direita.

Os meninos representavam os mártires de Marrocos e o mascarado chamava-se o Tirano.

Caíram em desuso tais bobices, mas ainda aparece na procissão de cinza um sujeito, vestido de morte, que com a sua foice vai acenando para as varandas (esquisito modo com que alguns galanteiam as suas namoradas); vai provocando os assobios e vozeria incomportável dos rapazes. Ora, a morte é um objeto horroroso e digno de respeito, pelo que releva não o familiarizar com o povo, e muito menos expô-lo à irrisão pública. Já houve uma procissão dessas, que ficou por muito tempo parada no meio da rua, porque a morte estava dentro de uma escada vomitando desordenadamente da grande borracheira que tomara. Ouvi dizer que há pouco tempo um de juiz de paz quis trancafiar a morte na cadeia, porque a Câmara Municipal também proibiu essa mascarada. Se tal é, Deus lhe dê saúde.

O mesmo chamado descendimento da cruz na Sexta-feira da Paixão, eu o não consentiria, se fora bispo, porque é uma tragicomédia ao divino, onde se cometem mil indecências, desaforos e chocarrices, embora se zanguem com esta minha opinião as senhoras que gostam de ir à igreja nesses dias, como para o teatro, a fim de chorar e rir ao mesmo tempo. Profetas, Madalenas e são Joões de resplandores de folhas de flandres, tudo é palhaçaria, que se não deve consentir em um país civilizado e católico. A religião não consiste em mascaradas.

# *Os desmazelados que o vulgo chama filósofos*[1]

Entre a imensa caterva dos vícios, é o desmazelo um dos mais ridículos e indesculpáveis, que nos expõe à irrisão pública, apesar de o vulgo indouto dar o honroso nome de filosofia ao que realmente só procede de um caráter inconstante e estouvado.P

Um homem desses não é um só homem, como diz o profundo La Bruyère, são muitos: ele se multiplica tantas vezes quantos são os seus maus gostos e maneiras diferentes. A cada momento é o que não era, e passa logo a ser o que nunca foi, de sorte que parece suceder-se a si mesmo. Não perguntemos de que compleição é ele, nem qual

[1] *O Carapuceiro*, n. 22 (28/6/1834).

o seu gênio, mas quais as suas compleições e quantos gênios tem. Crisóstomo dispõe-se a ir fora; já está na porta da rua, e um amigo, que passa, é que lhe adverte que está com a barba meio feita, com botina em um pé e sapato no outro, e com alçapão da calça desabotoado. Se vai pelas ruas, tem-lhe sucedido muitas vezes marrar em um cego, e irem ambos à terra com gostosa apupada do rapazio, que não dispensa estas coisas. Em casa busca, esmerilha, mexe ou remexe, enfurece-se, grita. Chama os pobres fâmulos um por um porque tudo lhe sumiram, tudo lhe perderam. Quer que lhe dêem conta das luvas, e ele tem-as nas mãos; não sabe dos óculos, e está com eles no nariz.

Muitas vezes passando à toa pela cidade, não sabe bem onde está, e pergunta a alguém, que lhe diga precisamente o nome da sua rua. Casa-se de manhã, e já à noite se não lembra do que fez. Se alguns anos depois perde a mulher, esta morre-lhe nos braços, ele assiste-lhe ao enterro, e no outro dia, quando o chamam para o jantar, pergunta se a senhora já está na mesa: que vá comendo, que ele está muito ocupado em assobiar uma valsa no escritório. Se vai fazer visita a uma senhora, persuadido que é ele que recebe a visita, planta-se no canapé ou sofá alheio, e ali põe-se como vilão ruim em casa de seu sogro. Se a senhora é viúva, que perdeu o marido há cinco ou seis anos, e se queixa de incômodo de saúde, pergunta-lhe, se é para muito tarde o seu bom sucesso, e depois deste insulto é que adverte que está com dona Ritalia, e não com dona Dulcinéa.

É muito raro que Crisóstomo vá à igreja. Mas se alguma vez entra, tomando o cego que está grudado à porta por pia d'água benta, mete a mão na marmita do pobre, e é então que adverte que a pia fala, e lhe pede esmola. Se vai a uma companhia, leva esporas, e sem as tirar valsa, contradança, rasga um finíssimo vestido a uma senhora, dá um coice noutra, que vai à terra na ocasião em que passa o servente com copos d'água. Escorrega o servente, quebram-se os copos, também se escangalham dúas mangas de vidro de uma banquinha próxima, e cala-se o músico, porque a rabeca ficou ensopada da caldeirada. Vai puxar do lenço para limpar o suor e tira da algibeira uma ceroula, que por engano aí meteu, cuidando ser um fino lenço de cambraia. Outra vez quer servir-se da caixa de tabaco e saca do bolso um chinelo velho, que enfardelou em casa de um amigo, onde deixou a boceta.

Em outra companhia, ou em algum gariteiro, perde ao jogo quanto levava. Ei-lo que torna à casa, abre o armário, tira a carteira onde tem dinheiro, provê-se do que precisa e, julgando tê-la posto em seu lugar, ouve ladrar de dentro do armário, que acabou de fechar. Espanta-se, abre-o de novo e dá grandes gargalhadas quando vê que é o seu cãozinho, que havia fechado ali em vez da carteira. Se sucede jogar o gamão, ou passo de Roma, pede água: trazem-lha, e como lhe cabe jogar, tem em uma mão o copo de dados e noutra a quartinha. A sede urge, por isso leva à boca o copo dos dados e vaza no tabuleiro a quartinha, que alaga da cabeça até os pés o pachorrento parceiro. Se entra em um quarto para ver algum amigo doente, escarra-lhe na cama e põe o chapéu no chão, julgando que faz pelo avesso. Está escrevendo uma carta muito extensa, de espaço em espaço lança-lhe areia e sempre vai despejá-la no tinteiro. Isto ainda é pouco: escreve segunda carta; e depois de fechar ambas engana-se na remessa. O bispo recebe uma, que diz: "Senhor mestre. Há mais de oito dias que Vossa Mercê não vem fazer-me a barba, e pôr as bichas no meu preto" etc., e o barbeiro outra, que assim se expressa: "Excelentíssimo e reverendíssimo senhor. A Irmandade de tal espera que Vossa Excelência Reverendíssima não deixe de celebrar Pontifical na festa do seu orago" etc.

Quantos desses vagueiam pelas ruas sem tom nem som! Mas se sucede encontrar-vos algum, vem direito a vós, e diz muito sisudo: "A Vossa Mercê mesmo é que eu procurava". Trava-vos da mão, conduz-vos por várias ruas e becos, dá convosco nos bancos de uma das pontes, e quando pensais que vos exporá negócio de alta monta, não vos diz coisa com coisa, larga-vos a mão, e vai para outro lado. Outras vezes faz-vos uma pergunta e já vai longe, quando lhe quereis responder, ou se vos pergunta à carreira como está vosso pai, e lhe dizeis que muito doente, grita-vos que muito estima. Se vos encontra em caminho, exclama: "Quanto folgo de o achar! Saí de casa só para falar-lhe em certo particular". Pega-vos da mão, olha e torna a olhar; gaba-vos o rico anelão que trazeis, informa-se do preço e do feitio, e deixa-vos sem mais palavra. Era aquele o negócio importante, em que vos queria falar.

Se acerta de achar-se um destes em algum banquete, vê-se que o pão se lhe multiplica sobre a toalha. É verdade que os circunvizinhos ficam sem ele, assim como sem garfos e facas, de que lhes não consente gozar por muito tempo. Por acaso, encontra em uma companhia a uma senhora que enviuvou de fresco. Fala-lhe no defunto marido, muito seu amigo, se bem que nunca o viu; quer saber de que morreu. E a senhora, que folga de achar ocasião de falar no seu defunto para chorar e soluçar, não deixa de pôr para ali por miúdo todas as circunstâncias da moléstia desde a véspera da febre, em que estava de saúde, até a última agonia do seu querido esposo, ao que o nosso desmazelado, que aparentemente tudo escutou com atenção, pergunta: "E Vossa Senhoria não tinha senão esse?".

Muitas vezes vemo-lo enfurecido, deitando as casas abaixo com gritaria, porque chama o escravo e não lhe responde, jurando de lhe dar uma grande maçada assim que lhe apareça. Aparece o escravo, pergunta-lhe todo em iras donde vem, e este lhe apresenta a caixa com tabaco, que há poucos minutos lhe mandou comprar. Finalmente a um filósofo destes, qualquer o toma pelo que ele não é: por estúpido, porque não ouve, e ainda menos fala; por louco, porque sobre falar sozinho muitas vezes habitua-se a certos biocos, a certas carantonhas e a involuntários movimentos de cabeça; por homem soberbo e malcriado, porque, se alguém o saúda, vai andando sem olhar, e se olha não corresponde ao cumprimento; por imprudente, porque fala em ladrões adiante de certos magistrados e empregados públicos, e de covardia em presença de alguns oficiais galinhas. Em suma, tal homem em uma companhia nunca está presente, nem atento ao objeto da conversação: ele pensa e fala simultaneamente, mas raras vezes pensa naquilo mesmo que fala. Por isso nunca fala com ligação e ordem: ao que diz não às vezes é preciso dizer sim; e quando diz sim, estejam certos que quer dizer não. Embora nos fale com os olhos fitos em nós, porque tem-nos abertos mas não se serve deles, não olha para nós, nem para ninguém. Muitas vezes está-se tratando de uma grave conjuração contra a liberdade pátria: ele parece muito atento ao que se diz; e tal não há, porque está pensamenteando a respeito de uma ninfa, com quem anda de amores, se bem que ela é a única que não sabe disso. A tudo quanto há responde: "Decerto", e ignora o que se está dizendo; "não há dúvida", e a coisa em que se fala é das mais incertas; "estou ao fato", e é a primeira vez que ouve tratar daquilo.

É tal a sua abstração ou estouvamento que, falando, por exemplo, com um frade, diz-lhe "sim, minha senhora"; e a uma senhora dá o tratamento de Vossa Reverendíssima. A um desses já aconteceu, dando pêsames a uma senhora que perdera o marido, exprimir-se desta maneira: "Ele é verdade, jovem fêmea, que as coisas que nós mais prezamos são elas mesmas que o diabo primeiramente nos leva, mas ele é certo, que todos havemos ter o mesmo fim, caminho fazendo". É de advertir que esse sujeito era versado na leitura de livrinhos franceses, e muito estimado nas companhias pela sua fraseologia neológica e de bom tom.

Ai da mísera senhorita a quem a má estrela deparou para esposo um desses desmazelados ou loucos! A casa é uma torre de babel, os fâmulos fazem o que querem, os filhos são criados quase como selvagens, as rendas diminuem, e por fim secam, e muitas vezes gerações inteiras são vítimas da indigência e da miséria porque procederam de um pai filósofo desmazelado. Não obstante todas essas considerações, não obstante a triste experiência de tantas famílias desgraçadas, as meninas comumente não dão fé dessas histórias: o que querem é uma coisa macho para casarem. Se lhes dizem que o pretendente é tolo, respondem que nem todos podem ser sábios. Se lhes ponderam que não tem onde cair morto, respondem que a pobreza Deus amou. Se lhes mostram que é um vivo diabo de feio, descartam-se com o rifão "Quem o feio ama, bonito lhe parece". Se é torto, há outros que são cegos, se é aleijado, coitadinho!, por isso mesmo é digno de compaixão e de amor. Ao depois é que vem o arrependimento, mas já tarde e inútil.

# *Os mártires das modas*[1]

É a moda o senhor mais despótico, o tirano mais voluntário e absoluto que se conhece sobre a face da terra. Nem o bei de Alger, nem o grão-turco, nem o poderosíssimo dalai-lama do Japão [*sic*] exercem tão desempeçado poderio, como entre os povos civilizados essa soberana que chamamos "moda". Ela dilata a sua irresistível jurisdição sobre todos os objetos da vida exterior; e não só impera absoluta e categoricamente sobre o vestuário, os adornos, as louçainhas, os trastes, os móveis, como até sobre o físico e moral dos homens. Tanto assim que já ouvi dizer a uma senhorita que hoje já se não usa ser gordo, pelo que era mister que as pessoas que o fossem

[1] *O Carapuceiro*, n. 3 (26/4/1837).

ou tivessem disposição para isso, se pusessem em rigorosa abstinência, comendo por onças alimentos pouco nutrientes, o que a boa da menina observava à risca, porque dali para tísica bem pouco distava. Mas em troco desta bagatela havia gloriosamente conseguido uma delgadeza espantosa, e uma cintura tão delicada que pedia meças ao mais feiticeiro macaquinho, e podia apostar, medindo-se com qualquer tanajura.

E não é isto ser mártir, não da religião, mas das modas, ou do demo, que é quase o mesmo? Se alguém dissesse a essa senhorita que devia jejuar ao menos sexta-feira da Semana Santa em memória da sagrada morte e paixão de Jesus Cristo, nosso redentor, ai, que não posso (diria logo muito expedita) porque padeceu uma gastroenterite, e mais uma hepatite, junto com uma bronquite, além de uma cerebrite, e outras mais queixas todas acabadas em *ite*, como me tem dito o doutor... e não posso deixar de almoçar. Entretanto, apesar de se queixar de tanta moléstia feia (que também é moda andar sempre adoentadazinha, mormente se há em casa professor de partido), atormenta-se de fome para não engordar, e traz constantemente um espartilho, que é pior que um cilício. Uma moça conheço eu que já nem à missa ia por estar grávida.

Mas como lhe fossem dizer que havia no Monte[2] uma grande folgança de são Gonçalo,[3] tirou-se da apatia em que estava, arrochou-se bem arrochada com o seu espartilho, e moscou para a função, trepando com grande dificuldade e cansaço a ladeira. Mas qual não foi o seu despeito, qual a sua zanguinha, quando viu que ali nem sombra havia de festejo de são Gonçalo! Forte raiva teve a boa da moça, e não menos terá quando vir este seu caso estampado no *Carapuceiro*, como lho prometi e não faltei.

Escrevam porém quanto quiserem os mais abalizados autores de medicina e higiene contra o maldito uso dos espartilhos, façam ver palpavelmente que semelhantes talas podem produzir, como efetivamente têm produzido em muitíssimas senhoras, pneumonias, inflamações de peito, apoplexias e outras moléstias todas terríveis; subam ao púlpito missionários a declamarem contra os espartilhos: é malhar em ferro frio, é tudo perdido, porque as senhoritas antes querem expor-se a morrer tísicas, caquéti-

---

[2] Ver nota 6 de "A religião".

[3] *Folgança de são Gonçalo*: festa popular e religiosa de origem portuguesa transplantada para o Brasil, no decorrer da qual cantava-se e bailava-se nas igrejas diante da imagem do santo, pela qual roçavam-se as mulheres estéreis na esperança de engravidar.

cas, marasmadas, apopléticas, asfixiadas etc., do que largarem por mão um atavio da moda, que lhes estreita as cinturas, e sem o qual deixariam de ficar bem pentiparadas e garbosas. E não é isto ser mártir das modas? Mas donde nasce tão desgraçado modo de pensar? Quanto a mim, da triste educação, porque se não infundissem no belo sexo desde os primeiros anos a idéia de que a mulher não vem ao mundo senão para agradar ao homem, e nada mais, elas, coitadinhas!, não sacrificariam a própria vida a tão falsa opinião.

E que direi dos nossos gamenhos? Como andam espetados e comprimidos! Todo o fato desses tafuis parece não cosido, mas grudado no corpo. A calça é tão justa, retesada e esticada pelos estropes que não ajoelharão, nem que os queimem, e as mangas da casaca tão estreitas e apertadas, que de força todos ficam com os braços em atitude de quem toca rabeca. E alguns com efeito não deixam de o fazer muito sofrivelmente à custa do seu próximo. Entre esses gamenhos, alguns há (eu já vi um, e que feio mono!) que também trazem seus espartilhos. Que miséria! Ou antes que pouca vergonha! Seja porém a moda como for, tudo se pode tolerar, uma vez que ela não ofenda a decência pública e a tão apreciável saúde.

Em verdade, pouco ou nada importa que hoje seja o apuro da moda andarem os homens com uns chapeuzinhos tão pequeninos que pouco mais têm de quatro dedos de altura. Já se usaram assim pouco mais ou menos nos tempos de João Fernandes Vieira:[4] já foi moda trazê-los tão alterosos que pareciam barris à cabeça. Hoje tornam os chapeuzinhos de pastor. E o mundo sempre assim andou nestas voltas, e em viravoltas. Mas sofrer martírio, molestar o corpo, pôr em risco a saúde por amor das modas é com efeito o *supra summum* da extravagância humana.

Além disto, entendendo que certas modas inferentes, ou ainda proveitosas em alguns países, nada convêm a outros em razão da diferença de climas, de costumes etc. Ultimamente apareceu entre nós uma dança chamada o galope, que não duvido seja muito agradável, conveniente na Inglaterra, por exemplo, e nos dias de inverno, depois de terem as panças bem cheias de *roast beef* e de barris de cerveja. Pode ser que o tal galope sirva muito bem para excitar neles o calor e a transpiração. Mas galope em Pernambuco, onde vivemos abafados de calma! Galope na

[4] Ou seja, ao tempo das guerras holandesas (1630-1654).

zona tórrida! Não importa: é moda, e moda estrangeira, e tanto baste para se estimar e adotar. E lá se atiram rapazes e senhoritas aos pinotes, dando patadas, com que estremecem as salas, porque enfim arremedar um dos andares dos cavalos não pode deixar de ser coisa agradável e muito própria das luzes do século. Acabam eles e elas essas desgraçadas andanças ou correrias batendo a alma pela boca, alagados de suor e mortos de cansaço. E em cima disto concluída a fatal dança, lá vai o bailarino todo derrengado, obsequioso e fátuo oferecer à menina, seu par, cálices de licor, de genebra etc., etiqueta que se não dispensa. E as entranhas da pobrezinha, já bem estimuladas do arrocho do espartilho e da fadiga da dança, são novamente irritadas com a bebida espirituosa. Mas o que se lhe há de fazer, se é moda? Sempre assim, pouco mais ou menos, andou este nosso planeta, no qual nada há estável, nada fixo e permanente, do que já se queixava o grande poeta filósofo Lucrécio,[5] nos seguintes muito bem exprimidos versos:

*Mutat enim mundi naturam totiastas*
*Ex alioque alius excipere omnia debet*
*Nec manet ulla sui similis res: omnia migrant;*
*Omnia comutat natura, et vertere cogit*

[5] *Lucrécio*: poeta latino da primeira metade do século I a. C.

Muda o tempo de todo a face do mundo. Nova ordem de coisas sucede forçosamente à primeira. Nada há que sempre permaneça no mesmo estado. Tudo nos atesta as vicissitudes, as revoluções e as metamorfoses contínuas da natureza.

# *A comichão de escrever*[1]

*Tenet insanabile multos*
*Scribendi cacoéthes, et aegro in cord senescit.*
Juvenal, *Sátira 7*

A comichão de escrever, de que tanta gente é acometida, é uma enfermidade incurável, que só termina com a vida.

Há uma enfermidade, de que certamente não fizeram menção Hipócrates e Galeno, da qual também não tratam nem Broussais, nem Begin ou Georgie.[2] Juvenal na supracitada sentença lhe chama *cacoéthes*, vocábulo grego, que em bom português não significa outra coisa mais do que "comichão de escrever". É um mal quase tão universal

[1] *O Carapuceiro*, n. 11 (24/5/1837).

[2] *Begin* e *Georgie*: médicos famosos nos séculos XVIII e XIX.

como a peste das bexigas, porque muito poucos homens há que tarde ou cedo o não venham a sofrer ao menos uma vez na vida. Com esta diferença, porém, que as bexigas passam no fim de alguns dias, ou semanas, e não tornam mais, ao mesmo tempo que a comichão de escrever é quase incurável, uma vez que chegou a atacar a cabeça.

O nosso Brasil é muito sujeito atualmente a esta moléstia, e suposto se haja aplicado vários tratamentos e remédios a estes enfermos, pouco ou nada se há conseguido do seu curativo. Alguns têm experimentado o cautério dos sarcasmos, das sátiras e libelos famosos, sem que estes remédios violentos tenham produzido bom efeito. Outros até já têm sido pendurados pelo pescoço, abençoando o povo com os pés, curativo muito ordinário desta enfermidade, quando chega ao seu maior excesso. Outras vezes, tem-se procurado quase o mesmo remédio que aplicavam os antigos à mordedura da tarântula, isto é, o som de um instrumento, que não sei que nome tenha nas farmacopéias, mas que vulgarmente se chama "chicote". Mas quem houvesse de tratar um enfermo desta natureza deverá saber que o meio mais seguro de o restabelecer seria o vedar-lhe todo o uso de papel, pena e tinta.

Alguns facultativos (devem ser da escola brauniana) têm lançado mão mas, com pouco proveito, das fricções de pau. Outros (talvez mais seguidores da escola antiflogística) aplicam as sangrias feitas com lancelas de mais de palmo, com o que alguns enfermos têm sarado por uma vez. Mas nem por isso há terminado a epidemia.

Mas, deixando a alegoria, direi que não há escrevinhadores mais insuportáveis, nem mais difíceis de curar, do que certos periodiqueiros cujos escritos aparecem em determinados dias. Na sua leitura não alcançamos a consolação, que é achada na de todos os mais escritores, isto é, ver-lhe o fim, havendo um pouco de paciência. Sempre me recordo com prazer de um dito de Diógenes. Acertou de estar lendo um autor muito insípido em presença de alguns de seus discípulos; e como os visse aborrecidos daquela leitura, estando já próxima a findar-se, exclamou: "Coragem, meus filhos, que já vejo terra". Não se pode dizer o mesmo a respeito de certos periódicos, cujas matérias dependentes do continuar-se-á são eternas: um dia oferece-lhes assunto para o outro dia, e nunca se sabe quando terão a caridade de nos dar alguma folga.

É para lastimar o ver que a arte da imprensa, que poderá prestar-nos tantos benefícios, se torne pelo contrário em nosso prejuízo, e que sirva para derramar o erro, a ignorância, a imoralidade e o mau gosto, em um povo, em vez de o tornar ilustrado e virtuoso. Quem há aí que se não julgue muito capaz e habilitado para dirigir a opinião pública? E o que é essa opinião pública no sentir de muitos periódicos? É simples e unicamente a mísera opinião dele escritor, e quando muito de uma dúzia mais dos do seu círculo. O povo diz isto, o povo quer aquilo, o povo reprova aquilo outro. E não há tal coisa, porque o povo nada diz. O povo só quer ordinariamente pão e sossego, o povo só reprova a fome, as sedições e a falta de segurança. Em não havendo estes flagelos, o povo está contente, e só cuida na sua vida.

Ordinariamente os periodiqueiros dividem-se em parcialidades. Estes, por exemplo, sustentam o governo, aqueles pertencem à oposição; uns advogam monarquia constitucional, outros atiram furiosamente para a democracia. Os primeiros nada encontram no governo que não seja muito acertado, muito justo e conveniente; os segundos batem-no desapiedadamente e reprovam alto-e-malo todos os atos do mesmo governo. Os escritores monarquistas amam o Brasil porque desejam que este seja o que pode ser; os senhores republiqueiros suspiram pela desordem, porque desejam pescar na enxurrada. O Brasil de hoje está tão apto para a República quanto está a Turquia para se tornar católica romana. Em verdade, se o nosso povo ainda era verde para o regime monárquico representativo, que tão acordadamente lhe deram, como terá os precisos elementos para a democracia? O Brasil compondo um só império ainda assim não é por ora grande coisa. O que seria o Brasil retalhado em tantos estados republicanos quantas províncias, e talvez quantas vilas e julgados! Havia de ser bem tragicômica a República de Sergipe. E a do Rio Grande do Norte? E a de Mato Grosso? Não falemos nisso. Ainda possuímos pouca gente capaz de servir nos júris, e só se acha nas capitais do litoral; e já temos gente para tantas funções republicanas? Por via de regra só aspira a essas novidades quem nada tem que perder, e espera tudo ganhar.

A comichão de escrever tem-nos trazido essa verdadeira peste da literatura, a que dão o nome de traduções. Talvez não haja maior dificuldade em compor uma obra original que em fazer uma verdadeira tradução. Entretanto não há quem se não julgue muito capaz de traduzir, principalmente novelas, que têm sido o punhal assassino da formosa e riquíssima língua portuguesa. E como são feitas ordinariamente essas chamadas traduções? Quem se propõe a essa muito dificultosa obra comumente apenas arranha alguma coisa do francês; e da nossa língua nada mais sabe do que tanto quanto é preciso para os usos da vida. Ignora inteiramente a índole e caráter de qualquer delas. Não sabe que assim como cada homem mostra uma fisionomia, que o distingue de outro qualquer, cada língua tem uma elocução, um modo, um torneio de dizer, que lhe são próprios e peculiares. Não sabe que a língua francesa, mais regular sim, porém mais monótona que a nossa, é muito pouco transpositiva, e isso unicamente na poesia, o que a torna menos eufônica do que a portuguesa. E o que sucede? Passarem as palavras, as frases e até os tropos tais quais que vêm no francês para o português, compondo destarte uma salgalhada, que se não sabe o que é. Mas de todos os cantos do Brasil surgem traduções. Ah, se elas fossem como devem ser, muito as deveremos estimar! Porém não sucede assim: quase todas são uma miséria, e, em vez de adiantarem, atrasam, deturpam e corrompem a língua e conseguintemente a nossa literatura. Para traduzir enfim é preciso um talento particular, um certo gosto, um paladar delicado (permita-se-me a expressão) que saiba apreciar as belezas do original, e transferi-las fiel e agradavelmente para a cópia. Quantas traduções se têm feito, por exemplo, da imortal obra de Fénelon[3] (o *Telêmaco*!), mas só tenho por acabada e perfeita a do erudito capitão Manoel de Souza.

É muito para censurar o desprezo com que entre nós se trata a língua materna. Damo-nos a aprender línguas estrangeiras sem nunca havermos estudado a nossa, e, havendo no Brasil cadeiras de francês e inglês, não há uma só do português, onde se ensine a índole e caráter e pureza da língua com a lição crítica dos clássicos. E daí bem se pode concluir que nunca daremos um passo na literatura e nas ciências, pois todos os conhecimentos humanos dependem, como se sabe, da linguagem.

Os nossos periódicos pela maior parte parece que acinte tomaram a tarefa de assassinar a língua portuguesa, porquanto a sua elocução não é outra coisa mais do que um arremedo servil e desairoso do francês em todas as suas frases e idiotismos. E quanto não devem zombar de nós os estrangeiros, como *v. g.* um Garrett, que estudaram a língua portuguesa em frei Bernardo de Brito, frei Luiz de Souza, Camões, Vieira etc.! Uma obra há muito esqui-

[3] *Fénelon*: escritor e eclesiástico francês de fins do século XVII.

sita com o título de *Defesa da astrologia por Guilherme Ramsey*, na qual entre outras muitas singularidades encontra-se o seguinte: "A ausência do Sol não é a causa da noite, pois tão grande é a luz deste que pode alumiar todo o globo terrestre ao mesmo tempo e do mesmo modo que de dia. A causa da noite é haver estrelas sombrias e tenebrosas, que dardejam sobre a Terra as trevas, e obscuridade, assim como o Sol a ilumina com os seus raios". Eu encaro os nossos escritores no mesmo ponto de vista que o sábio astrólogo considera os corpos celestes. Todos são estrelas, mas uns derramam luz, outros trevas.

Neste número do meu pequenino periódico não segui o rifão que diz "Em casa de ferreiro espeto de pau", porque nas carapuças que talhei para os outros escritores escolhi à vontade as que melhor me assentavam, e cá me fico muito caladinho com elas. E assim devem de praticar todos os meus ilustres leitores. Quem sou eu para me abalançar a escrever para o respeitável público? Conheço a minha ignorância, estou bem certo da minha insuficiência. Mas o que alenta a minha ousadia é ver que outros que tais, como eu, escrevem e tornam a escrever impunemente, e tomam um ar tão autoritativo que se apregoam oráculos da opinião pública e grandes luminares da pátria, decidindo os mais altos negócios da república com mais desfastio e desteridade do que Napoleão decidia a conquista da Rússia. Ademais no meio de cegos quem tem um olho é torto, e neste caso parece-me que estou como escritor.

# *As palestras da ponte da Boa Vista*[1]

Grande circunspecção cabe que tenha este número do meu *Carapuceiro*, a fim de que não se lembre algum pechoso de proferir muito autoritário e categórico que me balancei a reprovar a esmo quantos de volta do seu passeio, ou mesmo de caso pensado, vão tomar fresco e papear nos assentos dessa ponte. Não; fora mister ser mais que rigorista e sobremodo rabugento para censurar um recreio que em si nada tem de criminoso. Mas como

[1] *O Carapuceiro*, n. 12 (27/5/1837). A ponte da Boa Vista de então, que ligava, como a de hoje, a ilha de Santo Antônio ao continente, era guarnecida de bancos e servia de passeio público aos recifenses nas noites de verão.

nada há, ainda do que é mais justo e mais santo, de que se não possa abusar, eu só falarei do abuso, e tome embora a carapuça aquele em quem ela assentar de molde e a seu gosto. Está dado o competente "cavaquinho" (aliás necessário por causa das dúvidas) e entremos na matéria, que dá bastante pano para boas carapuças.

A ponte da Boa Vista todas as noites, mormente de luar, é um teatro talvez mais divertido do que o chamado teatro público. Ali aparecem indivíduos de todo o lote, desde o honesto e sisudo cidadão até o mais completo e rematado peralvilho. Ali se representam forças de todas as qualidades, e tanto mais irrisórias quanto inesperadas e fortuitas; e quase sempre dividem-se os ranchos em departamentos. Em uma parte, assenta-se a mó dos rabequistas, defronte muitas vezes fica a mó dos gamenhos; deste lado está repimpada a seção dos políticos, daquele outro toma assento o bando dos jogadores, d'além se apinhoa a grei dos cavaleiros da indústria etc. etc.

Ao departamento dos rabequistas pertence de juro e herdade a poda de vivos e mortos, de presentes e ausentes, de homens e mulheres, e de quantos têm a desgraça de passar por aquele lugar. Ali a maledicência vai percorrendo desapiedadamente famílias inteiras à *progenie in proge-*

*nies*, e parece que apostam sobre quem melhor explicará e comentará a crônica escandalosa do seu próximo. Ali aventam-se particularidades e segredos familiares de que nunca se ouviu falar. Ali vêm a juízo todos quantos indivíduos vão ocorrendo à memória sempre feliz dos rabequistas; e se sucede haver uma pequena pausa por se ter esgotado qualquer assunto de murmuração, diz dali um sócio, que estivera um pouco distraído: "E fulano, que lhes parece?". Oh (pega logo outro da palavra), isso é boa jóia, isso é boa peceta! E saltam-lhe na pele a atassalbada como cães famintos.

Quem há aí tão feliz que, passando a essa hora pela ponte, escape às desumanas arcadas do bando rabequista? Pobre senhora, que por ali andou nessa ocasião! Apenas a lobrigam, pregam-lhes os olhos e afinam os instrumentos, perguntando-se uns aos outros: "Quem é?". Mas apenas sabem quem seja a infeliz, e esta vai seguindo seu caminho, então pega a sinfonia, e parecem apostados a qual há de florear com mais fusas e semifusas. Se é solteira ou viúva, juram que se está namorando com este, e mais com aquele; se é casada, o marido recebe logo desses senhores as honras de Júpiter Amon, fora outras muitas gracinhas, reflexões e explicações, que a modéstia manda calar.

Finalmente em matéria de maledicência se um envida, o outro revida, e podem gabar-se de que ninguém lhes ganha por mão.

O departamento dos gamenhos compõe-se pela maior parte de maninelos, buginicos e jirigotes de toda laia. Naquele grupo de Laocoon a principal conversa é o vastíssimo assunto das modas. Ali se discute qual seja o alfaiate de melhor gosto que sabe fazer uma calça do bom-tom dos petimetres de Paris, isto é, tão ajustada à perna que só na matéria e na cor se possa distinguir da pele. Um dos sócios faz menção honrosa de um figurino chegado há pouco de França, que muito lhe deu no gosto. A cabeça pela parte posterior é tosquiada tal e qual a de um donato, mas por diante tem a gadelha completa de um leão. Os cabelos ficam todos a uma banda, encrespados e anelados, de maneira que o cabeleireiro não tem menos que fazer naquela que na cabeça de uma noiva dessas que querem os penteados como os prédios urbanos, repartidos em três e quatro andares, com seu mirante em cima de tudo. Colete (diz o comentador do figurino modelo) é coisa que já não trazem os rapazes de bom-tom: e tomara que já viesse a moda de andarmos todos em mangas de camisas. E que linda sobrecasaca! Pregada no corpo como a calça, e deve ficar na altura uma mão travessa acima do joelho; além disto deve ter grande franzido em redor da cintura, finalmente é uma jaquetinha com folhos. Que guapo vestido! Coisas farão estrangeiros!

Os chapéus (já se sabe) cada vez são mais pequeninos (continua a dissertar o orador cupido); e se nessa ocasião sucede passar alguém com seu chapéu um pouco mais alto, dará graças a Deus se o deixarem ir sem lhe gritarem em abrotaria: "Baú, baú". Parece encomenda dos senhores chapeleiros, para darem extração à sua fazenda. Depois das modas vem o acepipe favorito, quero dizer, o namoro. Levantam-se renhidas e calorosas discussões sobre qual seja a menina mais bela desta capital e seus subúrbios, no círculo de quatro a cinco léguas, que a tanto se estende o faro dos gamenhos. Um quer que não haja Deus comparável a dona Sinfrósia. Outro assaca-lhe pechas e baldões; diz que é desdentada e amarela, com cor de tampo de viola velha, e põe acima de tudo a dona Ziguezigue, cuja beleza, graças e espírito não podem ter competidores. Cada qual que mais gabe a sua predileta, cada qual que mais ufano relate as suas conquistas feitas e por fazer, e neste assunto os gêneros mentira, bazófia e impostura andam a granel. Amuado a um canto jaz sentado um gamenho sentimental, que ouvindo tratar da sua matéria favorita arranca do peito um estirado suspiro, e diz: "Estão os senhores a falar desde hoje nesta e mais naquela menina e eu só pensamenteando a respeito da minha querida Clóris. Oh, isso é que é moça, isso é que é peixão! Em dois meses tenho-lhe enviado duzentos e tantos escritos, e ela apenas me tem pago à razão de 1%. Se me envia algum raminho de alecrim com cravos ou perpétuas, tudo como, porque assento que só no coração devo depositar essas prendas, embora padeça de estômago, e me haja dito o dr. (...) que padeço gastroenterite e mais uma aplenite, junto com uma hepatite, se bem que outro já me asseverou que a minha moléstia crônica e incurável é a cerebrite. Mas seja o que for, todo o meu mal é, segundo creio, uma gamenhite; e só Clóris me poderá curar. Logo um dos da roda passa-se para o pé do derretido amador, e lhe roga queira mostrar-lhe os escritos da sua Clóris, que lhe retribuirá a mesma confiança, comunicando-lhe os da sua amada, cujo estilo é mais terno, apaixonado e gracioso que o da própria Safo.

Neste comenos se passa alguma filha de Jerusalém,[2] ou algumas dessas desembainhadas, que andam ao fanico, é indispensável a caçoada, e qual que se mostre mais zom-

[2] *Filha de Jerusalém*: prostituta.

beteiro e garanhão. É de advertir que do rancho dos gamenhos trescala mais penetrantes cheiros do que uma botica, e que assaz manifestam haver ali copioso sortimento de macáçar, água-de-colônia, de lavanda etc.

A seção dos políticos é mais respeitável e temível. Ali se discutem e decidem as mais intrincadas questões de direito público, de economia política, de diplomacia, de direito civil e penal, de tudo, finalmente, que diz respeito à política. Um diz que muito se honra de ser chimango,[3] outro gloria-se igualmente de ser regressista,[4] e um terceiro só fala na felicidade do Rio Grande do Sul, apostando que a república está ali seguríssima, e que não tarda nos enviem de lá o nosso quinhão de república, ainda que venha por exportação em algum barco de carne.[5] Ali se reúnem os mais intolerantes e decisivos alvitristas: este lamenta o estado miserável das nossas pontes, que todas devem já e já ser feitas de pedra e cal, ou de ferro. Mas aquele entende que seria melhor fazê-las de barcas, porque já leu

[3] *Chimango*: liberal moderado.

[4] *Regressista*: partidário da derrogação das reformas liberais implantadas nos primeiros anos da Regência.

[5] Referência às importações pela província de carne de charque do Rio Grande do Sul, então em plena revolução farroupilha.

que assim as há nos países estrangeiros, e quer logo uma ponte destas para a passagem do Caldeireiro. Um, mais caroável da ciência econômica, declama com grande afã dos seus próprios pulmões contra a fome de farinha, e põe pela rua da amargura a Assembléia Provincial, que não faz uma lei proibindo o monopólio e obrigando os senhores de engenhos a plantarem mandioca para o seu consumo. E o mais é que quem ouvir gritar a este alvitrista facilmente dirá que o homem tem razão.

Este rancho ou Parlamento alto decide em última instância do mérito ou demérito dos escritores; e quantas vezes não terá sido assunto das suas judiciosas discussões o meu pobre *Carapuceiro*! Aqui se declara a guerra, dão-se batalhas e ultimam-se tratados de paz e de comércio, fazem-se e desfazem-se ministérios, despacham-se diplomatas, reformam-se códigos, revogam-se leis, disciplinam-se exércitos, organiza-se a marinha, demitem-se e provêem-se empregados, cercam-se os impostos, ensancha-se a Receita, dão-se cortes violentos na despesa nacional, endireita-se finalmente o Brasil. Mas tudo de língua, e cada um volta para sua casa sem que os nossos negócios saiam nem uma polegada do seu *statu quo*, que significa pouco mais ou menos ficar tudo no *sicut erat*.

Enquanto estas coisas se passam nos diferentes departamentos, lá está o grupo dos jogadores, perturbando com suas teimas e vozerias as outras seções. Um grita a esganiçar-se que fulano, uma vez que não era o feito, e comprara em último lugar por ser o fraco, não deverá, sendo mão, tirar um rei para o mesmo feito. Não o entende assim o companheiro, que gasta suas presunções do primeiro mestre da matéria, e vai citando o capítulo, a página e a linha do livro do voltarete, não obstante o quê, outro sócio atira-lhe seus chascos, asseverando ser Sua Senhoria um corpo malhadiço de codilhos. Este porfia que não há joguinho de contentar o espírito, como o expedito *diga*; aquele está firme e inabalável nos encômios do gagau. Há nada como o gagau (exclama o sujeito)? Ainda ontem ganhei a meu compadre (muito seu amigo sou!) seiscentos patacões, afora mais oitocentos (diz de parte um perna já bem escarmentado do êxito dessas dívidas). Ali está casualmente um bom matuto, que também mete o seu bedelho, e quer que o melhor joguinho que se inventou neste mundo fosse o 31 com o curinga. Naquela roda não se ouve senão ganhei tantos patacões, perdi tantas mil peças, de sorte que, a ser verdade o que dizem esses senhores, entre eles há mais avultada circulação de numerário do que na praça do comércio de Londres. A muitos desses jogadores não se lhes conhece outro modo de vida. Entretanto eles trajam, e são à la grande, arrotam dinheiro como um morgado, e vão vivendo maravilhosamente. Verdade é que não poucas vezes o jogador acaba por portas, e a sua família fica entregue a todos os horrores da indigência. Entretanto não há nada como jogar e pescar: com um camarãozinho apanha-se muitas vezes uma cavala.

Os cavaleiros da indústria são esses sujeitinhos respeitabilíssimos que vivem das suas agências. Alguns também vão-se pôr ao fresco na santa ponte da Boa Vista e compõem a sua muito honrada seção. Estes costumam tratar de negociatas em que se meteram (cujos fundos saem ordinariamente das bolsas alheias), dos lucros ou prejuízos, que tiveram. Queixam-se da má-fé dos homens, dão a entender que têm empregado quantiosos cabedais, cada um parece um barateiro do Maranhão, e arrematam tudo, pedindo emprestados (para nunca mais pagarem) dois ou três patacões!! Neste rancho repimpam-se às vezes alguns pais da pátria, os quais, depois que houve armistício de *rusgas*, perderam certos vencimentos e gratificações, e não sabem em que se hão de empregar, porque enfim estão os tempos tão mudados que já o seu povo crê menos neles do que em duendes e cabra cabriola.

# *Os velhos namorados*[1]

E por que não haverá também carapuças para os senhores velhos? Por que se hão de rir eles dos defeitos da gente moça, e esta não há de divertir-se igualmente à custa dos seus desvarios? Serão por acaso todos os velhos pessoas circunspectas, prudentes e reportadas? Não certamente: velhos há mais gaiteiros, mais gamenhos e damejadores do que os próprios moços, o que em verdade é eminentemente ridículo. Que namore um rapaz, que galanteie as damas um homem, que ainda as pode atrair pelas suas graças, e prendas, coisa é que, não sendo louvável, todavia bem se pode desculpar; mas quem há que possa conter o riso vendo requebros amantéticos e maneiras

[1] *O Carapuceiro*, n. 16 (10/6/1837).

gamenhas em uma cara engelhada pelos anos, em um homem, enfim, a quem o coveiro parece já trazer de olho para lhe dar descanso?

Segundo as idades assim são as nossas paixões dominantes. Não se estranha no menino a desinquietação e todo o gênero de travessuras. O rapaz já muda de idéias, já procura agradar, e, em lobrigando qualquer moçoila, bem se observa o desassossego em que fica. O homem feito é mais moderado: já se enfastia dos amores vagos, não está mais para ser borboleta, que vagueia de uma para outra flor, já se deixa levar das doçuras do himeneu e o amor de família ocupa as suas principais idéias. A velhice é o ocaso da vida. O homem tão risonho e agradável na aurora da sua existência, tão brilhante e radioso no seu zênite, em chegando à decrepitude, vai de caída, perde o brilho, perde o vigor, um crepúsculo de tristeza lhe embaça os olhos até esconder-se de todo no vasto e profundo oceano da mortalidade. E é crível que haja homem que nesta quadra pretenda ser agradável ao belo sexo? Há de uma menina viçosa, como a flor, que há pouco se desabotoa, deixar-se atrair dos galanteios de um baboso e remeloso, que só devera ocupar-se em chorar os seus pecados e preparar-se para a horrenda e inevitável viagem? Podem oferecer atrativos uns olhos já retirados em suas grutas, uma cara com seus visos de caveira, uma pele enrugada e já sem cor?

Contaram-me que um desses velhos loureiros achou-se em uma companhia, onde havia cantoria, dança e jogo. Parece muito natural que o velho se deixasse ficar no seu canto, ouvindo cantar, ou se dirigisse ao departamento do jogo, ou procurasse outro ginja para se divertirem numa partida do gamão: mas não sucedeu assim. O pobre pateta dirigia os seus requebros a uma senhorita, que lhe dava corda para se divertir à custa do basbaque. Ele umas vezes lhe dizia finezas tão insulsas e deslavadas, que faziam dó; outras atirava-lhe olhaduras tão esvaecidas, que parecia um mendigo pedindo uma esmola pelo amor de Deus; outras extasiava-se, suspirando, com o que desperdiçava boa porção de baba. As senhoras, a cujo olhar perspicacíssimo e buliçoso nada escapa, acotovelavam-se reciprocamente, cochichavam umas com as outras, piscavam os olhos à predileta do toleirão, e as risadinhas eram incessantes. Eis que a rabeca dá o tom para as contradanças: começa a escolha dos pares, e lá se ergue o pateta, e vai convidar para seu par a deusa que o inflamava. Não faltaram escarrinhos da parte das senhoritas, e do rapazio, que muito lhe aplaudiu a escolha e bom humor. Meteram aquele mocho no meio das gralhas, e agora o verás. "*Allegro*, *allegro*, mais *allegro*" (gritam os dançadores ao da rabeca), acelera-se espantosamente o passo; põe em um corrupio o pobre velho, que em poucas voltas leva a mão nas virilhas com grande grito, e cai por terra. Conduziram-no a uma cama, foi preciso chamar-lhe um facultativo, e quase morre o cupidinho septuagenário! Prometeu abster-se de contradanças; mas ignoro se fez a mesma promessa a respeito de namoros. Tenho tosado suficientemente os velhos gamenhos: justo é que não fiquem no tinteiro as senhoras velhas.

Quem há tão misantropo e lerdo que possa ver sem rir às gargalhadas uma velha ataviada e ornada, como se fora uma moçoila de quinze anos? Uma velha, que ainda pretende ter adoradores e ser requestada? É respeitável a velha quando em primeiro que tudo ocupa-se em suas devoções, em atos de piedade, como quem está próxima a dar contas a Deus: em conseqüência traga na mão o seu rosário; seja embora o seu pescoço, e até as próprias orelhas (que costumam ser avantajadas), outros tantos cabides de bentinhos e verônicas; nos intervalos das suas rezas e orações, apalpe suas galinhas, crie seus pintainhos, plante sua pimenteira, sua arruda, sua erva babosa; ralhe muito embora com as moças, zangue-se dos espelhos de agora, que não são como os do seu tempo; ensine às raparigas novenas para acharem bons maridinhos, orações contra malefícios, e quebrantos etc. etc.; tudo isto lhe assenta, e ninguém lhe estranha. Mas a garridice, as modas, o tom namorado ninguém sofre, ninguém perdoa em uma velha.

A sra. dona Briolanja conta já mais de doze lustros: já andava na escola, quando governou Pernambuco o general José César de Menezes,[2] e já era madura quando apareceu aqui o zabumba pela primeira vez;[3] está calva, como uma ratazana, e os poucos grisalhos que lhe restam, parecem não já cabelos, porém sim samambaia, e desta matéria julgo ser feito o crescente, e cestinho, com que atavia a engraçada cabecinha. Os olhos já se lhe vão escondendo para dentro das duas furnas em que moram, e parece que se ressentem do retiro pelo muito que estão remelando. A tez é mais encolhida que a de um jenipapo bem maduro. Os beiços sumidos assemelham-se a um debrunzinho de

---

[2] José César de Menezes, governador e capitão general de Pernambuco (1774-1787).

[3] *Zabumba*: designação dada ao bombo nos divertimentos populares do Nordeste.

fita de linho. Na boca apenas lhe moram três dentes chocalheiros, mais meio dente, e um resto de raiz. Pendem-lhe do enrugado gasnate perigalhos, como de um boi velho. Os bracinhos são tripas de galinha, as mãos são um par de disciplinas, o colo é ocupado por duas bruacas engelhadas. É um Teséfone enfim, e é gamenha. Quer parecer bem, e atrair amantes.

Não há moda que a bruxa não ponha em si: despe-se e atavia-se ao espelho, e está tão familiarizada com a idéia da morte, que mira-se a sangue-frio sem correr de si mesma. Se vê olhar atentamente para ela algum moço, que naturalmente está admirando, a cascata, ou rindo daquela cantimplora, já se persuade que filou um amante, o qual está se derretendo por ela; e em conseqüência desse erradíssimo juízo faz carrancas e biocos, revolve os remelosos olhos, atira olhaduras de porco, parece endemoninhada. Não anda esta coalheira sem espartilho e anquinhas, como se a morte procurando ser garbosa não se tornasse mais horrível. Se há de dizer singela e verdadeiramente que padece terríveis hemorróidas, finge estar incomodada de indisposições só a moças concedidas. E como são ciosas as velhas, que dão para gamenhas e apaixonadas! Ciúme de velha! Deus nos acuda: é pior que a hidrofobia. Ora elas em verdade têm muita razão de desconfiar dos seus merecimentos; e por isso levam os zelos ao extremo.

Desgraçado o moço que com a mira nos bens da fortuna cai na corriola de esposar-se com uma velha gaiteira e amantética. Pode contar, que procurou o seu inferno em vida, porque a serpente não o deixará pôr pé em ramo verde; e quando voltar da rua, aborrido das fadigas da vida, ou dos contratempos dos negócios, em vez de encontrar os braços mimosos, os meigos afagos de uma Vênus, sua querida consorte, mãe de seus prezados filhinhos, achará carrancas, achará desabrimentos de uma Átropos ou de uma Megera, ou quando muito verá a própria morte, que o quer afagar, que o quer abraçar, e o pobre homem recuará assustado, julgando ser chegada a sua última hora.

Concluamos, pois, que os velhos são pessoas muito dignas da nossa estima, e veneração, quando são sisudos e se dão ao respeito; mas velhos namorados, velhos metidos a cupidinhos são objeto de mofa, e da zombaria de todo o mundo. Já sei que este número do meu *Carapuceiro* tem de me render boas pragas: paciência. Parece-me estar ouvindo aos meus pios leitores e mais leitoras: "O velho namorado é F., a velha é sicrana". Meus senhores e mais senhoras, as minhas carapuças nunca são obra de encomenda, e por isso não saem perfeitas: são obra de carregação, que cada um escolhe à sua vontade e a seu jeito. Eu não falo de ninguém determinadamente. Talvez não haja um só velho, uma só velha com os caracteres com que aqui os descrevo: neste caso está tudo arremediado. Digam que tudo é sonho, que são quadros de fantasia, e ficaremos em santa paz; porque a dizer a verdade chego a ter medo da raiva de um velho, e não menos de uma velha, quando se consideram ofendidos. Finalmente se este *Carapuceiro* não cabe a ninguém por não termos cá velhos dessa estofa, não seja isso matéria de escândalo; ficará adiado para quando os houver, ou irá servir a outro país, onde os haja.

# *O vadiismo*[1]

É certo que este substantivo não aparece em nossos vocabulários. Mas, assim como há tanto escritor "respeitável" que tem enriquecido a língua com a farandolagem dos "massacres, dos ressortes, das ressursas,[2] estar ao fato, de avançar proposições, de ficar chocado" (sem tirar pintos) e de outras maravalhas afrancesadas, por que não poderei também cunhar um vocábulo, que tem a sua etimologia portuguesa, e substantivar um adjetivo? Existe e é de todos conhecido o vocábulo "vadio": logo vadiismo será a qualidade, o vício de ser vadio.

"Comerás o teu pão com o suor do teu rosto" foi preceito imposto pelo Criador a nossos primeiros pais e a toda

[1] *O Carapuceiro*, n. 18 (17/6/1837).

[2] *Ressursas*: galicismo para recursos.

a sua descendência, como um dos castigos da culpa original. Donde se segue que o trabalho é de preceito divino. Mas o vadiismo diz o contrário: "Comerás e passarás regaladamente à custa do suor alheio". O trabalho é a grande mola de toda a natureza vivente; tudo está em movimento e atividade; os animais nos seus bosques procuram a vida cuidadosamente; muitos aplicam a astúcia; uns sobem-se às árvores para lhe colherem os frutos, outros escavam a terra, e ali descobrem o sustento, e as aves aquáticas são insignes mariscadeiras. Só o homem passará os seus dias na indolência de Epicuro? Que desgostosa vida!

Não me tachem de injusto e maldizente se aventurar a proposição de que o vadiismo é o vício dominante do nosso Brasil. Por um pendor natural, por uma lei necessária, todos querem comer, beber, vestir, galear, gozar, aspirando sempre do bom ao melhor: mas nem todos querem trabalhar para isso; desejam os fins sem pôr os meios, e daí provém grande parte dos nossos males. Nos países da Europa, a classe agrícola é a mais pesada, e afanosa; mas entre nós, que nos servimos com os braços escravos, não sucede assim a respeito de muitos. Há sem dúvida entre nós senhores de engenhos ativos e laboriosos, que dispõem a tempo e acertadamente do seu serviço, que vão muitas vezes vê-lo e dirigi-lo etc. Mas quantos não há por aí verdadeiros vadios e fiéis retratos de Sardanapalo? Estes deixarão aos feitores a disposição do trabalho, que raramente visitam, e tudo esperam dos míseros escravos, em tanto que suas senhorias jazem ressupinos em uma rede, engrossando a pança, e adelgaçando as pernas. E o que são pela maior parte os filhos destes madraços? Muitos nem aprendem a ler e escrever. Apenas tocam os limiares da virilidade, já se entregam desenfreadamente aos mais porcos apetites; são os garanhões daqueles contornos, e trazem em atropelo as filhas e mulheres dos pobres lavradores. Toda a sua indústria cifra-se em barganhar cavalos e bois; a sua glória consiste em amansar potros e em bravatear com os seus moradores; e não poucos gastam dias inteiros a jogar o maior ponto, o trunfo etc., na casa de purgar. As suas maneiras pouco distam das de um selvagem, o seu falar é arrogante, áspero e cheio de vergonhosos barbarismos; e pela maior parte parece declararam guerra ao *lh* e aos *rr* finais. As desumanidades e cruezas que desde os tenros anos vêem praticar com os míseros escravos os tornam quase insensíveis aos padecimentos de seu próximo. E, na verdade, como se formarão para as virtudes sociais os nossos corações, se nós brasileiros, desde que abrimos os olhos, é logo observando a cruel distinção de senhor e escravo, e vendo pelo mais pequeno motivo, e às vezes por mero capricho, rasgar desapiedadamente em açoites as carnes dos nossos semelhantes? Como apreciaremos o pudor, nós, que vemos ou mandamos levantar as roupas de uma desgraçada escrava para ser surrada?

Entre nós o vadiismo estende-se até à classe dos padres e frades. Sim, há muitos destes que celebrada a sua missa (por causa da esmola) levam todo o santo dia em completo ócio. Enquanto aspiravam às ordens, lá abriam o Larraga, o Penafiel, o Conciliati etc.[3] Mas uma vez empolgado o Espírito Santo, há padre e frade que se divorcia dos livros, inclusive o Breviário; e letra redonda para ele é o mesmo que carne de porco para um bom muçulmano. E o mais é que muitos destes reverendíssimos vadios são confessores!!! Oh, que belos guias, que excelentes diretores das consciências! Ora, em verdade o que faz um frade, que não se entrega aos estudos? Se ele tem a mesa posta, a morada paga, a roupa lavada, o médico e a botica, toda

[3] Tratadistas de direito canônico.

vez que precisa, em que entretém o seu espírito, se se não ocupa na lição e estudo dos livros?

Vejo o sr. Birimbilim, jovem de vinte e tantos anos, que me passeia constantemente de manhã e de tarde por certa rua e calçada certa. Os dedos de ambas as mãos parecem tabuleta de ourives; porque cada dedo traz o seu competente anelão. Um trancelim de ouro da grossura de uma corrente de canoa lhe pende do pescoço, atravessa o peito a tiracolo, e guarda no bolso do esguio colete um reloginho também de ouro, pouco mais volumoso que um botão de casaca. Bela calça de casimira, listada e mosqueada como uma surucucu, se lhe identifica com as pernas. Uma toalha de refeitório preta ou listada lhe afoga o gasnate. Traz garrida sobrecasaca de gola de veludo, meias mais pintadas que uma alcatifa, sapatinhos mais resplandecentes que um espelho. Não lhe cobre a cabeça aí qualquer baú; mas sim um chapelinho branco de castor, e tão bonitinho, e de pêlo tão macio, que pode confundir-se com um cachorrinho do Reino. Traz na mão e maneja debaixo de tática uma bengalinha muito delgada; e um lenço de seda com mais pinturas do que um botequim novo lhe pende a rastro do bolso da sobrecasaca. Quem é este jovem tão faustoso? De que vive este cupidinho? De nada. Não tem ofício, não tem emprego, não herdou valor de um real, e trata-se como um lorde. Onde mora este bem-aventurado? Pelas ruas e botequins. Quem lhe dá para tanta coisa? De onde tirou patacões e meias doblas, de que traz sempre abarrotadas as algibeiras? Nada sei: o que só sei é que este jovem é o vadiismo em pessoa e ambulante; que não tem modo algum de vida, e ninguém passa melhor do que ele, talvez pela razão de que a Providência não desampara as suas criaturas.

Dona Perendenguilina é uma senhora incomparável. Ergue-se da cama pelas onze horas do dia. Leva boas duas horas em preparar a cabeça, ora com crespos, ora com canudos, ora com cestinhos, em soprar e ajustar as mangas do vestido, de maneira que pareçam duas grandes trouxas de roupa; em pregar o espartilho etc. etc., serviço que ocupa duas e três escravas da casa; e neste mister se entretém até a hora do almoço. Concluído este, dá consigo na varanda, e ali está posta em espetáculo até que seja chamada três e quatro vezes para jantar. Acabado o jantar, muda-se o cenário: outro vestido, outro lencinho, já outra armação de cabelos, e toca para o teatro da varanda. Ali está ela como peixe na água. Com olhos buliçosos e perspicacíssimos revista toda a vizinhança e quanto passa pela rua. Os amantéticos, conquistadores a cujo faro, mais fino que o do gato, não escapam tais peixinhos, lá vêm em pelotões, e abraçados uns com os outros. Oh, que olhaduras que lhe atiram! Um manobra a indispensável bengalinha, como perito sargento cerra-fila do batalhão de Cupido, outro vai dedilhando ao desdém em uma flor, que traz ao peito; este tira do bordado lenço para limpar o suor do rosto, que está mais enxuto do que uma esponja; aquele anda acometido do seu flato, porque arqueja, e vai soltando suspiros. Entretanto dona Perendenguilina ali está a pé firme e grudada, ainda que o sol lhe dardeje de frente os seus raios abrasadores. Ora finge que está distraída, ora ri sem haver de que, ora faz do balaústre teclado de piano e nele toca em seco suas valsinhas. E se chega a possuir um sagüim, isso é ouro sobre azul, porque o animalzinho todo enfeitado de brincos e fitinhas vem impreterivelmente para a sacada, e é mais um pé de cantiga para se fazer notada e interessante aos passeadores. Ali se conserva a deusa até escurecer, exceto se a chuva a potes a obriga a recolher-se muito a seu pesar e ralhando contra a inocente chuva.

Em que se há de entreter esta santinha a noite inteira? Oh, essa é boa! E para que se compuseram as *Mil e uma noites*, os *Mil e um quartos de hora*, as Adelaides, o *Menino da selva*, as Joaninhas, e tantas novelas, cuja nomenclatura talvez exceda às bibliotecas do Vaticano e do Escorial? Em ler esses bons mestres de moral, na aquisição dessas idéias eróticas entretém-se a menina (muito proveitosamente) até meia-noite, hora da ceia, e daí para a cama. Em que se ocupa esta senhora toda a sua vida? Em nada. Pois não sabe coser, nem bordar, nem remendar? Nada disto: nunca tais grosserias lhe ensinaram. Saberá ao menos fazer torcidas? É boa pergunta essa. Torcidas só fazem escravas, ou gente miserável. E sendo tão versada em novelas sentimentais, terá adquirido a habilidade de fazer charadas? Talvez que alguma *mademoiselle* Brumont lha tenha ensinado.

Ora eis uma arrematada e completa vadia; e assim mesmo vive desatinada, porque ainda não achou marido. E haverá homem tão desassisado e imprudente que se ligue a uma mulher só de perspectiva? A uma boneca que não cose, nem borda, nem remenda, nem quer ocupar-se do governo doméstico? Que lições e exemplos dará uma destas empadas a suas filhas? O marido a mourejar a fim de adquirir com que carregue a pesada carga, e a sra. dona Preguiça a desbaratar, a desperdiçar? Que triste condição!

Que sorte desgraçada! Eu conheço mulherzinha que na linguagem econômica é só consumidora; porque come abundantemente, veste com luxo, e não se emprega no mais pequeno trabalho. Fica-lhe a quartinha a dez passos de distância, e se tem sede, há de chamar a pretinha para lhe trazer água, porque a senhora está repimpada em um canapé e incomodar-se-ia se se erguesse. O sapato que lhe caia do pé há de ser apanhado pela escrava etc. etc.

O vadiismo pois é o maior flagelo do nosso Brasil, cuja fertilidade concorre grandemente para a ociosidade. Aqui a natureza prodigaliza os seus dons. Aqui facilmente se encontra com que matar a fome; e por isso grande parte da nossa população vive na calaçaria e entrega-se conseguintemente a todos os vícios. Aqui finalmente uma não pequena parte da gente livre e da liberta entende que o trabalho só é próprio do escravo, e em conseqüência despreza-se tudo quanto é serviço corporal. Diz-se geralmente que temos muita falta de população. É uma verdade em respeito à extensão do nosso território, mas não é este o nosso maior mal, porém sim o viver na ociosidade uma crescida porção dessa mesma gente que temos. A alma humana é de uma atividade prodigiosa. Se não ocupamos o pensamento em coisas úteis, ela vagueará em objetos fúteis e dará alimento às paixões criminosas, e daqui o nunca desmentido prolóquio "que a ociosidade é mãe de todos os vícios". Se uma educação bem dirigida infundir em nossa mocidade o amor do trabalho, se boas leis policiais espancarem o vadiismo, então e só então poderá o nosso Brasil contar-se por bem morigerado e próspero.

# *As demandas e os demandistas*[1]

O espírito rixoso e demandista parece ser uma das paixões dominantes do nosso Brasil, e creio que em nenhum outro país, guardadas as proporções de população, gênero de vida etc., aparece tanta demanda, como entre nós. Por qualquer coisa estamos intentando pleitos, até por coisas de mero capricho; e que mina abundante, que rico Potosí para os senhores da Justiça! E por outra parte que manancial fecundo de corrupção e de imoralidade!

Em tanta cópia de pleitos, que entre nós aparecem todos os dias, não é crível que todos sejam intentados com razão e boa-fé; antes se pode proferir sem erro que uma

[1] *O Carapuceiro*, n. 22 (1/7/1837).

grande parte desses pleitos são filhos legítimos da fraude, da ambição, da vingança e de outras paixões criminosas. Daqui a necessidade da trapaça forense, *"monstrum horrendum, informe, ingens, cuilumen ademptum"*. Daqui a necessidade de sair desse tenebroso labirinto, para o que faz-se indispensável o fio de Ariadne, que vem a ser o potentíssimo dinheiro para dobrar, torcer e até quebrar a consciência, aliás muito frangível, do magistrado, a consciência ergotista do advogado, a lauta consciência do escrivão e até a consciência impertérrita do meirinho. E por isso entre nós a Justiça, geralmente falando, e pondo de parte as poucas honrosas exceções, anda em leilão a quem mais der, de sorte que quem tiver dinheiro e disposição para o repartir pode afoitamente correr demandas; porque raramente deixará de obter sentenças a seu favor. Tanto é isto verdade, que até há sujeitos cujo modo de vida é especular sobre demandas alheias, comprando as que se julgam perdidas etc. etc.

E que apoquentada, que triste, que inquieta não é a vida de um demandista! Que inapetência à comida, que sustos, que insônias, que ele passa! Quantas vezes está o homem jantando, e o desembainhado procurador lhe vem trazer a infausta notícia de lhe ter saído a sentença contra, depois de haverem estado os autos seis meses e mais na conclusão! Larga a mesa o mísero pleiteante, faz-se de mil cores, grita, como um energúmeno, contra tudo que é justiça; diz que nunca viu sentença mais iníqua. O procurador faz seus comentários sobre os motivos secretos que teve para assim obrar o magistrado, conta certas anedotas verdadeiras, ou falsas. O homem tudo acredita; quer que se apele já, e já, antes que passem os dias da lei, e o bom procurador não se retira sem levar mais tantos e quantos para as despesas necessárias, e *pro labore.*

O homem metido em demandas parece não pertencer a este mundo; porque vive sempre abstrato e pensativo, sempre enleado em idéias agoureiras e sinistras. Se sucede achar-se em uma companhia, ainda que nela se cante, toque e dance peregrinamente, nada vê, nada ouve. Ele está ali de corpo presente, mas a sua alma anda pelos cartórios, pelas audiências, pelas casas dos advogados. Se, depois de executada por uma madama a melhor ária de Rossini, alguém lhe perguntar: que lhe parece?, o homem responde: já pedi vista, ou o meu contrário nos seus embargos não apresentou matéria nova, ou a sentença há de ser sem suspensão. Contaram-me que um destes padecentes, que trazia uma renhida demanda havia dezesseis anos, achando-se em um baile, onde um moço tinha acabado de dançar excelentemente o solo inglês, e perguntando-lhe o seu advogado (que também era da companhia) que tal lhe parecia?, respondeu: isto está derrogado pela disposição provisória. De outro também se conta que vivia tão enfrascado em pensamentos forenses, que se encontrava pelas ruas dois sujeitos conversando, ia-se a eles, e logo lhes perguntava se estavam tratando da sua demanda.

Muitas vezes o mísero pleiteante, vendo sair favoravelmente uma causa idêntica à sua, fica muito satisfeito e esperançoso. Mas engana-se completamente, porque embora a causa seja a mesma em substância, a mesma em todas as suas circunstâncias, a sentença bem pode ser, e já se tem visto ser diametralmente contrária. E por isso um advogado veneziano, defendendo um pleito perante os sereníssimos senadores, disse: "*Il mese passato le vostre Eccellenze hanno judicato così; e questo mese nella medesima causa hanno giudicato tutto il contrario, e sempre ben*". O mês passado Vossas Excelências julgaram deste modo, e este mês na mesma causa julgaram tudo pelo contrário, mas sempre bem. Talvez haja corpo legislativo ao qual se possa aplicar este dito do advogado de Veneza. Mas nada disto admira, porquanto ainda que as causas sejam as mesmíssimas em substância e em acidentes intrínsecos sempre são diversas nos extrínsecos, como, por exemplo, uma tem padrinhos, outra não, esta apresenta as suas razões todas douradas, e prateadas, aquela oferece-se nua, e crua. E bem se vê que um menino pagão, despido e maltratado não merece a mesma estima que aquele que tem bons padrinhos, e está rica e asseadamente adornado.

Ouço geralmente fazer queixas contra os magistrados, contra os escrivães, contra as pessoas da Justiça enfim; mas estas não são tão culpadas, como se diz. Mais culpados somos nós, que a cada passo e por qualquer motivo intentamos pleitos, e para os levarmos ao cabo não poupamos empenhos, proteções e dinheiro. E é de advertir que a demanda é da natureza do pólipo, que anda sempre aglomerado, isto é, as demandas nunca são simples; qualquer por mais insignificante que pareça produz três e quatro demandas mais, e todas são outros tantos sumidouros de dinheiro e flagelos da paciência. Consome um desgraçado demandista vinte anos, por exemplo, pelos cartórios, pelas audiências, pelas casas dos advogados e dos ministros, faz-se velho antes do tempo, muitas vezes adquire moléstias, provenientes dos sustos, das raivas e inquietações de espírito; e, se chega a sobreviver às demandas, qual é o resultado de tantas fadigas, de tantos cuidados e aflições? O que já se tem estampado em uma caricatura. Nesta vem pintado o que venceu a demanda nu com um calhamaço de autos debaixo do braço; o que a perdeu perfeitamente nu, arrancando os cabelos; e o magistrado, o escrivão, o procurador e o advogado muito roliços e nédios e ricamente vestidos.

Se todos refletíssemos seriamente neste quadro, que todos os dias se está representando ao vivo, fugiríamos de uma demanda tanto quanto da peste, fome e guerra. Pois são inúmeros os exemplos de famílias abastadas e até ricas, que têm acabado na miséria e mendicidade sem outro motivo mais do que demandas. Não sei que atrativo têm estas, porque muitas vezes o demandista não acha com que fazer uma casaca, andando com uma que parece feita de carne-seca, e não de pano; não tem com que compre um chapéu, que o que traz já está pior que baú, é uma canastra velha: não pode fazer uma camisa, não pode comprar um par de botinas para substituir as que traz, que parecem apanhadas em monturo; não se provê de um lenço novo, pois assoa-se em um trapo, que pouco falta para assoar-se nos dedos; a mulher e os filhinhos estão em casa berrando com fome, e sabe Deus como passam. Mas para as demandas o homem sempre se faz no dinheiro e vai para diante, de maneira que pode-se dizer das demandas o que diz o refrão a respeito do comer e do coçar: que tudo está em começar.

Feliz e mil vezes feliz aquele que nunca precisou *ex officio* da veneranda gente da Justiça, porque esse pode dizer que nunca viu o inferno deste mundo. Mas há de uma pessoa (dizem muitos) deixar que às mãos lavadas lhe arranquem o que é seu só para não ter demandas? Sim: por via de regra tanto monta dar logo ao velhaco que me põe a demanda, como corrê-la, porque o que hei de entregar a este muitas vezes leva-me o magistrado, o escrivão e o procurador etc., e ao menos não gasto anos em tormentos e aflições. A princípio, verei se posso compor-me com o ladrão. Se não estiver por isso, paciência; dou logo ao gato o que infalivelmente hei de dar aos ratos.

Concluirei este artigo lembrando aos senhores demandistas a história do cuco. E como talvez alguns a ignorem, aqui lha deixo escrita para sobre ela refletirem. Entre outros muitos prejuízos voga em Portugal na gente rústica o prejuízo de que o cuco é uma ave, cujo canto agoureiro anuncia coisas sinistras a quem tem a desgraça de o ouvir.

Dois camponeses iam de parceria para a cidade, e como sucedesse cantar-lhes um cuco em caminho, altercaram sobre qual deles era o infeliz, contra quem o pássaro dirigia o seu canto de mau agouro. Mas querendo cada um lançar ao outro o mau vaticínio, assentaram de consultar ambos um advogado, apenas entrassem na cidade, a fim de que este decidisse a porfia. Com efeito assim o fizeram. O advogado, logo que os pobres homens lhe disseram iam fazer-lhe uma proposta, exigiu de cada um um quartinho (doze tostões), antes de os ouvir. Os homens escarraram prontamente o dinheiro e entraram a porfiar sobre o canto do cuco.

Escutava-os o socarrão do doutor com uma pachorra admirável; e depois que se fartaram de parolar, disse-lhes ele: Pois, meus senhores, o cuco cantou verdadeiramente contra ambos, e só cantou a meu favor, porque embolsei agora 2400 réis, quando menos esperava. Vão-se com Deus, e levem a lição de não acreditar em cucos. Em uma grande parte das demandas o cuco só canta em benefício da gente da Justiça.

# *Os festejos de são João*[1]

Por toda a cristandade é aplaudido e muito festejado o nascimento do grande Batista, precursor do Messias, divino redentor do gênero humano. No nosso Pernambuco, a véspera e dia de são João são dias de regozijo e grandes folgadores do povo. Todo o mundo arma sua fogueira. Por toda a parte arranjam-se bolos, tiram-se sortes e soltam-se foguetes. Ora, de todos estes regozijos o único perigoso e péssimo é o dos foguetes chamados busca-pés porque é um fogo solto e violento que tem produzido inumeráveis desgraças. Mas baldado é pregar ao povo que se deve abster de uma espécie de divertimento, donde têm resultado tão funestas conseqüências. Baldadas são a este

[1] *O Carapuceiro*, n. 23 (5/7/1837).

respeito as posturas das câmaras municipais e as maiores cautelas da polícia, porquanto muitas vezes os que compõem as rondas são os primeiros soltadores de busca-pés. Finalmente é infrutífera toda a admoestação, toda a medida repressiva para dar cabo de semelhante uso. Só a instrução, só a civilização podem ir manso e manso desacreditando estas e outras usanças bárbaras, que recebemos de nossos avós.

Não direi o mesmo da comezaina dos bolos e milhos assados à fogueira, prática que nunca reprovarei, exceto se os tais bolos forem malfeitos, ou se os comerem com excesso, porque daí podem provir indigestões, apoplexias etc., que fazem indispensáveis as bichas, os xaropes gomosos, as cataplasmas emolientes, os sinapismos, o que tudo vem da botica por bom dinheiro, e *ad libitum* com uma conta horrorosa, e muitas vezes, em cima de toda esta esfrega, não pegam as bichas, não aproveitam as cataplasmas, não servem as beberagens, falham as teorias de Broussais, de Rostand,[2] de Begin etc. E o folgador de são João e grão-papador de bolos e milhos, depois de bem

[2] *Rostand*: sumidade médica da França no século XVIII e começos do XIX.

dessorado e reduzido a um talinho de alface, segue viagem lá para o outro mundo, o que ordinariamente arremata-se em tanto de encomendação, tanto de cova, tanto de armação, tanto de dobres de sinos etc. Porque é fado do homem em sociedade gastar dinheiro desde que nasce até que as moléstias ou as boticas o despachem desta para melhor vida. Comam-se pois os bolos e milhos. Mas façamo-lo com moderação, e de maneira que os nossos excessos não vão encher de esperanças à gente de Esculápio e ao padre vigário, que se não estima a nossa morte, como é de crer. Não concorrendo para ela, vem a aproveitar-se da nossa imprudência.

O divertimento das sortes é de todos o mais pacífico e que oferece maior variedade. Uma toma na boca um bochecho de água e vai-se pôr atrás da porta, e o primeiro nome, por que ouve, é o daquele que lhe está destinado para marido. Muitas vezes acontece ouvir chamar por pai José, ou pai Antônio, nome de algum preto velho e cambaio. A moçoila desatina de raiva e os espectadores cuidam de arrebentar com riso. Outra lança um ovo em um copo com água, manda-o passar três vezes em cruz sobre a fogueira (para ficar bento) e vai ver a sua sorte, a qual está dependente da opinião de cada um dos espectadores porque um diz: É uma torre; a dona da sorte há de ser freira. A menina desespera com tal decisão e porfia, que aquilo é sim uma torre; mas é a torre de são Bento, onde está a Academia. E cada um facilmente tira destas premissas a genuína conseqüência. Outro ou outra julga ver no copo um navio, o que indica sem dúvida casamento com homem embarcadiço. Achando-me em uma dessas noites em certa companhia, uma das senhoritas solteiras trouxe o seu copo com o competente ovo e ninguém sabia dizer ao certo que figura representava, porque realmente parecia um homem alto, e um tanto corcovado, e arrimado a uma pequena bengala. Uns diziam que era um oficial reformado, outros, que se assemelhava a fulano, outros, que a sicrano. E a menina, esperando talvez com grande enleio que alguém lhe dissesse que era tal e qual o cadete...: fui eu consultado e assentei que a figura do copo era escrita e escarrada o velho Marche-marche, que aí andava por essas ruas e se achava viúvo. Todos aprovaram com grande risota o meu acerto, menos a dona da sorte, que tomou a coisa em grosso e chorou toda a noite.

A noite das sortes é uma das mais propícias aos amantes. Eles e elas estão de ordinário ao redor de uma mesa, para onde vêm rebolindo os dados, e o *Livrinho das sortes*.

Neste livrinho escolhe-se à vontade o objeto, a matéria, sobre que cada um deseja saber que sorte há de ter, se casado, se sempre solteiro, se militar, que fortuna terá com amores, se será rico, ou pobre etc. etc. As senhoritas de ordinário atiram-se ao capítulo dos casamentos e dos amores, em tanto que os amantéticos aprovam grandemente a escolha e estão se lavando em água de rosas. Contaram-me (valha a verdade) que um amante em uma noite de são João estava bem defronte da sua querida Clóris, e era ele quem se encarregava de ler as sortes que iam saindo aos da companhia. Quis a sua predileta saber que fortuna teria em amores e o sujeito ficou logo como quem faz uma grande parada no gagau, e tem o coração quase na boca. Deita a moçoila os dados; correm-se as Estações de Sibila em Cumas, em Delfos, em Pafos; vai-se à casa de Júpiter, e por fim sabe-lhe a seguinte sorte:

*De mil amores que tendes,*
*Nenhum vos quer por mulher:*
*Sede freira, e desta sorte*
*Matareis quem vos mal quer.*

Foi lendo o amantético muito gaguejados os dois primeiros versos, e dizendo até as palavras *Sede freira* e, observando numa olhadura a zanguinha com que estava a sua amada, quis adoçar a amargura da sorte e ao mesmo passo meter a despacho o seu requerimento, e improvisou o resto da quadrinha desta guisa:

*Sede freira, porém não*
*Melhor é casar comigo*

O sujeito seria bom gamenho, mas assentemos que era péssimo poeta e com muitos laivos de tolo. Mas para uma grande parte das belas, não há prenda como ser tolo, e se a isto acrescentar a qualidade de manembro (que é um sujeito assim aparvalhado, simplório e desmanchado) é ouro sobre azul.

Que ternuras que se exprimem nesses jogos! Que declarações que se fazem! Que namoricos que se filam, tudo à custa das benditas sortes e sombra das folganças de são João! Menina há que se a privassem de tirar sortes e de festejar o glorioso santo com seu primo Cazuza, ou com o sr. Totônio, o sr. Chiquinho, o sr. Manezinho etc. etc., todos jovens muito sinceros e já degenerando para atoleimados, criaria um tubérculo, de que raramente escaparia. Nessas noites, um dos principais ramos da gamenhice é soltar foguetes cada qual na rua e porta da *cuja*, a quem tem dedicado ou pretende dedicar o seu afeto. E é um gosto ver a ânsia, afã, o garbo e airosidade, com que sustentam na mão o foguete por largo tempo, faiscando com ele à direita e à esquerda, como quem quer por aquele modo oferecer o foguete em obséquio da sujeitinha, que não se desgruda da janela, ou varanda, ainda que o diabólico foguete ameace de lhe entrar por casa, ainda que berre o pai e se esganice a mãe, ordenando-lhe que entre e feche a porta.

Mas se sucede estourar na mão o mal-aventurado foguete, deve de sair bem desagradável o tal namoro, se bem que às vezes pode esse fracasso servir de muito ao gamenho, porque a menina ajunta ao amor a compaixão (tão natural no belo sexo) e isso é um pão com dois pedaços.

Algumas senhoras há tão animosas e coraçudas, que também soltam seu foguete busca-pé, deixando-o tomar o ronco na mão; e venham-me cá dizer os senhores fisiologistas que as mulheres são fracas e impróprias para guerrear! Algumas há que, se as deixassem brandir a espada, não teriam que invejar aos Alexandres Magnos, aos Césares e Napoleões: e a espada da língua! Que Turenne, que Wellington[3] há aí, que se possa medir com muitas delas?

[3] *Turenne*: general francês do século XVII. *Wellington*: general inglês do começo do século XIX, vitorioso em Waterloo.

Outras são mais pacatas e contentam-se de soltar seu traquezinho da Índia, sua rodinha, sua pistola, e os patuscos de redor, enlevados, como patetas!

A gente do miuçalho não deixa de festejar o são João a seu modo. Ornam-se de capelas de folhas e flores, soltam bombas e disparam rouqueiras e bacamartes, e ao som de cantarolas como, por exemplo,

*Acordai, acordai,*
*Acordai, João:*
*Ele está dormindo,*
*Não acorda, não*

dançam toda a santa noite, e no outro dia ainda estão prontos para dançar, e gritar "Viva são João!".

Bom é que o povo se divirta, pois é sinal de que os seus padecimentos não têm chegado a extremo. Devem-se-lhe permitir, e até promover, todos os recreios, uma vez que estes não ofendam as leis, a religião, os bons costumes e a saúde. Ao rico não faltam meios de regozijar-se: deixe-se também ao pobre o esquecer-se, por algumas horas, da sua pobreza. Cuide sim o governo na boa educação pública da mocidade, esmere-se por difundir por todas as classes a necessária instrução, proporcione meios de dar que fazer a todos, trabalhe instantemente por espancar o vadiismo, essa enfermidade que parece endêmica no nosso país; e veremos como os próprios festejos e brincos públicos tomam um caráter assisado, prudente e agradável.

# *Os curadores de feitiço*[1]

O amor do maravilhoso e o desejo de explicar tudo quanto escapa à nossa penetração produziram em todos os tempos as idéias absurdas da mágica, dos horóscopos, da demonologia, ou descrição dos demônios e de suas artimanhas, da quiromancia, nigromancia, geomancia, e de toda a imensa nomenclatura de que se compõe a célebre arte cabalística. Nos livros dos hindus, dos chineses e gregos fala-se de homens, que liam no futuro, que evocavam as sombras, que curavam graves enfermidades com certas palavras e operavam prodígios em virtude do comércio que tinham com os demônios.

[1] *O Carapuceiro*, n. 43 (13/9/1837).

As feitiçarias e malefícios generalizaram-se tanto no século XVI, que despertaram o zelo e vigilância dos magistrados. Raras vezes eram consultados os médicos nas enfermidades, porque por toda a parte se apresentaram impostores com varas mágicas, com pedras, com certas raízes, que diziam enfeitiçadas, prometendo curar tudo. Os progressos da boa filosofia, os descobrimentos espantosos em todos os ramos das ciências naturais fôram dissipando lentamente esses prejuízos, que tanto vogavam entre o povo indouto. O estudo mais profundo da fisiologia e dos mais ramos da medicina fez ver que a maior parte dessas enfermidades extraordinárias, que ofereciam efeitos espantosos e se chamavam obras do demônio, eram verdadeiras nevroses, eram causadas por afecções do cérebro, do útero etc. etc.

Parece que essas idéias falsas de feitiçaria deviam de se ir desvanecendo entre nós. Mas não sucede assim. É espantosa a voga que ainda têm pelos nossos matos os chamados curadores de feitiço. Quem perde um dos maiores bens da vida, qual é a saúde, recorre a todos os meios para a recobrar; e por isso muitos, depois de esgotados os remédios da medicina e vendo-se sem alívio, procuram o maravilhoso, e não se pejam de entregar-se nas mãos de charlatães e curandeiros que dizem saber curar por vias sobrenaturais. Tal é a fraqueza do espírito humano! Moléstias há principalmente das crônicas, que procedendo de alguma lesão, ou defeito orgânico, são incuráveis; e outras há que só se curam depois de largo tempo à força de rigorosa e não interrompida dieta. Mas são inumeráveis os doentes que se impacientam dessas demoras. E como quer que, tendo-se medicado com vários facultativos, não se vejam logo restabelecidos, abrem mão de todos os remédios da arte, e estupidamente procuram curiosos e feiticeiros para os tratar.

Causa riso e, às vezes, compaixão ver uma criatura racional desprezar os medicamentos de homens que estudaram *ex professo* a medicina, que a uma luminosa teoria têm ajuntado a observação e a prática, abandonar-se a quem? Muitas vezes a um preto boçal, a um caboclo estúpido e borracho, que se dizem feiticeiros, e que sabem curar esses malefícios do demônio! Mulheres velhas, que se apregoam já fora do mundo (porque o mundo as deixou) dão em curandeiras, que sabem rezas e bênçãos para curar moléstias desesperadas. Uma sabe tomar sangue com palavras, e é muito procurada para atalhar frouxos; outra cura nervo torto e carne quebrada; esta tem um portentoso talismã para curar erisipelas, aquela sabe certa oração, que é infalível para hidropisias etc. etc. Note-se que ordinariamente esses miseráveis feiticeiros não estreiam os seus curativos sem que o enfermo lhes dê logo uma galinha preta (por que bem se vê que as galinhas desta cor são diferentes das outras) e tantas patacas para fazer uma coisa, a que eles chamam mesa, e isto é fora do ajuste da cura, que anda muitas vezes por cinqüenta mil-réis, por cem mil-réis, e por mais!

Uns cauterizam os desgraçados doentes, e dizem que lhes sacam desta ou daquela parte do corpo abiotos, que eram os causadores da enfermidade; outros tiram novelos de linhas, lagartixas, cobras etc. E há gente tão lastimosamente estúpida, que de queixo caído acredita em todas estas peloticas pueris. Se adoece um menino que andava muito nédio e espertinho, logo aparece uma comadre, uma parteira, uma bruxa asseverando que são efeitos de olhos maus, que lhe botaram quebranto; e imediatamente procura-se pai Mateus (que costuma ser um negro velho, insigne beberrão, carregado de cabacinhos e cornimboques) ou um caboclo do mesmo jaez para dar cabo daquele feitiço.

É pasmosa a credulidade da nossa gente do mato a respeito de certas orações para curar as bicheiras, que são muito freqüentes no gado vacum e cavalar. Eu conheço homens, aliás sisudos, que acreditam muito seriamente na virtude, que têm o seu preto fulano ou sicrano, para curar bicheiras com umas palavras, que eles lá sabem; e vão lá ouvir os casos que eles contam, as provas que produzem em confirmação da estupidíssima crença! É de advertir que muitas vezes sucede que os bichos caem por si mesmos, e por si mesmas saram essas chagas dos animais; outras vezes basta que estes as possam lamber para cicatrizarem. Mas como a cura aparece depois que o negro proferiu as tais palavras santas, ninguém lhes tira da cabeça que sarou a bicheira por virtude da tal oração.

A tal ponto chega a crédula estupidez e extravagância de superstição, que alguns até acreditam na virtude das suas ceroulas, as quais descalçam e mandam passar em cruz sobre o objeto, que dizem estar tocado de olhos maus e têm como remédio infalível! Triste coisa é sem dúvida a ignorância! Estas idéias de feitiçarias e malefícios não só repugnam à reta razão, como são diametralmente opostas à fé católica. E em verdade esta nos ensina que Jesus Cristo, Verbo Divino e Consubstancial a seu Eterno Pai, assumiu a natureza humana, padeceu, morreu, consumiu-se, enfim, grande obra da Redenção, para tirar-nos do cativeiro do demônio, a que estávamos subjugados pela culpa original. Como acreditar que o mesmo demônio continua a ter sobre nós o mesmo ou maior poder? Somos nós porventura maniqueus para acreditarmos nos dois princípios, Bom e Mau?

Acresce que sempre a Igreja reprovou a mágica, como se vê de vários concílios, como sejam os de Elvira e de Ancira, além de várias bulas pontifícias, que proíbem expressamente aos fiéis o dar crédito a essas artes ou imposturas diabólicas. Muitas vezes certas ervas, raízes e substâncias animais ou minerais dadas na comida ou bebida produzem enfermidades extraordinárias, que resistindo a todos os recursos da medicina têm dado azo à gente indouta e crendeira, a imaginar que há nisso operação do demônio. Nas *Memórias da Academia de Ciências de Lisboa*, tomo 2, aparece uma, na qual o seu autor, o médico Manoel Joaquim de Souza Ferraz, refere o fato seguinte:

"Uma mulher de 42 anos de idade, robusta e de bom temperamento, tendo sido conduzida, por outras, que se diziam amigas, a uma merenda fora da cidade, estas, depois de a terem regalado com alguns guisados e licores espirituosos a ponto de a embriagarem, lhe fizeram comer insensivelmente uns bolos doces, dentro dos quais tinham maliciosamente semeado pedaços de cabelos grossos e entortilhados no intento de a enfeitiçarem. Voltando ela muito satisfeita, não sentiu incômodo algum nas 24 horas seguintes, exceto a inapetência de comer. Passado este intervalo, começou a queixar-se de náuseas e opressão no estômago, ao que brevemente sucedeu a alienação do espírito e demência com perda de todo o conhecimento, até de seu marido.

"Neste mísero estado permaneceu dois dias, sem que neles comesse ou bebesse coisa alguma, nem tampouco se entregasse ao sono; ora parecendo meditar profundamente, ora alegrar-se muito, e por fim enchendo-se de furor maníaco, e querendo sair para fora. Sendo eu chamado em seu auxílio, depois de ter ouvido a narração de todas as precedências, suspeitando que a indigestão de algum mau alimento, que houvesse comido em tal merenda, fosse a causa primária de tal doença, resolvi dar-lhe imediatamente dois grãos de tártaro emético desfeitos em água suficiente. E com efeito, meia hora depois de tomado este remédio, tive a satisfação de ver sair pelo vômito um bolo de cabelos duros e entortilhados de grandeza de uma castanha, em cuja superfície apareciam algumas pontas. Então como por milagre recuperou a doente o seu antigo juízo, e logo se queixou de estar muito moída e muito debilitada, porém a respeito do como lhe tinha acontecido aquele caso, bastantemente lhe admirava; e acerca do que tinha dito e feito durante a alienação do espírito, me assegurou que nada sabia, nem de coisa alguma se lembrava.

"Eis aqui como esta mulher foi enfeitiçada, e como no Brasil os negros enfeitiçam, servindo-se de meios semelhantes e de alguns venenos, que unicamente atacam os nervos. Segundo esta exposição facilmente se colige a razão de todos estes fenômenos, e a sua explicação, o que julgo ser deste modo. Nas primeiras 24 horas não sentiu esta mulher incômodo algum notável, por estarem os cabelos dispersos e envolvidos pela massa dos alimentos; porém logo que esta foi digerida e expelida do estômago, ficando unicamente os cabelos, por serem sumamente indigestos, foram-se ajuntando e entortilhando uns nos outros pela mesma contração do estômago nauseado, de maneira que, estando formado o bolo, as pontas da sua circunferência velicavam e ofendiam os nervos do estômago, cuja irritação, comunicando-se ao cérebro, aí causava comoções, que perturbando a ordem dos espíritos davam lugar ao desarranjo das funções da alma. Porém uma vez que foi lançado pelo vômito o estímulo, causa primária de tudo, cessaram as oscilações e se restabeleceu prontamente a harmonia do sensório comum e a antiga saúde."

Assim são muitos dos casos que se contam de feitiçarias. O miserável povo crê que uns sabem botar feitiços, e outros têm o artifício de os curar. Eu não admiro tanto haver quem dê assenso a tais imposturas e tolices, porque o número dos pastranos sempre foi e será infinito. O que me espanta é não haver polícia para esses charlatães, que andam por aí exercendo publicamente o ofício de curandeiros e matando a torto e a direito. E não se diga que é livre a cada um exercer a sua indústria, e quem dela se não agradar não a busque, porque enquanto houver quem diga que tem segredos para curar tais e tais enfermidades, hão de haver tolos e estúpidos que lhes caiam nas unhas. E, demais, andar assassinando o gênero humano com remédios empíricos não é exercer indústria lícita, é um desaforo, é um crime quase como o homicídio voluntário. É livre a indústria, quando esta não reverte em prejuízo da sociedade.

Aqui me vêm a pêlo as feitiçarias que mandam fazer algumas meninas para dobrar os corações dos seus amantes e torná-los firmes e sempre apaixonados. Quantas e quantas para arranjarem casamentos têm recorrido a negras velhas, a caboclos, que se apregoam insignes feiticeiros, que sabem orações e certas novenas infalíveis para esses e outros objetos! O que mais escandaliza e horroriza é ver a mistura que fazem esses velhacos das práticas da religião com as extravagâncias e memória da pretendida arte mágica. Mas se muitas senhoras não põem dúvida em se medicar com feiticeiras, como deixarão de procurar o seu valimento para haver de casar, coisa que elas preferem à saúde e talvez à própria vida? Certas meninas, em sabendo que um preto velho, ordinariamente grande bêbado e até seu escravo, passa por feiticeiro, já se desvivem por consultá-lo a respeito de um casamento que trazem ferrado na imaginação. E note-se que tais feitiçarias não se fazem sem duas velinhas, a tal galinha preta, condição *sine qua non*, e o competente dinheiro, porque é coisa constante nos anais da mágica que o demônio gosta muito de galinhas, e ainda mais se são pretas como ele.

Em certo engenho, sucederam várias infelicidades simultaneamente, como fossem a mortandade de escravos e animais, incêndio nos canaviais etc. E sendo princípio incontroverso que tais desgraças só podem provir de malefício de algum inimigo, ou invejoso, o mísero bajoujo mandou vir de longe um caboclo velho, *vera effigie* de Sileno, assim na figura como na bebedice, a fim de lhe desencantar toda a bruxaria. E com que ar de simpleza me contou o pobre balordo o bom êxito da cura do seu engenho! O caboclo, que apesar de ignorante e borracho era jirigote, e mais atilado que o parvoeirão do tal senhor de engenho, tomou previamente as suas medidas. E quando tinha tudo disposto desenterrou de redor da casa de vivenda um crescido número de panelinhas, cujo conteúdo eram cabelos, ervas secas, dentes humanos e outras porcarias, nas quais consistia todo o feitiço. Quando observo estes e outros fatos, o despeito tira-me pelo desejo de rejeitar a definição que toda a filosofia tem dado do homem: animal racional. Sim, tenho sentido ímpetos de atirar com tal definição para os sonhos da metafísica, porque, à vista de certos indivíduos da nossa espécie, parece que essa definição não abrange todo o definido. Bem disse o atiladíssimo Aristóteles que muitas vezes de tal homem a tal homem vai maior distância que do homem ao burro. E por isso entendo não errará quem afirmar que há homem homem e há homem besta. Talvez pertença a esta última classe quem de boa-fé acredita em feitiços.

# *A influência dos nomes*[1]

Por mais que me haja dado tratos ao bestunto, ainda não pude parafusar tanto, que descobrisse a origem de certos prejuízos populares. Tal é, por exemplo, a opinião, aliás muito vulgarizada, de que os nomes influem no caráter moral das pessoas. As senhoras principalmente prezam certos nomes e embirram com outros, conquanto nunca cheguem a dar a razão de tal prejuízo. Deus me livre, diz uma, de pôr em coisa minha o nome de Francisco; porque todos são uns doidos. Outra sustenta que os Manoéis são tolos, os Joões, basbaques, os Antônios, turbulentos, os Joaquins, teimosos, os Cazuzas, inconstantes etc.; as Marias querem algumas que sejam muito infelizes,

[1] *O Carapuceiro*, n. 69 (13/12/1837).

as Chiquinhas, volúveis, as Josefas, impertinentes, as Clarinhas, refolhadas, as Totônias, assomadas, as Joanas, preguiçosas, as Quinquinas, dadas ao ciúme, as Anas, espinhadas etc. etc.

Ora, em verdade, se o nome não é outra coisa mais do que uma voz com que se dão a conhecer e distinguir as pessoas e coisas, que influência pode ele ter nas qualidades morais dos indivíduos? Que importa para tais ou tais virtudes, tais ou tais vícios, que o homem se chame João ou Francisco, Pedro ou Paulo, Sancho ou Martinho? E se é certo que dos nomes dependem as boas ou más qualidades das pessoas, nas mãos dos pais está o dar a seus filhos aqueles nomes que a experiência há mostrado infundirem virtudes, fugindo pelo contrário de todos os mais, que só servem de dar vícios. E assim os nomes de batismo ou crisma reduzir-se-ão a bem poucos. Mas todos os dias vemos o contrário, pois hoje o bom gosto e grande tom é inventar os nomes mais esquisitos, mais extraordinários e mais eufônicos para pôr às crianças. Nossos pais, que muito se pagavam de ser cristãos, quando queriam levar seus filhos à fonte batismal, procuravam na folhinha ou no martirológio nomes de alguns heróis da religião, de algum santo canonizado para pôr em seus filhos. Hoje porém (graças ao derramamento das luzes) vai caindo em desprezo esta prática religiosa, que não sei o tenha de repreensível. E para dar nomes às crianças recorremos à história profana, à mitologia, às novelas, até à geografia. E destarte os nomes de João, de Manoel, de Antônio, de Francisco etc. etc. já se não usam e hoje quase ninguém se batiza, senão por Sêneca, por Focião, Sócrates, Epaminondas, Licurgo, Mitridates, ou por Júpiter, Marte, Saturno, Vênus, Diana, Minerva, ou por Antuérpia, Filadélfia, Marilândia, ou finalmente (que é o bom-tom) por Clélia, Adelaide, Getúlia, Eufrosina, Clarissa etc. etc. Alguns pais têm levado o bom gosto a ponto de inventar e engendrar nomes compostos de flores, batizando as filhinhas por Jasmilindas, Perpetulinas, Bemmequerindas etc. etc. Estamos em novo mundo, onde é preciso reformar tudo. E talvez ainda apareça a indicação de algum ilustre deputado, propondo a reforma do padre-nosso, que já está muito velho, assim como no tempo da facinorosa Convenção em França apareceu um reformista tão sublimado, que requereu uma nova cadeira, onde se ensinasse a moral por cálculo integral e diferencial. E mal previa ele que não dizia nenhum despropósito, porque muita gente hoje pretende reduzir toda a moral a equações, banindo, como prejuízos de velhos rançosos, a existência do direito natural, da consciência e conseguintemente do próprio Deus.

Pode ser que o nome imposto a um sujeito o influa para que se proponha a imitar as virtudes desse herói, cujo nome tem. Mas neste caso, como quer que os santos todos hajam sido exemplares e virtuosos, como pôde influir o nome de Francisco, por exemplo, para que seja doido quem o traz? Como o de João para fazer basbaques? Como o de Antônio para tornar turbulentos? Acaso era doido o grande e exemplaríssimo são Francisco de Assis? Quem dirá que foi tolo o precursor do Messias, o incomparável são João Batista? Quem já leu que fosse revoltoso e perturbador o penitente e humilíssimo santo Antônio de Pádua?

Mas as senhoras prosseguem no seu pensar. Tomam antipatia a certos nomes, e, por mais que se lhes faça ver que tal prevenção é destituída de todo o fundamento, não estão por nada, e perseveram no seu prejuízo. É porém de notar que a menina solteira, que embirrava com os nomes de Francisco, de João, de Manoel, de Antônio, de Joaquim etc. etc., não rejeita seguramente quem a galanteia por causa de ter este ou aquele nome, e se chega a esposar-se nunca o chamar-se o noivo assim ou assado foi para ela impedimento impediente. Donde concluo que a maior parte desses baldões nas senhoras solteiras provém do velho refrão "Quem desdenha quer comprar". Quantas vezes ferra-se um namorico, que já tem quinze dias, e mais, e a menina requestada ainda ignora o nome do seu esperdiçado adorador? Não tarda porém muito que o saiba, porque enquanto houver boceteiras, vendedeiras de bico, comadres fulanas arrepiadas, amas, mães de leite e molequinhos e negrinhas serventes de casa, o Deus freixeiro não há de padecer falta de bons procuradores. Sabe por fim, e em poucas palhetadas, que o seu pobre aspirante chama-se Antônio, por exemplo, nome de sua grande zanga; mas pergunto (não me chamem má língua), já se viu que por isso fosse abaixo a mão do namoro? Já se viu que a senhorita não quisesse saber mais daquele amantético por causa do seu nome de mau agouro? Chame-se o homem como se chamar, chame-se até Agostinho Mônica ou Brás Bento, as meninas estão no caso dos pretores romanos, que não tratavam de minudências. "*De minimis non curat proetor.*" O que elas querem (salvo as poucas exceções) é um ente macho para casar, a fim de não ficarem para tias, coisa que elas têm pela maior das desgraças, e antes quereriam quebrar uma perna, um braço, e até cegar, do que morrer solteiras. Morrer solteira uma senhora! Isso é para ela o mais terrível de todos os males; e por isso vemos que uma menina, que na aurora de sua juventude era esquiva, referteira e tratava a tudo com arrogância, com desdém e sobranceria, logo que vai declinando para o seu ocaso, muda de sentimentos, desvive-se pelo santo matrimônio, e muitas vezes dispõe-se a casar aí com qualquer jagodes, a fim de não perder a monção. E, neste caso, que se importa ela com o nome do seu consorte? Pagão, que ele fosse, nem por isso o rejeitaria. Muitas vezes uma senhora tem decidido a ferro a religião; está persuadida, por exemplo, que os pedreiros livres açoitam a Nosso Senhor. Mas em se tratando de casar, não pensem que despreze um pretendente de seu gosto, ainda que saiba que ele é mais herege que Lutero, ainda que seja materialista e ateu.

Digam agora à boca cheia que falo mal das senhoras, quando eu sou o seu maior apologista. Quem sabe se o meu nome é também dos estigmatizados? E quando o não fosse, o *Carapuceiro* sobejaria para que eu incorresse na indignação de certas senhoras, que dizem de mim o que Mafoma não disse do toucinho. Paciência.

# *As constipações e as belas indigestões*[1]

Consta-me que uma grande parte dos meus benignos leitores tem-se desgostado do *Carapuceiro*, porque o *Carapuceiro* está muito sério e tratando de assuntos elevados. Muitos dizem que é coisa boa defender a religião mas em lendo em qualquer periódico assunto religioso ou viram a folha para ver outra coisa, ou entram a bocejar, ou largam o papel para a banda, como um doente desprezaria uma beberagem amargosa. A nossa gente só aprecia facécias. A facécias, pois, cabe que recorra quem pretende corrigir os vícios entre nós. *Ridendo castigat mores*[2] é o que quer nosso povo; e que remédio há senão ir com ele? As mesmas senhoras, muitas das quais tanto se arrepelam

[1] *O Carapuceiro*, n. 73 (23/12/1837).

[2] "Com o riso corrigem-se os costumes."

com as carapucinhas macias que lhes talho, que me rogam tantas pragas ao pino de meio-dia, e me atiram olhadelas tão zangadas, são as primeiras que, quando vêem assunto grave e sério, dão logo seu muxoxo, assim por modo dos estalinhos que dão os moluscos; e dizem "Ora a Deus, o *Carapuceiro* de hoje não tem graça, não presta para nada, está muito pança".

Pois bem; já que assim o querem, voltaremos às facécias. Ao depois não se apostemem dizendo: É da sua conta o que nós fazemos? Que lhe importam as modas, que lhe importam as gamenhas e gamenhos? Mas eu, sem dar cavaco, irei talhando indistintamente as minhas carapuças, queixe-se quem se queixar, na certeza de que não é minha intenção ofender a fôlego vivo, mormente às senhoras, de quem sou decidido apologista, e tanto mais as estimo, quando não as lisonjeio em tudo, e por tudo, como soem fazer os falsos amigos. Tenho feito o meu exórdio com seus visos de insinuativo; e já é tempo de passar ao assunto: *Constipações e indigestões.*

Estamos no tempo da festa de Natal, quadra dos divertimentos, dos folgares e dos banhos. O calor é agora ardentíssimo, e quem pode vai-se retirando para o campo. Nos tempos de minha avó, que Deus tenha, não havia cristão que fosse para o banho, ainda que contasse saúde, como um grumete, que se não predispusesse vomitando-se e purgando-se. Dizia a tal minha avó que era para limpar o corpo, porque antigamente o corpo humano reputava-se uma cloaca, e os eméticos e purgantes, alimpadores mores das porcarias. Verdade é que muitas vezes aconteceu formarem-se gastrites, enterites etc. em estômagos e ventres, que estavam sãos, tudo por causa dos vomitórios e purgantes. Mas então tinham essas enfermidades outros nomes caseiros; e continuava o costume da barrela prévia. Hoje está proscrito tal uso, que certamente parece-me bárbaro e destituído de todo o fundamento.

Mas que temíveis constipações se não pilham por causa de banhos imprudentes! Muitas vezes estão várias senhoras em companhia ou em passeio; e uma delas, por mais ziguezigue, levanta a lebre de um banho naquele momento e diz: “Vamos ao banho, meus agrados? Vamos, minha firmeza? Vamos, meu coração? Vamos, meus desvelos?”. E lá vão os desvelos, o coração, a firmeza, os agrados lavadas em suor e fatigadas meterem-se na água fria. Daí as constipações, e destas às intermitentes, às pulmonites, às encefalites, às bronquites e inúmeras outras moléstias, delícias das boticas, e Potosí da gente de Esculápio. Ali vêm logo as bichas, que custam bom dinheiro, a raiz de altéia, o xarope gomoso, a tridácea (que se usa agora tanto, como os chapeuzinhos de papel, fingindo palha, bom traste para um aguaceiro), as cataplasmas de linhaça na região epigástrica etc. etc., o que tudo é um horrível sumidouro de dinheiro, porque hoje a verdadeira alquimia descobriram-na os senhores boticários. Folhas secas, gravanços, maravalhas, besourinhos, rapas de pau, estrume, lixo, tudo se lhes converte em dinheiro, e ainda bem, quando não há um *quid pro quo* que põe o pobre enfermo à disposição do padre vigário, que não é das melhores disposições.

Muitas vezes uma menina, que quando foi passar a festa ia roliça, coradinha e bela, volta dos banhos magra, como um pau de vassoura, embaciada e cor de viola velha, e tão feiazinha por doente, que faz dó. Ia divertir-se, e passar bem: tomou um banho, não o devendo tomar. E agora está reduzida a caldos de pintainho e a água de arroz. O elegante espartilho converteu-se-lhe em cataplasma emoliente, o chapelinho de papel pintado em papas de linhaça, as talas do colete em bichas, os vidrinhos de macáçar em sal amoníaco etc. etc.

Não falemos nos bailes, que são outros tantos seminários de constipações, porque em conseqüência do nosso espírito macaqueador, sem atendermos ao nosso clima tão ardente, queremos por força arremedar quanta espécie de pulos e de coices cadenciados inventa o inglês, o francês etc. para espantar o frio, que os regela e muito incomoda. E por isso dancemos também nós o ril, e fatiguemo-nos a morrer com o infernal galope. Infernal galope! (dirá alguma das nossas borboletinhas). Pois pode haver dança mais bonita? Se esse rabugento *Carapuceiro* me visse dançar o galope com meu primo Manezinho, se visse os corrupios que fazemos, se observasse a justeza com que dançamos de sorte que nós dois não parecemos senão um só vulto, tão certos e unidos giramos pela sala, não se atreveria a reprovar a melhor dança, que nos trouxe o estrangeiro. Sabe ele o que diz, quando reprova o galope? Para mim acabem embora todas as danças, menos esta: basta ser uma dança, em que a gente anda tão presa, e ligada ao seu par, que não pode cair. E caso suceda esse fracasso, vão ambos ao chão, e a senhora não passa só pela vergonha. Eu cuido que os anjinhos estão sempre galopando uns com os outros no céu.

A festa de Natal é o tempo das comezainas, é o tempo delicioso dos gastrônomos e filopanças, e a safra dos tolineiros. Então é que estes tiram o seu ventre da miséria. O tolineiro tem faro de cão para descobrir bons jantares. E sujeito há desta irmandade, aliás não pouco numerosa, que no tempo da festa não tem *ubi* certo, nem lume no fogão: aqui almoça, ali janta, acolá ceia, e sempre enchendo bem o bandulho, porque muito come o tolo (diz o adágio) mas mais tolo é quem lho dá.

Não falta a vinhaça nos jantares. O feitoria, o madeira, o malvasia andam em profusão; os guisados, os ensopados, os fricassés e fricandós trescalam o olfato com o cheiro das especiarias, e para maior carga aparece na sobremesa, a que à inglesa também chamamos *toast*, o espumoso champanhe. Dessas comidas e bebidas nascem formidáveis indigestões, de onde se originam gastroenterites, apoplexias etc. etc., e final de contas acabada a festa o saldo é sempre a favor do médico, e mais do alquimista boticário. E que coisa mais incômoda do que um desses jantares do grande bom-tom! Ordinariamente não começam senão lá perto das ave-marias. Os convidados estão tocando as almas com os dentes; estão todos pálidos e desfigurados, e muitos para iludir as exigências do estômago atiram-se ao infalível jogo. Aqui jaz a mesa do voltarete, torneada de mirões, com os quais muito se zangam certos pernas, quando perdem; ali está a mesa do desapiedado gagau, verdadeira imagem do purgatório para uns e do inferno para outros; acolá alguns alindados do bom-tom jogam o soporífero *le carté* etc. Ali está consumida a paciência, o espírito inquieto e assustado, e as tripas roncando, porque só têm ar: tudo está com cara de fome, e nada de jantar. Uns atiram olhadelas curiosas lá para o interior da casa, onde ouvem os tinidos dos copos e pratos, o tracalhar das colheres.

O grupo do madamismo espartilhado e arrochado não tem menos fome que o departamento masculino: mas com que a disfarçará? As senhoras ordinariamente não jogam, as que tocam ou cantam estão desalentadas e fraquinhas; e de mais quem há aí que queira ouvir Catalani, nem Pasta, se tem a barriga vazia, e está quase com vágados de fome? Para um estômago vazio e exigente perdem toda a graça as melhores composições de Rossini, nem pode apreciar os encantos de harmonia quem luta com o gigante *Fome*. O que farão pois as senhoras? É boa pergunta. O que hão de fazer as senhoras, senão conversar, conversar, conversar incessantemente? Já se viu que duas senhoras estivessem caladas uma junto da outra nem por cinco minutos? Os rabinos dizem que o vocábulo *Eva* deriva-se de outro, que significa *palrar*: e a este propósito contam que, quando Deus criou o mundo, caíram dos céus doze cestos de parolas; que Eva apanhou logo nove, deixando só três a seu esposo e nosso pai Adão; e que daí vem serem as mulheres muito dadas a parolar. Mas eu não creio em sonhos e conjecturas de muitos cristãos, quanto mais de rabinos, que são refinados judeus! As senhoras falam porque têm língua, e porque esta não lhes cansa. Para ali vem todo o tratado das modas, e largamente se disserta sobre o melhor gosto das mangas dos vestidos, mangas que parecem bandeiras de retalhos, e têm tantos cordõezinhos, tantos papos, tantos apanhados, tantos requififes, tantos barambazes, que não é para todas o arranjar umas mangas da última moda. Ali se discute sobre armações de cabelos, que é matéria vasta, sobre moldes de vestidos, sobre rendas, bicos etc. etc. Os episódios são preenchidos com murmurações do próximo, com histórias de meninos galantes e espertinhos, com gracinhas de um cachorrinho e mil outros objetos igualmente interessantes.

Assim cada qual procura distrair a fome que o devora, quando já ao transmontar o sol vem o dono da casa com ar risonho e prazenteiro com a faustíssima notícia de estar pronto o suspirado jantar. Hoje o grande tom é cada homem conduzir uma senhora pelo braço para a mesa, e no meio de duas amesendar-se um barbadão para servir à direita e à esquerda. Nos antigos tempos não queriam os nossos maiores que estivessem homens e mulheres juntos e baralhados, como nas cartas as damas com os valetes, e por isso nesses adjuntos as senhoras punham-se de um lado e os homens do outro. Mas hoje (graças ao progresso das luzes) esse uso é reputado por grosseria e carranzice. Deve estar tudo misturado, a fim de que as senhoras bem próximas aos homens possam ser melhor servidas por estes, e possam instruir-se, conversando à puridade acerca da paz e da guerra e das finanças, do *budget*, das eleições, da divisão e harmonia dos poderes políticos, e muito principalmente acerca dos direitos do homem, a fim de que elas os saibam, e se não enganem com eles. *Tempora mutantur, et nos mutamur in illis*![3]

---

[3] "Os tempos mudam, e nós mudamos com eles."

Em que estado já está esse jantar vespertino! Quase tudo frio e ensebado; os molhos são aquela mesma graxa etc. Entretanto não se falta ao cerimonial, apesar da ânsia por comer com que todos estão. Os pratos são repartidos simetricamente e só se come a compasso. Os guisados são por via de regra muito engordurados e cheios de especiarias. Sobre estes vão as bebidas espirituosas de todas as qualidades, inclusive a cerveja, que dizem ser coisa fresca; mas nanja eu, que tal creia. Que *mare magnum* de indigestões! Que safra para os doutores e farmacêuticos! E chama-se a isso recreio do tempo de festa? Na minha opinião uma das coisas mais incômodas que conheço é um jantar de grande tom e debaixo do ritual da moda. É um aperto, é um constrangimento, é um suor, que muito incomodam ao verdadeiro gastrônomo, pois se um homem fica no meio de duas senhoras, tanto pior, porque deve ter grande cuidado: deve pôr-se encolhido e de braços quase presos a fim de não amarrotar as mangas das senhoras, mangas de uma largura espantosa, e em cima disto sopradas e bojudas, como bujarronas bem cheias de vento. Quanto melhor é um jantar caseiro e à fresca!

Finalmente Deus nos livre de constipações e indigestões! Em todos os prazeres o seu melhor adubo é a mediania: *Nequid nimis* é a divisa do prudente e assisado.

Por este ano findou a sua tarefa o *Carapuceiro*, que se despede de seus ilustres leitores até para janeiro de 1838, desejando a todos muito boas festas e que Deus nosso Senhor nos preserve de Repúblicas de Piratini e da Bahia,[4] e de quantas repúblicas engendrarem os nossos especuladores políticos e esfomeados pescadores de enxurrada. Viva a Constituição e o sr. dom Pedro II. Vamos por aqui que vamos bem.

[4] Alusão à república farroupilha no Rio Grande do Sul e à sabinada na Bahia.

# *As festas de fim de ano*[1]

Tenham os meus respeitáveis leitores muito boas festas e melhores entradas de ano, isto é, muita soma de saúde e de dinheiro, que havendo estas duas coisas tudo mais é maré de rosas. Com a saúde vêm os prazeres, e com o dinheiro compram-se estes, e nada há que se não leve a efeito. Queira a Providência que este ano nos seja mais favorável do que foi o que proximamente acabou, e que nos vejamos livres de Repúblicas de Piratini e do Sabino da Bahia, porque em verdade o povo do Brasil é tão apto para a democracia como o muçulmano para reconhecer a jurisdição do papa.

Prossegue o *Carapuceiro* a sua tarefa, que vem a ser: combater por meio do estilo faceto os vícios ridículos. Sei

[1] *O Carapuceiro*, n. 1 (17/1/1838).

que as senhoras já de muito me trazem ojeriza, porque porfiam (que injustiça!) que digo mal do belo sexo. Mas não têm razão as senhoras que tal proferem; e para convicção cabal da minha verdade verão como este ano pretendo ser seu panegirista. Elas não querem, por exemplo, que lhes toquem nas modas por mais extravagantes que estas sejam; serei reportado em falar das modas. As mangas dos vestidos, que até agora levavam quase tanto pano como o próprio vestido, e tinham o molde de um estômago de boi, as mangas dos vestidos, que eram umas vassouras varredouras e chupadoras de quanto molho vinha à mesa, hoje (bem haja os caprichos da moda) passaram ao extremo oposto. Hoje são justas ao braço, como as jaquetas, mas como quer que assim só ficarão muito descompostas as tais mangas, e além disto seria uma entrega para as senhoras que têm bracinhos de lagartixa, deram em as enfeitar de tal arte, que parecem velas de batizado rico, que vai cheia de matames, de estufados, de crespos etc. etc.

Também que me importa que as senhoras se tornassem prebendadas, trazendo murças nos ombros? Não ficam assim tão belas e garbosas? Muito falei daquelas enormes basílicas, chamadas pentes de tartaruga, que custavam bom dinheiro. Felizmente largaram as tais bisarmas; e foram substituídas por andaimes e armações de cabelos de defuntos franceses, que são os mais lindos defuntos que se conhecem. E com os tais cabelos arranjam uma câmara óptica na cabeça, que é coisa de embelezar. Para que hei de eu tratar destas coisas, que aliás são tão bonitas? Que me embaraça que os franceses (que não vêm para cá para estudar a história natural) nos tragam chapeuzinhos de senhoras feitos de papel fingindo perfeitamente palhinha? A menina de bom-tom julga que não passou a festa e perdeu os foros de formosa se não estréia um desses chapeuzinhos de vapor. Debalde lhe diz o apoquentado pai: "Minha filha, isto é uma simples aparência: estes chapeuzinhos, em levando o mais pequeno aguaceiro, desfazem-se; e custam tanto dinheiro!". Não importa: estão-se usando e portanto são muito bonitos. Para que pois hei de falar destas coisas? Andem com chapéus até de cascas de alhos, porque cada um é senhor do seu dinheiro, e pode dar-lhe a aplicação que quiser.

Já andam em contínuas correrias os míseros cavalos. Uns gordos e anafados, outros magros, como arenques, uns próprios, outros apelativos (que são os emprestados), outros alugados, mas todos servem nestes tempos de pagodes e folias. É esta a quadra mimosa dos gamenhos; é este o ensejo das grandes conquistas nas campanhas do Deus vendado. Uns namoram com o seu cavalo bem gordo, bem fogoso e grande rinchador. Outros namoram palmilhando largo espaço para vir ver de passeio a sua idolatrada pastorinha, que o espera toda faceira na janela, ou desdenhosamente assentada no portão. Outros namoram dando coices na sala ao som das grunhideiras rabequinhas. Alguns namoram contando façanhas de valentias, outros namoram com ar aparvalhado, e fazendo-se muito simplórios e manembros, servindo ao chá nas companhias, apanhando leques e lenços, e feitos humildes serventes das senhoras. Sujeitos há de mais baixas conquistas, que assestam suas baterias por casebres e mocambos. E tendo uma viola, que zangarreie o baiano, e umas pecorazinhas, que o saracoteiam por pontos, e isto acompanhado de algum petisco com seu pirão de caju, e a competente e indispensável giribita, estão no seu paraíso e não aspiram a melhor festança.

O jogo (paixão dominante de Pernambuco) entretém o tempo de muitos, que perdem a paciência, o dinheiro e a saúde, e dizem (dos dentes para fora) que estiveram muito divertidos! Quem perde cem, duzentos e trezentos patacões, por mais sangue-frio que queira mostrar, nunca chegará a capacitar-me que encontrou prazer em tal divertimento. E os dictérios, os desabrimentos, os insultos, que se dizem ao jogo? Agora o grande tom é o insípido *le carté*: quem não o jogar é carrança. Se hei de expor o meu dinheiro à sorte, então não há jogo igual e peremptório como o velho gagau. Este é jogo que em quatro palhetadas põe limpo de culpa e pena ao consternado e paciente jogador sem apelação, nem agravo.

De quantos divertimentos podem alegrar neste tempo nenhum me parece tão agradável como a música e a cantoria. Uma senhora de boa voz, assentada ao piano, cantando arietas, modinhas etc. é um recreio honesto e verdadeiramente encantador. Todavia sujeitos há de gosto tão depravado, que achando-se em companhias destas desamparam a cantoria e vão-se pôr a um canto, ferrados no maldito jogo, e muitas vezes levantam altercações e vozerias, com que perturbam a harmonia, e entretanto hão-se de agastar muito, se os chamarem malcriados.

Também são muito usados nestes tempos os chamados jogos de prendas, que são uma mina para os conquistadores gamenhos, principalmente quando se trata de cumprir as sentenças. Umas obrigam a cantar a dona da prenda, que se faz de mil cores, que alega toda a laia de desculpa, dizendo que tem defluxo, que lhe doem os peitos, que não há três dias que pôs bichas por causa de uma gastrite que padece; que nunca soube cantar etc. etc. Mas afinal depois de muito rogada, depois de vários ensaios e de muita denguice, resolve-se a cantar uma modinha, que lhe lembrou ao ouvido a irmã, ou prima, ou amiga íntima. O amantético ali está em ondas de prazer, e tem-lhe os olhos tão cravados e tão expressivamente sentimentais, que a ninguém escapa o afeto que o inflama. Outra sentença ordena que a boa da menina escolha de três sujeitos circunstantes, um para si, outro para a sua maior amiga e o terceiro para atirar ao mar. Este afinal é o ditoso, que tem de levar um abraço da menina sentenciada. Considerem os meus pios leitores em que ânsias, com que cólicas, em que alvoroço estará o gamenho pretendente e esperdiçado adorador ao ouvir a sua predileta fazer a escolha dos três. O coração pula-lhe descompassadamente no peito; prende-se-lhe a respiração, vagueiam-lhe os cobiçosos olhos por toda a sala, e no fundo da alma se revolve o negro monstro do ciúme. Feliz dele se a mimosa Glória, que lhe sabe ler melhor nos olhos do que na cartilha, o escolhe para ser lançado ao mar. Ei-lo que se levanta por pontos e todo humildezinho vai receber o desejado abraço da inocente ovelhinha, que lho dá a desdém, e assim por modo de quem não quer a coisa, ou de quem preenche uma simples formalidade.

Os jogos da palhinha e do anel também são um Potosí para os amantes, porque no primeiro acaba tudo em abraços, e no segundo pode haver bem expressivos apertos de mãos, além da fineza de dar sempre o anel à sua apaixonada. E a sentença dos pombinhos! Isso é um paraíso para os amantes, isso é para eles uma prelibação de seus ardentes votos. E há gamenho tão mestre em suas artimanhas, tão destro na tática de Cupido, que de propósito erra muitas vezes no jogo a fim de dar prendas, e pôr-se em contato com a sua pastorinha.

Há um "Chora Mané, não chora", que parece ter sido inventado por algum manembro jubilado, porque ordinariamente este brinquedo executa-se no chão, todos em roda assentados em esteiras, e os marmanjos de pernas encruzadas metidos no meio das meninas, como peixes em viveiro. Um vai para o meio da roda a fim de empolgar um limãozinho, que anda invisivelmente de mão em mão, que para esse efeito travam-se de tal arte que vai passando de uma a outra tão escondidamente e ao som de cantarolas, que é preciso bom olho para o descobrir e o tomar. Uma vez por outra lá cai o limãozinho, e é preciso procurá-lo com grande sofreguidão e alvoroço. Finalmente nestes e noutros brincos se passam muitas noites no tempo da festa.

Os nossos maiores também se divertiam a seu modo, e ainda hoje há quem se recorde com saudade dos recreios de seu tempo. É verdade que então não havia carrinhos, carros e cabriolés. Não se usavam as companhias de grande tom. Não lourejava o chá nas douradas xícaras de porcelana, nem giravam os bolinhos nas ricas bandejas, distribuídas simetricamente. Não se sabia o que eram valsas, montenelos, sorongos, nem nossas mães aprenderam jamais a galopar. Nesses felizes tempos as danças não passavam do monótono minueto rasteiro e da corte, e não se dispensava o buliçoso baiano. Nas plácidas margens do Capibaribe, ajuntavam-se as famílias, e ali tinham suas ceias de camarões, de peixe frito com farofa. Ali se cantavam modinhas, com que se derretiam os amantéticos do tempo do rei velho, e não imagine a rapaziada de hoje, que é mais gamenha que a daquelas eras. Nossos pais não foram pecos em galantear e requebrar as boas de nossas mães. Enfim nesses tempos havia muito menos luxo, muito menos polidez em nossas maneiras, muito menos arremedo dos costumes estrangeiros. Mas em troco de tudo isso havia mais lhaneza, havia mais agradável convivência, mais harmonia entre as famílias, porque então não conhecíamos a política: então não existiam chimangos, nem regressistas, não pertenciam uns a este, outros àquele partido. Cada qual cuidava na sua vida, e tudo andava em sossego. Quando volverá a paz dessas eras afortunadas? Quando nós, mais bem instruídos dos nossos verdadeiros interesses, tivermos a virtude da tolerância, tratando-nos reciprocamente na razão das nossas obras, e não das nossas opiniões. Não é possível que todos pensem da mesma sorte, e é barbaridade querer um homem sujeitar a outrem a que tenha as mesmas idéias e encare os objetos pela mesma face.

Mas deixemos ao tempo o que é do tempo. Corramos o véu a este quadro melancólico, e demos folga ao espírito nesta quadra de divertimentos. Lamentemos antes a dura sorte dos pais e maridos, que se dão a perros com as enormes despesas a que os obrigam as filhas e as esposas. Hoje tudo está por altíssimo preço. Mas as senhoritas não se empacham com estas coisas: o que elas querem é galear, o que elas preferem a tudo são as modas e louçainhas. Só o artigo vestidos aleija um pobre pai de família, porque a roda dos tais vestidos leva quase uma peça de fazenda, que o bom gosto de agora é terem as senhoras grande fartura de ancas. E aquela, a quem a natureza fez esguia e com corpo de fuso, de tal arte se sabe armar, e com tais ancas se apresenta, que parece trazer na cintura um panacum. Já ouvi dizer que em certas lojas da rua Nova se vendem dessas armações já prontas com todos os seus pertences, assim como se vendem os selins. Mas eu tal não afirmo: no mundo acho, no mundo deixo, nem quero que me chamem má língua. E tão inimigo sou de fazer juízos temerários, que quando vejo uma senhora com corpo de frasquinho de água da rainha de Hungria, e com cintura de ampulheta, ou com repartimento de tanajura, antes atribuo a aleijão, ou a alguma inflamação talvez chamada cadeirites, do que imaginar que as minhas judiciosas patrícias sejam capazes de usar de enchimentos postiços para levantar as ancas. Vejam como é sincero e de boa-fé o *Carapuceiro*! Já agora começo este ano a apologia do belo sexo.

# *Cada qual para o que nasceu*[1]

Não se persuadam os meus benignos leitores que me agrada aquela lei do Egito, em virtude da qual deviam os filhos abraçar necessariamente a profissão de seus pais, como se a natureza estivesse sujeita aos prejuízos e caprichos dos homens, como se os talentos enfim fossem coisas transmissíveis pela geração. *Cada qual para o que nasceu* quer dizer, em meu pensar, que na escolha de estado, de profissão, de emprego todo cidadão deve atentar para a sua capacidade e aptidão, a fim de se não meter, como diz o prolóquio, em camisa de onze varas. Daqui a judiciosa máxima dos filósofos "*Nihil facies invita Miner-*

[1] *O Carapuceiro*, n. 2 (20/1/1838).

*va*", que quer dizer pouco mais ou menos: nada faças contrário ao teu gênio.

Comecemos pela profissão das letras. É inegável que nem todos nasceram para elas; é inegável que há entendimentos tão curtos, que apenas compreendem as coisas mais ordinárias e comezinhas da vida, porque, conquanto sejamos todos dotados das mesmas faculdades, nem todos as têm no mesmo grau, pois que a organização diversifica prodigiosamente na espécie humana. Bem longe estou de abraçar o sistema dos materialistas. Mas, apesar de não poder explicar a misteriosa união da alma e corpo, todavia a experiência de acordo com a anatomia e fisiologia me ensina que as faculdades do espírito dependem grandemente da disposição orgânica do cérebro. Não olham os pais, nem atendem para estas circunstâncias, quando dedicam seus filhos à cultura das letras. Muitas vezes o rapaz dá provas sobejas da sua inaptidão para elas, e isso desde as primeiras letras; e se há de contentar com esta quase indispensável instrução primária, o pascácio do pai teima, e quer, que o seu jumentinho passe ao estudo das línguas e das ciências. Ei-lo matriculado no latim, onde gasta seis, oito e dez anos, e sai da mesma sorte que entrou, isto é, sem pescar nada do latim. Dali passa à retórica, à lógica, à geometria etc. etc. Desbarata anos nestas disciplinas, e nada aproveita, porque tem a incapacidade física para aprender. Mas não obstante tudo isso está decidido que o bestiaga há de matricular-se no curso jurídico, há de ser senhor bacharel, ainda que tenha tanto jeito para esta profissão como um burro para cantar. Por favores e amizades é aprovado nos preparatórios; por favores e amizades vai saltando os anos acadêmicos, até que no fim dos cinco faz um ato, que é um testemunho autêntico e solene da sua miséria. Mas assim mesmo empolga, como por caridade, o pergaminho, que é neste caso um título de saber dado a quem nada sabe. Entretanto que orgulho que tem o pobre bacharel! Ele olha para todos os mais homens, como para vis insetos, que rastejam e se debatem no charco da ignorância, ao mesmo passo que ele remonta-se ao alcácer da sabedoria, e é uma das notabilidades (apócrifas) da República das Letras. Se fala, profere despropósitos; se escreve, parece que aprendeu em Monomotapa:[2] não sabe fazer um requerimento que se entenda, não escreve uma carta que não seja uma coleção de solecismos e barbarismos. Mas é o senhor bacharel formado,

[2] *Monomotapa*: reino africano da costa sudeste do continente.

que tem um pergaminho, e com ele mandará ao açougue e mais à quitanda. Quando assim talho estas carapuças, não imagine algum pechoso que deixo de reconhecer alguns bacharéis e doutores muito dignos do grau acadêmico, que obtiveram por seus merecimentos. Estes sim aproveitam a si e à sociedade; mas aqueles são verdadeiros palhaços do teatro literário.

Às vezes o rapaz é perfeitamente estúpido, nada compreende, nada combina. Além disto nenhum jeito, nenhuma vocação mostra para o estado eclesiástico. Mas não importa: há de ser padre o borrego, porque a pateta da mãe acha muito bonito o estado de padre, e quer derreter-se em lágrimas de gosto, quando lhe beijar a mão na sua missa nova. Um padre ignorante é uma peste da sociedade, é uma nódoa na Igreja de Jesus Cristo, é uma coisa incomportável. Porque como há de encaminhar aos mais quem é cego? Como há de aproveitar nos conselhos quem escandaliza com os seus exemplos? Quanto é lastimoso que a profissão sacerdotal seja abraçada, como modo de vida, como especulação da ganância! Muitas vezes vê-se com mágoa que o homem, que não dá nem para beleguim, enfia-se em uma batina e dedica-se ao ministério da religião, a qual não pode deixar de desapreciar-se servida por tais agentes. Talvez que neste péssimo padre se perdesse um excelente sapateiro, um ótimo plantador de mandioca etc. etc., assim como estão feitos hoje vários bacharéis indignos, que seriam bons músicos, bons ourives, insignes barbeiros etc. etc. Cada um para o que nasceu.

Esse mesmo padre, que nada sabe da sua profissão, que nenhum jeito tem para o serviço do altar, muitas vezes é insigne desmamador de crianças, a quem sabe acalentar, e pensa otimamente; e perdeu-se nele um bom pai de família. Outro atira-se a valente, a picador de cavalos, a damejador etc., e errou a sua vocação; porque sendo um indigno padre, bem podia ter sido um excelente soldado.

O mesmo acontece na magistratura. Entendem muitos que o simples fato da formatura é um motivo suficiente para qualquer ser magistrado. Eu porém estou intimamente convencido que não há na república emprego mais delicado e difícil que o emprego de magistrado, porque muito saber, muita prudência e consumada probidade cabe que tenha aquele que há de fazer justiça a seus concidadãos. Mas o que acontece muitas vezes é vermos ocupando a cadeira de Temis quem é incapaz de a ocupar, e que, se não errasse a sua inclinação, seria um sofrível mercador, um comerciante, um cambista etc.

Na profissão das armas também aparecem inumeráveis contradições. Militar em meu entender é sinônimo de desembaraço, de franqueza, de arreganho, e sobretudo de coragem. Entretanto conheço militar que nenhum jeito tem para tal vida, porque é mais tímido que uma rola, mais acanhado que um noviço de cartuxa, e nele perdeu a piedade cristã um ótimo sacristão, um bom irmão terceiro de são Francisco, um excelente andador da irmandade. Já houve tempo em que os nossos militares, com poucas honrosas exceções, mais pareciam frades que soldados, porque tinham uma pança de padre definidor, e eram a verdadeira imagem da mandriice. Não apanhavam chuva; se saíam, era com seu chapéu de sol; se montavam guarda à noite, despiam-se, punham-se em camisa e ceroulas, como vilão ruim em casa de seu sogro. E já se viu em certa cidade do nosso Brasil um oficial que comandava a guarda, que tinha de render a outra em dia de muita chuva, ir metido no palanquim, e só com o braço da espada da parte de fora para se saber que ali ia quem capitaneava o troço dos soldados. Ora esse oficial não daria melhor para relojoeiro ou bordador, que são ocupações pacíficas e sedentárias?

Que frades há sem nenhuma das virtudes necessárias à sua profissão! Quando vejo um desses frades todo loureiro, pintalegrete e amoladinho com um chapéu de castor armado em brigue, com o níveo cordão ou lustrosa correia a mamar-lhe nas tetas, numa túnica ou mortalha tão garbosa, que parece obra feita por modista francesa, desentalando um lencinho com mais bordados e com mais cheiros do que camisa de freira, rio-me interiormente, e digo com os meus botões: Que belo sargento cerra-fila, que ótimo cabo de esquadra se perdeu naquele filho de são Francisco, de são Bento, do grande Elias! Cada um para o que nasceu.

No belo sexo também não faltam dessas impropriedades. Pensam as senhoras que todas são aptas a casar, e ser mães de família; e é raríssima a que se não desvive pelo santo matrimônio. Mas é engano manifesto: nem todas as mulheres são capazes de ser dignas esposas e mães capazes de educar filhos. Sim, minhas meninas, tenham paciência. Pois não é mais do que casar? Tão fácil coisa é o ser mãe de família? Há senhora tão preguiçosa, tão apática e desmazelada, que é a desgraça do casal, porque tudo deixam ir pela água abaixo, nada zelam, nada economizam, nada sabem fazer, senão dormir, comer e vegetar. A roupa do marido e a dela mesma anda por mãos de escravas. Ela não cose, não remenda: aberto um ponto na meia, lá se vai toda pela malha, sem que isto lhe dê o menor abalo. Não há louça que lhe ature em casa, porque ali os meninos, os fâmulos, o gato, o cachorrinho, as galinhas, tudo quebra copos, garrafas, sopeiras, tigelas, que andam a granel pela cozinha, pelo chão etc. A boa mandriona leva horas esquecida na cama. O almoço é muito tarde, e arranjado a arbítrio das sacudidas e decepadas mucamas. O jantar da mesma sorte; e já bem pode ser que o gato quebrasse a panela do cozido; e o pobre homem tem de comer lá pelas ave-marias carne engorolada em desconto dos seus pecados. A ceia é de meia-noite, que é quando a sra. dona Empada se levanta do primeiro sono depois que a acordam três ou quatro vezes, e vem aos tombos, desgrenhada e aborrida, de vestido despregado, e talvez de pés no chão, amesendar-se e causar fastio ao apoquentado marido.

Concluída a ceia, baldeia-se outra vez na cama a preguiçosa mulher; e os pratos, os garfos, as facas e mais serviços ficam sujos e ensebados sobre a mesa até o outro dia, em que alguma das escravas de seu livre-arbítrio e alta recreação tenha a lembrança de os lavar etc. etc. Os filhos são uns verdadeiros selvaginhos: traquinam todo o dia, andam à pedrada pelos telhados da vizinhança, jogam cartas e buzos[3] na escada com os moleques e brejeiros da rua; e a boa da mãe ou faz que não vê, ou se vê não está para se incomodar. Nunca tais meninos foram chamados por ela para aprenderem a doutrina cristã, assim porque já se não usa semelhante carrancaria, como porque ela também ignora essas coisas do tempo do rei velho. Basta que os meninos vão às primeiras letras e em casa aprendam a dançar; porque está decretado pelas luzes do século, que o ril, a gavola, o sorongo, o afandangado, o montenelo e as quadrilhas são instrução muito mais interessante do que o Pelo sinal, o padre-nosso, o Creio em Deus Padre, os Mandamentos da Lei de Deus etc. etc. Daqui não conclua algum leitor agastadiço que reprovo o inocente e útil recreio da dança. O que reprovo sim, e reprovarei sempre, é que se aplique tanto desvelo nestas coisas, que não passam de exterioridades passageiras, e nada se cuide em formar o coração dos meninos, plantando-lhe a semente da religião e incutindo-lhe a moral augusta do Evangelho. Mas hoje a nossa filosofia é o sensualismo: tudo quanto

[3] *Buzos*: jogo popular com caroços de milho ou feijão.

não é do interesse material, tudo quanto nos não funde prazeres físicos, reputa-se quimera e não merece a aprovação da gente de bom-tom. Por isso vamos dando tão bons burros ao dízimo.

Mas largando a digressão, e enfiando outra vez o seu assunto, perguntarei: Tal senhora é para ser casada, para ser mãe de família? Eu creio que não. Mas qual é essa filha de Eva que se convença de não ser apta para esposa? Geralmente falando as nossas meninas, apenas sentem os primeiros assomos da puberdade, já vão concebendo pensamentos casamenteiros. Já tomam certa airosidade senhoril, já lançam para o outro sexo olhadelas não indiferentes, e o vocábulo *casamento* já lhes desassossega o coração. Acresce a isto a má usança do nosso Brasil de casarem as mulheres no verdor dos anos. Digo má usança, porque muito inconveniente me parece esposar-se uma menina na idade de doze, treze e catorze anos. Uma destas ordinariamente enche-se de filhos; e quando conta apenas trinta anos, já está velha, achacosa e feia. O marido, pouco ou nada observador do contrato bilateral do matrimônio, o que faz? Tira-se de seus cuidados e anda por aí procurando e rufiando filhas de Jerusalém, se não é que aferra-se a alguma teúda, e manteúda, porque a sua santa Evazinha (diz o maldito garanhão) está uma capoeira insuportável. Só por este desaforo se eu fora senhora não me casava antes dos trinta anos. Mas que fui eu dizer? Desafiei as iras da maior parte das meninas solteiras. Casar aos trinta anos? Isto só por último remédio. Casar (dizem todas ao menos no coração) quanto mais cedo melhor.

E o que direi das freiras? Muito respeito, muita veneração me merece a virtude da virgindade. Mas este conselho do Evangelho demanda esforços extraordinários e uma vocação celeste, que não cabem a qualquer. Entretanto não faltam pais tão bárbaros, ou tão estúpidos, que sacrificam suas filhas a um estado para que elas nenhuma vocação sentem. Concluirei este número com a seguinte anedota.

Um desses pais, que pretendia fazer freira uma filha, não cessava de lhe repetir as palavras de são Paulo: “Quem casa faz bem, e melhor faz quem não casa”, até que a rapariguinha, a quem não agradava muito a máxima, respondeu-lhe uma vez: “Assim é, meu paizinho: mas tomara eu fazer o bem, que o melhor fará quem puder”. Que tal a menina? Ninguém queira contrariar a natureza. Consulte-se a capacidade individual, e observemos a regra: Cada um para o que nasceu.

# *Os bazófios*[1]

De quantos vícios risíveis se conhecem na sociedade, nenhum há mais ridículo, mais tolo e miserável do que o vício da bazófia. O velhaco, o jirigote e caloteiro excitam o desprezo, vigilância e cautela de seus concidadãos; o gamenho profissional, sobre ser o alvo dos motejos públicos, faz que se ponham vigilantes e de sobreaviso os pais, os tutores e maridos. Mas o homem bazófio é um indivíduo eminentemente ridículo e desprezível. Leonardo é senhor de engenho. As suas terras são fracas, têm pouca fábrica, ele mesmo nada entende de agricultura, contentando-se de fazer o que viu fazer a seus pais, que eram umas bestas de carga. Entretanto, se lhe perguntam

[1] *O Carapuceiro*, n. 3 (24/1/1838).

quantos pães de açúcar fez, conta maravilhas do seu engenho; diz que já tem 2 mil pães tirados, e no campo para mais de mil. Mas todos sabem que o miserável não fez mais de quinhentos pães de péssimo açúcar, e a maior parte de lavradores.

O comerciante, que por via de regra anda sempre a mazelar-se da míngua do negócio e a queixar-se dos contratempos, de maneira que quem lhe ouve o palavreado sente ímpetos de meter a mão na algibeira e dar-lhe uma esmola pelo amor de Deus, o comerciante, se dá para bazófio, refere as vantajosas comissões que recebeu, os lucros espantosos que teve em certa especulação, por exemplo, de bicudos implumes da costa da África,[2] que todos desembarcou a seu salvo aí por essas praias, apesar da incansável vigilância dos nossos agentes de polícia etc. etc.

Na numerosa classe dos gamenhos é muito crescido o número de bazófios. Um desses damejadores, insigne catinga, e formidável forra-gaitas, se está de sentinela à porta de uma botica, de uma loja, de um botequim etc. com os olhos fitos e cravados na Clóris, que lhe assiste imperturbável aos esgares e biocos do *adoramini*, não porá

[2] Alusão ao contrabando de escravos.

repugnância alguma em dar bem visivelmente um patacão ao pobre, que lhe pede esmola, que neste caso não é dada pelo amor de Deus, senão por amor da deusa. E o que não fazem os tais gamenhos bazófios em uma arrematação de presépios! Bem se sabe que os presépios pela maior parte compõem-se de moçoilas que cantam e dançam e fazem papel de pastorinhas. Para ali voam os gamenhos aos bandos, e vão festejar muito devotos e contemplativos o nascimento do Menino Deus. Depois de muitas danças e saraus, depois de muito saracoteado ao som estrepitoso de pandeiros e maracás, faz-se leilão das flores e frutas, que adornavam o presépio. Nestas funções há ordinariamente uma abelha mestra, que é a diretora do cortiço, e a quem se dirigem as primeiras contemplações. Logo que principia a arrematação, começa a estimular-se o amor-próprio dos devotos das pastorinhas. Um tem os olhos nesta manguinha, que pretende oferecer a sua predileta; outro quer aquele maracujá para com ele brindar a sua; outro está sequioso por um ramo de flores para o mesmo fim. Picam-se os lanços, passa a coisa a ponto de capricho; e tem-se visto gamenho tão insignemente tolo, que dá oito e dez mil-réis por um cravo, não podendo às vezes comprar um par de botins. Mas a bazófia sobra a todas as considerações, e uma longa experiência tem feito ver que a maior parte das meninas inclinam-se aos amantes bazófios, porque dão mostras de bizarros e generosos. Afinal de contas quem aproveita nesses leilões é a dona do presépio, que especulou sobre a paixão dominante do rapazio. Muitos e muito variados são os modos de viver!

De todos os bazófios porém nenhum é mais ridículo do que o jogador bazófio. Daquela boca não saem senão peças e patacões. Ontem perdi quinhentos patacões, hoje ganhei duzentas peças. Quem tal ouve julga estar falando com algum filho do sr. Laffite,[3] ou do barão de Quintela; e nada disso é. O sujeito que diz perdera quinhentos patacões é um miserável pelintra, que não tem onde cair morto: não tem ofício, nem benefício, não herdou real, nunca possuiu por juntos nem trinta patacões. E entretanto arrota que perdera em quatro palhetadas quinhentos patacões, como se patacões fossem o mesmo que castanhas de caju. Das duas uma, ou este taful é bazófio e mente, ou, a ser verdade que sacrifica ao jogo tais somas, não lhe custou a ganhar, e ai de quem ficou sem ela. Esses jogadores bazó-

[3] *Jacques Laffite*: capitalista e político francês da primeira metade do século XIX.

fios imaginam inculcar destarte magnanimidade extraordinária. Mas palavras pouco ou nada custam a proferir. Vão ver esses bazófios na mesa do jogo. Vão observar-lhes as vilanias, os desabrimentos, os insultos que praticam para com os padecentes parceiros. Por mais que nos lábios queiram representar o riso da indiferença, os olhos inquietos e furibundos, o semblante afogueado, as proposições destampadas etc. etc. os estão traindo e patenteando o alvoroço, os sustos e raivas, que lhes fervem na alma. Mas quero persuadir-me que quase todos os jogadores bazófios são a tal respeito insignes mentirosos.

Os namorados bazófios são insuportáveis, além de se exporem a contratempos muito desagradáveis, como sejam: uma coça de pau, um tiro, uma facada, e outros próis e percalços do ofício, referidos no novo método. O gamenho bazófio, se olhou para uma menina e esta deu-lhe a menor atenção, não cabe em si de contente, e logo procura assoalhar que a tem segura nas cadeias de Cupido. Se em um baile ou em outra companhia sucedeu dançar com dona Sirigaita ou com dona Catimplora, é uma deusa, que já se desvive por ele, e dali sai a dar aquela nova interessante ao parlamento do botequim. Se dona Melíflua, por pouco assisada e inexperiente, lhe sorri bondosa, coitadinha!, imediatamente vai para o estirado catálogo das suas namoradas, e nos bancos da ponte da Boa Vista vai o bazófio gamenho fazer alarde da sua nova conquista. Em certo arrabalde do nosso Recife, um desses gamenhos teve a pachorra de levar agachado por detrás de uma cerca largo espaço da noite, só para dar a entender à vizinhança que tinha seus colóquios com uma menina, que aliás nem bem o conhecia. Ah! Que bem dada sova de cacete nesse desavergonhado! Se tivesse a fortuna de a levar, estou que não faria bazófia a respeito da remessa.

Creiam-me sinceramente os meus benignos leitores que a maior parte desses gamenhos empreendedores e conquistadores são outros tantos bazófios, que improvisam favores, que nunca reconhecem conquistas, que nunca fizeram amores, que nunca inspiraram etc., e vangloriam-se de ter pescado preciosas ciobas, quando os desgraçados apenas chegam a pilhar fedorentas biquaras ou cangulos arrepiados.

A bazófia é uma paixão ridícula, que se estende a tudo. Uns arrotam valentias; e é um divertimento ouvi-los gabar-se das pendências que tiveram, nas quais bateram-se com quatro ferrabrases, e cortaram neles, como em laranjas, deixando no campo da batalha braços, mãos, orelhas, narizes etc. E a tanto se sobe a bazófia de alguns, que chegam a gabar-se de assassínios, que não cometeram, nem estão capazes de cometer. Outros têm a bazófia de cavaleiros e tornam-se desfrutáveis em se falando em cavalos, porque não há potro que não tenham posto manso, como uma ovelha, não há palafrém fogoso e bravo que eles não hajam montado, picando e amansando, contando a este propósito histórias que parecem extraídas de *Mil e uma noites*, de *Amadis de Gaula*, ou da *Constante Florinda*. Este põe a sua bazófia nos prazeres da pança, e não fala senão em barrigadas que tomou, em belos petiscos que não faltam em sua mesa, arrotando bacalhau e jurando que comeu cavala. Aquele é bazófio de galas e louçainhas, e a todo o mundo pespega a maçada das suas belas casacas, coletes e calças, das ricas jóias que possui, dos trastes preciosos que comprou por pouco mais de nada etc. etc.

Aqui sinto cócegas de falar na bazófia de algumas senhoras: mas eu já prometi ser apologista do belo sexo, e não desejo faltar à minha palavra. O que farei neste aperto? De uma parte empuxa-me a promessa solene exarada em letra redonda; de outra a verdade me acena e impõe-me a obrigação de a dizer. Seguirei a máxima bem conhecida dos filósofos: *Amicus Socrates, amicus Plato, sed magis amica veritas...*, e muito a meu pesar confessarei que não faltam senhoras bazófias. Umas têm bazófias das suas prendas e perfeições, por exemplo: a que gasta presunções de belos olhos volve-os, de tal arte, que às vezes desaira-se, e mais parece uma possessa do que uma beldade; a que se persuade ser bem-feita, e garbosa, toma ar de cômica, bamboleia-se a cada passo e, quando anda, parece estar dizendo "Olhem bem para esta airosidade, atentem para o bem talhado deste todo etc. etc."; a de cor alva faz consentir a sua bazófia em trajar roupas de cores vivas, como sejam, o escarlate, o verde, o amarelo; a que presume de belas mãos está sempre a manusear, e parece que as mete pelos olhos a todo o mundo. Outras assestam a bateria da sua bazófia nos trajes e nas modas. A cabeça é um painel de fumo, representando uma ermida dos tempos góticos, porque tem seu frontispício, seus ângulos e suas torrinhas, e da parte de diante uma estradinha, que parece conduzir a gente para a ermida, e a tal vereda chama-se, em frase de bom-tom, estrada da liberdade, talvez porque a nossa liberdade seja só coisa de cabeça, e não passe da cabeça. As mangas do vestido são para as senhoras bazófias da moda um objeto de alta ciência, porque não é para todas o sabê-las arranjar com as devidas franjas, com os precisos assoprados, com os requififes do figurino. E ai daquela em cujas mangas falta a mais pequenina bambinela: é matuta, é destituída de gosto, não traja a par do gosto do século. A roda do vestido leva tanta fazenda, que bem poderia chegar para outro vestido; e é para ver uma menina, às vezes magra e esguia como uma chibata, metida em uma peça de cassa ou de chita, e já se sabe que aquela formiguinha há se de apresentar com ancas de tanajura, de maneira que uma destas da cintura para cima é um espeto, e da cintura para baixo é uma panela. Coisas farão estrangeiros! Algumas há, se bem que poucas, com a bazófia de discretas e sabichonas. Estas são versadas na interessante lição das novelas, de onde aprendem passagens sentimentais, apofetgmes, expressões amorosas, versinhos recheados de ternuras. Para tais meninas não há livros como os livros de novelas, e têm adquirido um estilo romanesco, um tom açucarado, que parecem não ser mais dona Chiquinha, dona Mariquinhas, dona Clarinha, dona Aninha, dona Ritinha etc., porém sim Adelaide, Clarissa, Josefina, Florinda, Getúlia, Fanny etc. etc.

Já que toquei no vasto assunto das modas, que acham os meus respeitáveis leitores do molde de alguns cabelos femininos? Bem em cima do occipital apresentam um muro de cabelos feitos em trança e entrançados de fitinhas, e tudo o mais liso e assentado como a cabeça de uma pintainha. Assim pouco mais ou menos vi muitas vezes minha avó, que Deus a tenha. Dar-se-á caso, que essas meninas de agora sejam todas regressistas? Pode ser.

Por outra parte estou pasmado da aluvião de barbôneos que agora aparecem. Vejo vir ao longe uns poucos de barbaças, benzo-me e esconjuro-me, figurando-se-me ressuscitados dom Egas Muniz, dom Fuas Roupinho, dom Vasco da Gama, o Catual, ou Coge Sofar, todos de barbas até a cinta. E sabidas as contas são os senhores Manezinho, Chiquinho, Quinquim, Totônio etc., rapazes do bom-tom e ilustrados gamenhos do século XIX! Chamamse as barbas de agora passa-piolho, e o regulamento do bom gosto exige que o sujeito quando fala com alguém, mormente com senhoras, esteja sempre a dedilhar nas barbas e a amaciá-las com as mãos. Não sei se algum já traz na algibeira pentinho para pentear a seu gosto. E hão de falar dos frades da Penha! Nas antigas eras era desconhecido o uso da navalha: os homens traziam barbas até a cinta. Mas com esta diferença que um, dom João de Castro, carecendo de dinheiro, empenhou à Câmara de Goa um punhado dos cabelos da sua barba; e a Câmara remeteulhe a soma pedida, guardando o penhor. Porém não sei se todas as barbas de agora achariam quem as empenhasse por quatro vinténs.

Assentemos, finalmente, que o mundo é um grande teatro, em que todos somos atores. Uns representam de reis, de príncipes, de generais, outros de lacaios, outros de palhaços, estas fazem o papel de imperatrizes, aquelas de criadas etc. A morte corre o pano ao drama da vida; muda-se o cenário e novos atores, não menos bazófios, não menos vaidosos e loucos, vêm suceder aos primeiros. *Tempora mutantur, et nos mutamur in illis.* Por esta vez disse.

# *As nossas festas do campo*[1]

Não faltam igrejas e capelas pelos arrabaldes do nosso Recife, e desde o Natal até pouco antes da Quaresma sucedem-se as festas aos santos da invocação de cada uma. O pretexto é o culto religioso, mas na realidade essas festividades, parece, foram inventadas para dar azo a folgares, a pagodes, a rega-bofes etc. etc. Estréia-se o festejo por novena, à qual precede o levantamento de uma bandeira, levantamento que por via de regra tem lugar pela madrugada. Ordinariamente sai a tal bandeira da casa do juiz, ou juíza, da festa, e é carregada, já se sabe, pelo madamismo do arraial, convidando *ad hoc* (perdoem os meus benignos leitores este latinzinho, aliás já muito vul-

[1] *O Carapuceiro*, n. 7 (17/2/1838).

garizado; porque hoje nada há que não seja *ad hoc*. Há empregados *ad hoc*, comissões *ad hoc*, rugas *ad hoc*, até já certo senhor de engenho, que só se servia de um sendeiro magro para ir ver o serviço do campo, chamava-lhe o seu cavalinho *ad hoque*. Entre nós o que será que não seja *ad hoc*?).

Onde há adjunto de moçoilas é infalível a atração da rapaziada, que desabelha de todas as partes para assistir muito devotamente ao levantamento da bandeira. Os mais famosos conquistadores e gamenhos acompanham por fora o círculo do rebanho feminino; e cada um ali está com todos os cinco sentidos sobre as mansas ovelhinhas, e à maneira do faminto leão *circuit quoerens quem devoret*.[2] Vai adiante da procissão o estrepitoso zabumba e mais instrumental, e os foguetes do ar estouram incessantemente. Vão as senhoritas cantando versículos, aos quais de ordinário responde a turba multa

*Que bandeira é esta,*
*Que vamos levar?*
*É de são Fulano*
*Para festejar.*

---

[2] "Vai cercando a quem deve devorar."

Em algumas bandeiras mais fervorosas tudo isto é dançado e rebolado, e então dizem ao depois os tafuis: "Esteve excelente a bandeira de tal, ou tal". Eu já vi em certo arraial uma bandeira destas, e julguei estar observando uma dessas saturnais dos antigos romanos. Era dedicada ao glorioso sr. são Gonçalo. As ninfas que a levaram, depois de girarem por todo o lugarejo, sempre debaixo do compasso do mais rigoroso lundu, entraram pela igreja e ali postas em redor da tal bandeira saracotearam as ancas, rebolaram-se, deram embigadas, puxaram fieira, que não o faria mais a célebre *Castiga* na capoeira chamada teatro do Recife. Advirta-se que o Santíssimo Sacramento estava encerrado no trono! Aqui me vem a pêlo suplicar da parte do zelo da Casa de Deus a Sua Excelência Reverendíssima, seja muito escrupuloso em permitir a exposição do Santíssimo Sacramento nessas novenas e em algumas festinhas que por ali se fazem. O excelentíssimo prelado ignora certamente a indecência de algumas dessas igrejas, onde há quem queira fazer assistência ao Senhor exposto; e além disto que irreverência, que desacato! A maior parte dos nossos alindados petimetres, dos nossos jovens loureiros, filhos desabusados do Século das Luzes (que antigamente esses tais chamavam-se brejeiros e malcriados, hoje denominam-se filósofos e jovens do bom-tom), não vão a essas novenas, a essas festividades para adorar a Jesus Cristo, ou para encomendar-se a seus santos. Vão sim adorar as moçoilas e fazer-lhes as suas fervorosas dedicatórias. Em conseqüência apinham-se nas grades e têm as costas inteiramente voltadas para o altar e trono, onde está exposto o Santíssimo Sacramento. Ali estão fazendo gatimanhos e bichancros a esta, a aquela, a aquela outra senhorita, que com os olhinhos buliçosos registrarão tudo, e às vezes fingindo atenção para o altar estão gostando das adorações, que lhes dirigem aqueles marmanjos. Uma novena destas (quem tal diria!) é um dos mais azados ensejos para a namoricação!

Tal é a nossa religiosidade que, à exceção de alguma velha, a maior parte da gente que freqüenta as novenas vai ali com o mesmo espírito, com as mesmas intenções com que vai à comédia, a um baile, a um fandango, ou a ver um fogo de rodas e painel. O Santíssimo Sacramento é o mesmíssimo Jesus Cristo, redentor do mundo, é o máximo de todos os mistérios, é a maior das finezas que se dignou fazer-nos o Homem Deus, o qual por sua infinita bondade quis ficar conosco até a consumação dos séculos; é o resumo enfim de toda a augusta religião de nossos pais. Quando a nossa carinhosa mãe, a Santa Madre Igreja, permite que nos nossos templos se exponha o Santíssimo Sacramento é para ser adorado com aquele respeito, com aquele fervor e acatamento, que exige a real presença do Filho de Deus. É muito melhor pois que se não exponha, quando se sabe que tem de ser tratado com tanto desprezo, com tão sacrílego desacato.

Eu quisera que um desses garanhões, desses nossos filósofos barbipoentes fosse à França namorar em alguma igreja e voltar as costas para o altar. Nessa não caía ele; e se se metesse nesses debuxos, lá lhe sairia ao encontro o homem da cachamorra, que o poria instantaneamente no meio da rua. Ora esses nossos saltimbancos, que tudo macaqueiam do estrangeiro, que trazem barbas de mouro e sobrecasacas capadas e tão curtas, que parecem umas jaquetas com folhos, ou capinhas de toureador (e alguns não deixam de o ser), só porque assim viram os figurinos reais, ou pintados vindos de Paris, por que razão não arremedam os franceses nas muitas coisas boas que lá se praticam, como seja, o sumo respeito que guardam ao culto divino? Eu sei que a resposta de tudo isto é uma gargalhada; e não faltará franchinote destes que diga muito jovial e zombeteiro: "O *Carapuceiro* está muito carranca, e não está a par do bom gosto do século".

A bandeira da novena é em vários lugares pano de amostra. Este funcionista quer que a santa bandeira passe por este sítio, porque aí está a sua predileta, a quem prometeu esse obséquio. Aquele não está por isso e quer que vá por outra parte onde tem a sua Clóris; e não será novidade acabar a bandeira em desaguisado.

As noites das novenas são outras tantas patuscadas. Os pais, os maridos etc. são os mártires dessas festanças; porque dona Chiquinha não há de ir todas as noites à novena com o mesmo vestido para logo a chamarem canária sem muda. Dona Maroquinha quer um par de sapatos para cada noite. Dona Teté exige pelo menos quatro mantas de filó de linho. Dona Clarinha insta por dois ou três pares de brincos de filigrana, por luvas, por novos cintos, e não dispensa pelo menos três vestidos de lã e seda com umas mangas, que parecem feitas em fôrma, como limas de cheiro, e sempre de maneira que comecem as tais mangas do meio do braço para baixo. Tudo isto custa um dinheirão; e hoje a farinha está a dezesseis réis o alqueire, porque os nossos bons e honrados monopolistas têm o privilégio de fazer seca, toda vez que lhes parece, e J. B. Say e Ricardo e Mill e Sismondi ensinam que é um cálculo sublime esfomear o povo; a carne a dez, a doze patacas etc. etc.

*Bolsa de grão poder cabe que tenha*
*Quem quiser sustentar a uma gamenha.*

À festa, como é de manhã, quase ninguém vai. Apenas ali aparece uma ou outra velha devota e alguma reverendaça dessas já maduras, que não perde sermão, para ao depois acreditar ou desacreditar o pregador. Os músicos desabelham do coro, apenas acabam o *Glória*; voltam para o Credo, e mal acabado o *Agnus Dei*, enfordelam as rabequinhas etc., e vão abalando. Será muito raro haver músico que ouça sermão, ainda que seja do mais famoso orador, que pela primeira vez apareça. Os frangotes de Cupido não querem saber de missa, nem vão à igreja, uma vez que lá não compareça o madamismo. E assim levam toda a manhã por esta ou aquela casa, uns dançando, outros jogando e quase todos namorando.

À noite sim *fervet opus*. A igrejinha enche-se, como um ovo; porque as meninas não perdem a última noite. Apresenta-se na porta a corte dos gamenhos para registrarem a quantas entram, e não faltam ditinhos, facécias, expressões amantéticas etc. Lá dentro é tal o sussurro, que parece uma feira; e pratica-se a mesma sem-cerimônia, o mesmo desacato, que nas noites de novena, acrescendo a tudo isto a berraria de crianças, porque há mulherzinha tão saidiça e tão mariposa, que não tendo em casa com quem deixar o filhinho, não cuidem que se deixe ficar; há de sair a todas as funções, e levar consigo o enguiço berradorzinho a toda a parte.

Se a festa é suntuosa e de grande tom sói arrematar com máquina, e fogo, folgança, a que concorre imenso povo, e não falta quem venha de cinco e seis léguas, sendo muito para notar que em tais adjuntos o número das mulheres seja o triplo ou o quádruplo dos homens. E sendo um sexo tão timorato, não tem medo de uma taboca na cabeça, de uma roda desprendida etc. etc. Os foguetes de lágrimas são aplaudidos com palmas, e não se ouve então senão um geral ah! ah! ah!: as rodas, os chafarizes e o painel terminam com gaitadas da música de batalhão, sem a qual um fogo não tem graça nem aprovação.

Assim se celebram e concluem as nossas festividades, das quais não reprovo senão as indecências e namoricos praticados dentro das igrejas, e mormente estando exposto o Santíssimo Sacramento. Quando veremos emendados estes e outros escândalos? Quando? Eu não espero tal da presente geração. Para se corrigirem esses maus hábitos é necessário que a mocidade receba outra educação, e que esta seja verdadeiramente moral e religiosa. É necessário que os pais sejam mais cuidadosos em infundir nos tenros corações de seus filhos os princípios da fé católica do que as regras da cachucha, do sorongo, do montenelo, das quadrilhas e do galope. É necessário, enfim, que o ensino da religião ocupe os principais desvelos do governo, dos pais, dos párocos e dos preceptores da instrução primária. Será isto impertinência do *Carapuceiro*? Decidam-no as pessoas cordatas e instruídas.

# *As aleluias*[1]

Terminou por este ano a celebração dos augustos mistérios da paixão e morte do Divino Redentor. A Santa Igreja, que se cobrira de luto, hoje veste os ornamentos de gala pela sua gloriosa ressurreição. Nesses dias consagrados ao recolhimento, à penitência e contrição não faltou concorrência às nossas igrejas. Mas iriam todos e todas com a devida piedade e devoção? As gamenhas ali foram sim todas vestidas de dó, mas com toda a garridice, com todos os perendengues do último gosto; e com a estrada da liberdade bem aberta, e bem carreteira, com a rodilha multicor no occipital, com os barambazes, pafos, bambinelas e requififes das mangas (de mais embaraçosa

[1] *O Carapuceiro*, n. 21 (14/4/1838).

análise que um polvo), com as cinturas mais arrochadas do que uma saca de algodão, com as estufadas anquinhas naturais ou postiças etc. etc. foram muito contritas e lacrimosas lastimar-se dos seus pecadinhos (que são bagatelas) e atiçar a fervorosa devoção dos senhores gamenhos, os quais têm mais delicado faro para descobrir onde se ajunta madamismo do que os periquitos em aforar um campo de milho.

Enquanto os ministros do Senhor prosseguem nas santas cerimônias, enquanto um destes, subindo ao púlpito, relata aos fiéis a história dolorosa e sacrossanta da Redenção e profere as terríveis verdades que dela dimanam, os nossos embonecados gamenhos não tiram os olhos de sobre as filhas de Jerusalém. Alveja-lhes nas leves cabecinhas a indispensável estrada da liberdade, orlada por um só lado de uma crista de cabelos pendente para o lado oposto à tal estradinha, e tudo tão aromatizado de macáçar, que faz tontear e dar faniquitos. Ajoelhar é para eles um constrangimento terrível, porque as calças são tão unidas às pernas, que parecem não se distinguir da pele. Os braços estão de tal modo apertados nas mangas da casaca, que faz imaginar, trazem duas laranjas nos sovacos.

Trajam de preto nesses dias; mas que longe estão da compunção e penitência!

Ali mesmo na terrível casa do Senhor, no tempo mais santo, na celebração dos mais venerandos mistérios, que bichancros que eles fazem para o grupo feminino! Que olhadelas escandalosas! Que risadinhas namoratórias etc. etc.! As gamenhas parece que não dão fé de tais coisas, porém os olhinhos estão registrando tudo, e muitas vezes os olhos, que se fitam piedosamente para o altar, buliçosos se volvem com interesse e curiosidade para o bando dos adônis. Até no ato do Descendimento já se tem visto namorar furiosamente! As meninas choram bastante, porque o belo sexo é fertilíssimo em lágrimas e palavras. Por qualquer coisa choram as senhoras, porque são muito sensíveis e ternas, e de qualquer coisa, e sempre estão prontas para falar, porque nelas tem grande império a imaginação. Mas também facilmente se consolam, e estão dispostas para rir no mesmo instante em que choram. Só o falar sempre não tem termo nelas, senão com a morte.

Já que toquei no Descendimento, direi o que sinto a este respeito. Tal cerimônia parece-me resto dos autos sacramentais dos tempos góticos. Em verdade um padre no púlpito mandando à guia, e de ordinário urrando como um energúmeno; uns salafrários vestidos à moura com barbas de crina, chamados profetas; dois rapazolas barbipoentes e estúrdios, vestidos, um de Madalena, outro de são João; um bufo de teatro com o nome de Centurião; os tais profetas dando grandes marteladas na cruz para fingir que despregam ora o título, ora a coroa de espinhos, já o braço direito, já o esquerdo do Senhor, são farsas, que se não deveriam consentir. Todavia sem o tal drama não tem aceitação uma Semana Santa. As mulheres, e mais se são beatas, querem destilar muita lágrima, querem muita assoadela por ocasião do Descendimento, e sobretudo muito compraz à sua piedade a surriada de bofetõezinhos que se dão em si mesmas, algumas com airosidade garbosa, e toda a contrição da maior parte dos assistentes evapora-se com os tais bofetõezinhos crepitantes. A religião é objeto santíssimo, e santamente deve ser promovido o seu culto. Mas hábitos inveterados só tempo e ilustração os poderão ir corrigindo proveitosamente.

Parece que ao menos pela Semana Santa, e assistindo aos ternissimos atos da paixão do Divino Redentor, deve suspender-se no belo e devoto sexo feminino o espírito de murmuração, mas não é assim. No corpo da igreja, onde se apinham as mulheres, é quase incessante o rebuliço e o murmúrio: elas mexem-se, elas remexem-se, algumas até levam os filhinhos para largarem seus solos de guinchos, e é incessante a conversação, e conseguintemente a murmuração, não dispensando umas às outras o mal cortado do vestido, a velhice do véu, o mau gosto dos brincos. E algumas há que soltam a furto seus beliscões nas que lhes ficam dos lados, e uma já se gabou que em ato de igreja, sendo de noite, não deixava de tatear as cinturas das que podia para certificar-se se as ancas eram naturais ou adventícias. Que tal a curiosidade! E que tal a devoção!

Por via de regra a paixão dominante das senhoras é sair de casa. Em se tratando de sair, seja para o que for, tudo lhes parece bom. Muitas vezes está em casa uma menina toda adoentadazinha, padece sua gastrite, porque as gastrites também andam em moda. Tem aplicado bichas à região epigástrica. Não come carne para não aumentar a inflamação, e muito principalmente para não engordar. Só come pintainhos, faz contínuo uso de xarope gomoso, reduziram-na a gafanhotinhos, que não passa sem ervas. Finalmente queixa-se continuamente do estômago. Mas em se armando coisa de sair de casa, dá-se por pronta, está sã, como um pêro: mete-se nas talas do espartilho assassino, e assim comprimida leva horas esquecidas no baile, na ópera, na igreja, no passeio, na visita etc. etc.

Muitas vezes sabem que nesses adjuntos há imensa concorrência e extraordinário aperto: em casa estão abafando de calor. Mas lá vão para a estufa. Já disse o socarrão do Ovídio que as mulheres gostam infinito dos espetáculos por causa de verem, e serem vistas.

"*Spectatum veniunt, veniunt spectentur ut ipsae.*" Se as caluniou neste ponto, para a alma lhe preste, e lá se avenha o Nasão (o narigudo) com a senhora Olindense, que talvez lhe não perdoe a turquesada.

Mas esses defeitos são bagatelas comparativamente às grandes pechas da gente do meu sexo; são sombras do quadro. As senhoras são em geral estimáveis e dignas de toda a atenção; e tanto assim é, que observa-se o seguinte. Anda um homem por essas ruas: uns tiram-lhe o chapéu, se é de seu conhecimento, e mormente se é rico e poderoso; outros apenas murmuram um cumprimento, que às vezes se não sabe o que é; outros finalmente passam sem dar fé de tal indivíduo. Mas se o sujeito leva pelo braço a mulher louçã e garbosa, a filha, a sobrinha moçoila e jeitosa, oh!, isso é outro cantar: já o homem atrai as vistas. Quanta gente cortês que vai encontrando! Este concerta logo a crista, arranca do aromático lencinho, empurra para diante os peitos, e vai todo mesuroso cumprimentar ao sr. fulano de tal, pessoa muito amável, e por cuja saúde ele cortejador muito se interessa naquela ocasião. Aquele ainda que tenha destino muito diferente, em lobrigando a menina, endireita para a calçada, por onde ela vai, só a fim de a cumprimentar. Aquele outro, que apenas conhece de vista o sujeito, procura tributar-lhe os seus respeitos, desejando ardentemente empregar-se em seu serviço; e a sinhazinha, que já em casa é tratada por Dondom, por Iaiá etc., vai dizendo consigo: "Não há dúvida que sou uma deusa, e agora acabo de crer que o meu espelho me não engana". Toma um ar teatral, arrebita o narizinho, pisa de rijo e nutre-se de mais vaidade.

Não obstante, o que são estes pequenos defeitos em comparação das maldades dos homens! Enquanto as senhoras ocupam-se de modas (as que são moças), em se ataviar, em murmurar e falar de tudo, e as velhas em ralhar de tudo, que é novo em criar gatos e pintainhos, e misturar orações com brigas e conversas, os homens (em geral) só cuidam de fazer mal uns aos outros, de intrigar, de iludir, de obter mando, e muitas vezes de ilaquear a inexperiência do belo sexo. Assentemos, finalmente, que as senhoras também têm suas pechazinhas, porque são filhas de Adão e Eva. Mas comparativamente aos homens são melhores que estes: são mais ternas, mais compadecidas, mais desinteressadas. Se não tivessem tanta mobilidade de língua, estariam quase a par dos anjos.

Chegaram pois as aleluias. A Santa Igreja convida-nos a que nos alegremos, mas que nos alegremos no Senhor, para que nos seja proveitosa a sua gloriosa ressurreição, para que ressuscitemos da culpa, assim como Ele ressuscitou da morte. Mas infelizmente muitos entendem que, tendo sido a Quaresma tempo de abstinência, por último vem a Páscoa para a crápula, e para toda a laia de desregramento. E para quantos não são as aleluias sinônimos de grandes rega-bofes e de beberronias largas! Lastimável erro é este sem dúvida, porque além de prejudicar o espírito põe em grave perigo a saúde e a vida. *Nequid nimis* (nada de excessos) é a divisa da sabedoria humana.

# *Os sem-cerimônia*[1]

A urbanidade e cortesania são muito precisas na sociedade, porque sem elas tudo se tornaria brusco e não distaríamos dos selvagens. Essas pequenas atenções, essa reciprocidade de respeitos, essas maneiras doces e afáveis concorrem grandemente para a manutenção e harmonia da ordem social; e por isso devem ser promovidas e conservadas. Entretanto pessoas há que, inculcando-se por gente sem-cerimônia, cometem grosserias e até ofendem o melindre e a honra dos seus semelhantes. Dona Briolanja, por exemplo, leu em novelas que a franqueza e ingenuidade são qualidades estimáveis mormente em uma senhora. Ei-la apregoando-se sobre sincera, sem-cerimônia, e

[1] *O Carapuceiro*, n. 14 (5/4/1839).

sob esta cor dizendo as verdades nuas e cruas e ofendendo a torto e a direito a quem bem lhe parece. Dona Zigue-zigue tem maneiras desabridas, respostas despropositadas, e o seu riso é tão descomposto que mais parece um relincho que outra coisa. Se está falando, faz mais caretas que um mono, o manutea, como um boneco de engonços; e a tudo isto, que em outros tempos se daria o justo nome de má-criação, chamam hoje alguns sem-cerimônia.

O jovem Fabrício é desembainhado em suas ações, não menos que em seus trajes. Anda sempre engorjado o patife, quero dizer, quase sem gravata, colarinho caído e sem colete. Seja em que sociedade ou companhia for, está como vilão ruim em casa de seu sogro, com a estirada gâmbia montada uma na outra, e a casaquinha tísica por instantes a fugir-lhe dos ombros. O sistema de cabelos, barbas e suíças é medonho, porque, com pretensões de Adônis ou Cupido, o jovem parece um Netuno de chafariz. Se fala, ninguém mais é senhor de proferir palavra, se ri, patinha, escoiceia, orneja e quase morde. Bem como o cão, que em pilhando um osso rói nele horas esquecidas, Fabrício não cessa de mastigar o castão da inseparável bengalinha francesa. Ora põe-se quase ressupino na cadeira, que está prestes a desengonçar-se pelos movimentos encontrados que lhe dá o marmanjo; ora ergue-se de entuviada e passeia pela sala aturdindo tudo com os seus crepitantes botins; ora envia-se a qualquer da companhia, ainda que seja uma senhora, e já lhe pega no braço, já lhe põe a mão no ombro, acionando, como um energúmeno, e muito favor será se lhe não levar os dedos até as ventas.

Não pode esse tortulho passar uma hora sem fumar. Pede uma brasa e se lha não trazem logo, é muito capaz de a ir ele mesmo buscar ao fogão, ou se é de noite, melhor, porque com todo o desempacho vai-se a uma das velas e acende à vontade o seu archote de Havana. E ei-lo atordoar a companhia em nuvens de tabaco. Se vem o chá, não há chávena que lhe agrade, porque ora tem muito açúcar, ora tem pouco, e fatias e bolinholos vão aos punhados. Sem que ninguém lhe pergunte, dá o seu voto magistral a respeito da bondade ou imperfeição do chá, aplaude este pão-de-ló, reprova aquele sequilho, mas sempre comendo e vazando xícaras. À vista deste quadro quem não chamaria grosseiro e malcriado a este jovem? Mas não é assim: este jovem é o que hoje se diz um sujeito sem-cerimônia.

Achei-me em certa igreja e vi entrar um figurino que me admirou. A sobrecasaca pouco mais era que uma jaquetinha, porque dava-lhe pelas virilhas. Não trazia colete e a gravata era um lenço amarrado a descuido com grandes pontas. A gadelha a uma banda era enorme, e movia os braços que parecia um rabequista abarbado com fusas e semifusas de compasso alegro. Este saltimbanco não fez vênia, não ajoelhou, nem fez oração, ao altar. Plantou-se logo na grade, deu as costas ao Santo Sacramento, e começou a registrar o madamismo, rindo-se para esta, contemplando aquela, galanteando aqueloutra, ora torcendo o bigode, ora penteando com os dedos o furibundo passapiolho. Que peralvilho é aquele? (perguntei a um sujeito que me ficava ao pé). Não diga tal (respondeu-me o homem), aquele moço é de boa família, é bem-educado, é do grande tom, o que tem sim é ser um rapaz sem-cerimônia. E fiquei sabendo que hoje a peraltice passou a chamar-se sem-cerimônia, assim como muitas outras coisas têm-se crismado com diversas denominações: *verbi gratia* o ladrão chama-se sujeito industrioso, o incrédulo é filósofo desabusado, o assassino é homem corajoso, o larápio dos dinheiros públicos chama-se bom político, a mulher desonesta, senhora de bom pensar, o pedante carregado de textos e citações, cabeça positiva. Quem mais vive mais aprende.

Também já passa por sem-cerimônia o filho não tomar bênção ao pai, porque tal usança cheira a tempos góticos e degrada o nobre orgulho de um jovem, quando basta um simples cortejo de cabeça, assim por modo de lagartixa. A mesma sem-cerimônia tem decretado que se não ajoelhe a Jesus Cristo sacramentado, de maneira que as senhoras bem-educadas, quando passa a procissão com o Santíssimo Sacramento, apenas se dignam de fazer-lhe uma mesurinha de meia rédea, porque pôr os joelhos em terra, sobre grande incômodo, é antiqualha que não está a par das luzes do século!

Não sei se também é por sem-cerimônia, ou pelo quer que seja, que se tem introduzido o costume de dar tiros pelas ruas em ocasiões de marchas e paradas. Com efeito, em havendo descargas dos senhores guardas nacionais, logo que se dispersam, começa um tiroteio por quase todas as ruas de maneira que incomodam a uns, assustam a outros, e parece que estamos com rusga em campo. E não será isto da incumbência da polícia? Tenho ouvido dizer que praticam assim para descarregar as armas, mas por que não o fazem na ocasião das descargas? E quanto às armas, que mentiram fogo, fácil é descarregá-las em casa com o saca-trapo, sem que seja indispensável atordoar o povo com tremendos tiros avulsos de sorte que parece noite de são João no mato. Entendo que o ilustríssimo senhor prefeito da comarca não deve consentir em tal sem-cerimônia, para o que talvez baste oficiar aos senhores comandantes dos batalhões, a fim de proibirem semelhante abuso. O *sans façon* dos franceses tem muitas restrições e não é para se aplicar a tudo.

# *A ornitomania ou paixão por pássaros*[1]

São muitas e muito várias as manias a que está sujeito o espírito humano, e é prodigioso o catálogo das nossas loucuras. Uns são perdidos por cavalos e por os possuir sacrificarão toda a sua fortuna. Outros têm a paixão de jogo e são capazes de jogar até a hora da morte, ainda que seja a bisca de mano a mano com a enfermeira. Este desvive-se por livros — compra-os a todo o custo, e é conhecido por bibliomaníaco. Aquele ama apaixonadamente a dança, e suposto que a natureza lhe haja denegado os necessários requisitos; porque tem o corpo de machacaz, de lorpa, de zopeiro, ou feitio de Bertoldo, paga a mestres de dança, e em toda a parte quer mostrar a sua prenda de

[1] *O Carapuceiro*, n. 15 (6/4/1839).

bailarino. O mesmo acontece ao maníaco de música. Muitas vezes tem voz bezerril, ou tal e qual o miado do gato, e vive cantando, persuadido que o faz peregrinamente.

Entre estas e outras loucuras, tem um lugar distinto a ornitomania, ou paixão por pássaros. Sujeito há que palmilhará estiradas léguas para negociar um curió, um bicudo, um sabiá, e muitas vezes tendo a seu cargo mulher e filhos e sendo falto de meios, privará a sua pobre família até do necessário só a fim de comprar um cochicho por cinqüenta e sessenta mil-réis! Outros ornitomaníacos há que vivem barganhando pássaros, e gaiolas, assim como há insignes barganhadores de cavalos e selins. Em verdade sujeito há que na roda do ano possui dezesseis e vinte cavalos, que vai trocando sucessivamente, ora logrando, ora sendo logrado, ao que chamam deitar ou levar ajuda, e neste ponto passa por doutrina corrente que não há lealdade de irmão para irmão, nem de filho para pai. Levou a ajuda quem levou, e toca para diante! Que excelente moral!

O canto dos pássaros é sem dúvida agradável, nem é para reprovar que se tenham pássaros para recreio. Mas *est modus in rebus.*[2] É preciso que tal gosto não degenere em

[2] "Para tudo há um limite."

mania, e que não tenha um homem a casa, o que praticam alguns, como um armazém de pássaros: pássaros nas salas, nos corredores, nas camarinhas, e até quase pelos telhados; assim como que em tais objetos se não desbaratem somas consideráveis com detrimento de obrigações sagradas, como seja a subsistência da família etc. etc. O que quer dizer dar trinta, quarenta e cinqüenta mil-réis por um passarinho quem muitas vezes não tem com que compre uma casaca e até com que mande ao açougue?

Todo o homem deve ser bom financeiro, isto é, deve regular as despesas pela receita. As grandes naus podem afoitar-se e atirar-se ao largo oceano, mas os barquinhos não devem arredar-se muito da costa. Assim as pessoas de grandes fortunas podem ter seus desperdícios, podem gastar superfluamente sem maior perigo. Aquele porém que não está nas mesmas circunstâncias contente-se com a sua sorte, limite-se ao preciso, que nunca terá de arrepender-se. Mal por aquele que posterga esta regra, pois facilmente cairá na indigência e desta na horrorosa mendicidade.

O pai de família pobre, que emprega quarenta e cinqüenta mil-réis na aquisição deste ou daquele passarinho, e que por isto vem a sentir falta para o suprimento da sua obrigação, o que fará quando vir a mulher sem comer e ouvir os filhinhos berrando de fome? Dirá porventura "Senhora, almoce gaitadas deste bicudo"; e aos meninos "Tomem por jantar os requebros daquele canário, os assobios daquele sabiá" etc. etc.? E ele mesmo que prazer pode encontrar no canto dos pássaros, se não tem a barriga satisfeita? É uma verdade prática e incontroversa que as melhores composições de Rossini, de Bellini etc. etc. nenhuma graça, nenhum merecimento têm para aquele cujas tripas estão se queixando de fome. Pança repleta e acomodada é a primeira condição *sine qua* não há passeio que recreie, não há baile que entretenha, não há beleza que encante, não há dança que alegre, não há conversação que instrua, não há música que deleite, não há coisa que possa causar prazer. Donde se segue que trazer forrada a pança deve ser o primeiro cuidado físico de qualquer filho de Eva, pelo que até o papagaio sabe dizer: Papagaio não comeu, morreu.

Um ornitomaníaco teve notícia (porque tais pessoas andam sempre aforoando passarinhos) que a vinte léguas desta cidade certo camponês possuía um excelente curió. Era tempo de rigoroso inverno; estavam os rios cheios, as estradas quase intransitáveis; mas o homem nada temeu.

Desamparou a família, deixou a esposa próxima a dar à luz, e pôs-se a caminho. Com efeito, depois de grandes incômodos e perigos, venceu as amarguradas vinte léguas e conseguiu comprar o tão suspirado passarinho. Mas na volta este fugiu-lhe em caminho por se haver quebrado um ponteiro da gaiola. Ele mesmo, ao vingar uma ribanceira, caiu com o cavalo, quebrou uma perna; teve de prosseguir a viagem em rede. E quando chegou à casa, na véspera tinha-lhe morrido de parto a mulher, e achou de menos cinco ou seis dos seus melhores pássaros! Não se sabe qual sentiu mais, se a perda destes, se a perda daquela. *Nequid nimis* é a divisa do homem ajuizado.

Concluirei este artigo com o galante quarteto do célebre poeta Landi, que mimoseando uma freira com um lindo passarinho finge um diálogo entre este e aquela, e termina desta maneira:

*Quanto, o vago angelin, la nostra vita*
*De la tua se púo dir più aventurata;*
*A te non s'impedisce che l'uscita,*
*E noi siamo senza uscita e senza entrata.*

Versos que no nosso português querem dizer pouco mais ou menos

*Quanto, ó vaga avezinha, a nossa vida*
*Mais que a tua reputo desgraçada!*
*A ti somente embargam a saída,*
*Nós não temos saída, nem entrada.*

# *A mesa de nossos avós*[1]

Contentar as exigências da barriga é uma das nossas primeiras precisões, porque sem comer não há homem, não há conseguintemente sociedade, nem leis, nem agricultura, nem comércio, nem navegação, nem artes, nem ciências etc. etc. *Ingenii largitor venter*: o talento vem primeiramente da pança, pelo que dizia Voltaire que para um autor escrever com brio, com força e desembaraço precisava trazer a barriga satisfeita. E por isso o célebre Gentil Bernard, tendo muito cedo perdido o apetite e conseguintemente o entusiasmo poético, quando dantes era um respeitável cometa, dizia: Já caio de um peru abaixo. Em verdade o fogo do engenho é eletrizado pelo

[1] *O Carapuceiro*, n. 16 (13/4/1839).

fogo da cozinha. Entre um bocado e outro se engraçam admiravelmente os mais belos discursos, e donde, senão da mesa, veio aquela usual expressão "Homem de bom gosto"?

As mais sólidas coisas, os negócios mais importantes na mesa se tratam. Não se comunica um belo projeto, não se enceta uma negociação, sem que se dê uma comezaina entre os sócios da comunidade, entre os amigos da cidade, entre os partidários dos ministros e os membros da oposição. Certo par da Inglaterra pediu a um célebre escritor lhe compusesse um discurso, que devia recitar em uma sessão importante do Parlamento. E o que lhe respondeu o judicioso escritor? Que era mister que ele fosse cinco ou seis vezes jantar com Sua Excelência para o ver abrir a boca e conhecer destarte quais as palavras e períodos mais acomodados à sua boca. E nem outra origem conheço da expressão entabular um discurso, entabular um negócio, se não esse uso dos homens doces e sociáveis. Na mesa se contraem amizades, na mesa se concluem as reconciliações. Entre os gregos a amizade e aliança permanecia entre os filhos daqueles que se haviam sentado na mesma mesa, o que se vê nos cantos de Ossian e nos poemas de Homero.

Além disto a boa gente, diz J.-J. Rousseau, dá-se aos prazeres da mesa, e aí abre o seu coração à ternura e à jovialidade. São sóbrios e reservados os velhacos, que querem trazer sempre escondidos os seus desenhos, e o misantropo e o egoísta não largariam uma migalha de pão ao pobre Lázaro, ainda que o vissem arrebentar de fome. Chegando-se um pobre a um avarento e pedindo-lhe o socorresse, porque estava a expirar de fome, respondeu-lhe desdenhoso: "Estes bargantes são muito felizes em ter apetite". Certos selvagens do Canadá não travam peleja senão de manhã, em jejum, a fim de serem mais acerbos e inexoráveis no exercício da vitória. E daqui vem, a meu ver, aquele conselho de um político, que diz que quem pretender alguma graça de um ministro, não o procure antes do almoço, porque então o achará aborrido, zangado e de mau humor. Os homens bons pelo contrário amam o doce prazer da mesa, a que os franceses muito acertadamente chamam *la bonne chère.*

Catão (e mais era aquele severo e brusco romano) dizia que se sentia renascer, que já lhe não passavam os anos, quando se achava naquelas graciosas ceias, onde o coração se dilata à confidência e à alegria, onde o amigo anima e convida ao amigo, e o mais jovial é o rei do festim. Na mesa sim imperam a amizade, a franqueza, a liberdade. O brio trasluz por entre o vinho espumante, e em giro corre a alegria nos copos, segundo a expressão do bardo de Caledônia. De onde veio a Caio Cílnio, ministro e privado do grande imperador da terra, o sobrenome e título de mecenas, que ao depois veio a ser aquele com que se honra aos grandes quando protegem as letras e a seus cultores? Veio sem dúvida de *meco-cenate* (ceai comigo) conforme a douta explicação de Caporali.

À mesa deslizam-se brandamente as horas, e ninguém envelhece; porque com a idade caducam e morrem todos os prazeres, todos os gostos, menos o da mesa. *Sine Cerere et Baccho*, é frio o sangue, é fria a fantasia. Os belos pensamentos nascem do coração, e a pança farta é a verdadeira Hipocrene. À mesa, e entre as taças esbarrando de vinho, o velhusco de Teo recobrava os brios da juventude, e louçãs e folgazonas virgens lhe coroavam de rosas os cabelos brancos.

São inegáveis a necessidade e vantagens da mesa, uma vez que o excesso lhe não embote o prazer e tolha a utilidade. Mas que diferença da nossa mesa de hoje à mesa de nossos avós! Então não se conhecia o chá irritante, nem o narcótico, se bem que saboroso, café; aquele apenas se vendia nas boticas, como uma das muitas drogas medicinais. Almoçava-se pelas oito horas da manhã carne assada com seu molho chamado de ferrugem e o competente pirão, feitos da desflorada panela. Ao meio-dia até uma hora, ao mais tardar, era o jantar. Havia merenda de alguma fruta, e às oito da noite tinha lugar a ceia ordinariamente de peixe.

Assim viviam muito bem os nossos maiores: eram vigorosos e robustos, chegavam à idade avançada e desconheciam muitas moléstias. Hoje como está tudo trocado! O chá e café são os almoços e ceias da maior parte da gente. Muitas pessoas, mormente as senhoras do grande tom, trocam a noite pelo dia. Assistem à partida ou baile até uma hora da noite, recolhem-se às suas casas bem fatigadas não menos das danças etc. que do espartilho, lançam-se na cama, dormem até onze horas e meio-dia. Então dão às amofinadas tripas uma lavagem de chá ou de café, e o jantar vem a ser lá para as seis horas da tarde.

E o que é que vemos depois dessas e de outras modernices? Um catálogo imenso de enfermidades, que conquanto tenham todas sua nomenclatura grega, nunca foram sentidas de nossos bons maiores. Hoje não se ouve falar senão em gastrites, encefalites, heracnoidites, bronquites, pulmonites, esplenites, pericardites, enterites, colites, cefalgias, hipertrofias, cardialgias, nevroses de todos os nomes e feitios, e as idades encurtando-se consideravelmente. Um moço do outro tempo era um Hércules: que bela cor! Que força muscular! Que agilidade, que viveza, que saúde! Hoje encontra-se por aí um jovem que pouco dista de uma múmia do Egito. Quase todos andam tão dessorados que parecem uns talinhos de alface, e raro será o que não se queixe do estômago e de nervos, ainda prescindindo de muitos, cujo mal todo está na cabeça.

Uma rapariga do tempo dos Afonsinhos era fresca, rubicunda e cheia de vida, como um botão de rosa desabrochando. Em suas maneiras, em todo o seu porte respirava saúde e o melhor estado normal (vá este epíteto médico, que é do grande tom). Casava; tinha crescida porção de filhos; estes tomavam estado, já eram pais de família, e a senhora já contando netos e bisnetos, ainda estava frescalhona e robusta. Mas hoje aí qualquer menina na idade de quinze anos já é um seminário de moléstias crônicas. Algumas têm cor de viola velha, umas queixam-se do peito, outras do estômago, estas vivem pondo bichas, aquelas sustentam-se em caldos de pintainho, em papinhas de sagu etc. para não irritarem a inseparável gastrite ou gastroenterite, porque até parece moda serem as moléstias dobradas, isto é, padecerem ao mesmo tempo duas e mais vísceras, se bem que segundo o sistema de alguns facultativos é um e o mesmo remédio para todas, convém a· saber: bichas, antiflogísticos e dieta absoluta, de maneira que o doente, quando não morre da enfermidade, morre suavissimamente de fraqueza.

Se uma destas senhoritas casa, ao segundo filho que tenha, perde todo o verniz, torna-se achacosa e faz-se velha antes do tempo. Aposentou o piano; esqueceu a cachucha, o montenelo, o galope, as quadrilhas, e ela só se ocupa de acalentar, e pensar os seus pequenos e de tomar remédios de botica. Antigamente um moço de vinte, trinta anos corria sem fadiga por montes e vales, e bem podia subir-se ao mais alto coqueiro. Mas hoje tem o jovem apenas dezoito anos e já se queixa de debilidade, e talvez seja esta a razão suficiente de muitos não ajoelharem ao Santíssimo Sacramento.

Não há dúvida que temos progredido muito em comércio, em indústria, em população; que hoje temos já muito carrinho, fábricas a vapor, multiplicadas companhias e sociedades todas acabadas em Euterpinas, Apolinas, Serpentinas, Filipinas etc., até já temos o belo carapinhadas. Mas a respeito da comida parece que a de nossos avós era mais sólida e mais saudável: aqueles chegavam a grandes idades; nós aos trinta anos já caímos na decrepitude.

# *A fofice aristocrata*[1]

Não sou do número daqueles que por empolgar a nomeada de bons patriotas e populares, às tontas e às loucas, declamam e vociferam contra a nobreza e se mostram rancorosos inimigos de toda e qualquer aristocracia. Deixo essas baforadas democráticas e demagógicas aos Marat, aos Chabot, aos Danton, aos Choumet, aos Bourdon, aos Fabre d'Églantine, aos Carrière, aos Robespierre, aos Saint-Just[2] e a seus sectários e admiradores. Perfeita igualdade não se dá *in rerum natura*, pois que das mesmas desigualdades resultam a ordem, harmonia e beleza do universo. Seja qual for o país, seja qual for o tempo,

[1] *O Carapuceiro*, n. 19 (28/5/1839).

[2] Protagonistas da Revolução Francesa.

seja qual for a forma do governo, sempre o homem sagaz e esperto há de burlar o tolo, o rico há de ser mais estimado que o pobre, o sábio sobrará ao ignorante, o bem-nascido e bem-educado ao farroupilha e malcriado etc. etc.

Se o descender de pais ilustres só por isso não outorga virtudes, também é certo que não as tira, antes é um incentivo para elas se exercerem e praticarem. E tanto é isto verdade que o republiqueiro mais rasgado e mais decididamente anivelador preferira, se estivesse em suas mãos, o ter nascido de pais honestos e distintos a ser filho de um gato-pingado, do sr. Manoel das violas e da sra. Maria ponga. E se este sentimento é geral por toda a parte, entre nós parece nato e por isso ressumbra de qualquer canto. A mulher mais esfarrapada e miserável zanga-se, se lhe negam o tratamento de dona, o pardo diz-se descendente deste ou daquele branco notável, e o preto aprecia em muito o chamar-se crioulo.

Mas o excesso é em todas as coisas vicioso. E por isso eu da aristocracia só reprovo a fofice, só reprovo que o indivíduo, porque é ou se diz nobre, queira estribar nisto o seu mérito, queira só ele dirigir os negócios da pátria, e trate o resto dos homens com desprezo, sobranceria e crimeza. E ainda mais me enoja tal filáucia, quando esse título de nobreza é tão duvidoso como a existência dos habitantes da lua, e não passa de mera presunção e fofice. Em verdade, quem há aí de tão imperturbável pachorra que possa ouvir sem despeito arrotar baforadas de fidalguia, dizendo-se descendente do duque fulano ou do marquês sicrano um miserável bajoujo, que não tem onde cair morto, que vive, por exemplo, de carguejar, e que quase me pede uma esmola pelo amor de Deus na mesma ocasião em que me está arrumando o panal da sua árvore genealógica, maçada que tomo por desconto dos meus pecados?

Vejo, por exemplo, um pastrano muito mal-amanhado, sem maneiras de gente civilizada, falando uma geringonça luso-africana, grosseiro quase como um selvagem, preguiçoso, pobre, com grandes fumos de Roldão ou Ferrabrás. E dizem-me que o homem é fidalgo, porque seu 15º avô conheceu um aguadeiro que tinha estreita amizade com um alveitar, o qual desejou muito pertencer à cavalharice do conde dom João Afonso Tello no tempo da célebre batalha de Aljubarrota! *Credat judeus Apella non ego*[3] (digo com os meus botões). Mas acreditemos pia-

[3] "Acreditem os judeus, não perguntem a mim."

mente, e por caridade, que este lorpa descende em linha reta de dom Fuas Roupinho, de Egas Moniz, ou do próprio mestre de Aviz, o que se segue daí? Que só por isso lhe tributemos atenções e respeitos? Não terá ele perdido esses foros de nobreza (se é que seus avós os tiveram) pela sua má educação, pela sua indigência, pela baixeza do seu tratamento, e mais que tudo pelos seus vícios? Acaso isso de fidalguia será da mesma natureza que o batismo e o sacramento da ordem, que imprimem caráter na alma? Ou o sangue do nobre terá certos elementos distintos dos demais, que se transmitem sempre os mesmos de geração em geração?

Esse orgulho aristocrático remonta à mais alta antiguidade. Em todos os tempos, houve desses paparrotões que viviam encaprichados da sua nobreza, e também nunca faltaram bons espíritos que fizeram retraço dessas vaidades e as zurziram com o látego irresistível do ridículo. Entre outros, o famoso Luciano[4] nos seus *Diálogos* muitas vezes engou a esses impostores, e é digno de ler-se a este respeito o seu belíssimo diálogo intitulado *Nicromancia*. "Ainda mais ririas", diz ele ao seu amigo, "se viras os nossos sátra-

[4] *Luciano*: sofista grego do século II.

pas, que no mundo arrotam tanta grandeza, mendigarem no inferno o triste pão, ou verem-se obrigados, para viver, a exercer o ofício de pregoeiros, ou a ensinar gramática a estudantinhos, que em recompensa os escarnecem e esbofeteiam, como a velhacos. Eu mesmo não pude conter o riso, quando vi Felipe, esse famoso rei da Macedônia, posto a um canto a remendar os seus chinelos velhos, e outros não menos famigerados e gloriosos, tais como Dario, Xerxes e Policrates, pedindo esmolas pelo meio das ruas."

Toca pois muito de tolo o homem que, tendo-se em foro de nobre, só nisto assenta todo o seu mérito, pretendendo os respeitos públicos somente por esse título, e porque diz que descende de tais e tais heróis, de tais e tais personagens. A respeito de nobreza mais ajuizada me parece a lei daqueles povos que concedem honras e distinções aos pais dos cidadãos beneméritos e virtuosos, porque em verdade essa disposição legislativa instiga aos pais para envidarem os maiores esforços na boa educação de seus filhos, ao mesmo passo que não é raro ver-se muitos destes degenerarem das virtudes daqueles. O infame Cômodo era filho do virtuoso Marco Aurélio; e que estima pode merecer aquele, que nada herdou do mérito de seu pai?

Não reprovo, outra vez digo, a aristocracia; mas é só quando esta conserva a sua original significação, que vem a ser: governo dos melhores, isto é, quando o nobre é melhor que os que não o são, por suas boas qualidades, por suas virtudes, por seu mérito real. Os grandes nobres ordinariamente sempre foram afáveis, prazenteiros, magnânimos e dadivosos. A fofice e o orgulho aborrecem a todo o mundo, mormente se aliás são bem conhecidas as más manhas do senhor arrotador de fidalguias. E para mim verdadeiro nobre é o homem de bem, é o homem que teme a Deus, e respeita e observa a lei, pelo que estimo o sapateiro fiel e honrado, e detesto o senhor conde ou marquês, se ele é tratante, peralvilho e vicioso.

# *Furtar e mentir, adular e repartir*[1]

Tal é a máxima, que muito frescamente inculcava e apregoava certo figurão da corte nos nossos dias. E tal é a escola que apresenta maior e mais respeitável número de discípulos. Furtar! Pois há aí coisa mais bela e proveitosa, do que furtar? Sem furtar quão poucos enriquecem! Sem furtar quanto não custa viver! Sem furtar, que difícil não é chegar ao fastígio das grandezas humanas!

Sim, o furto tem assentado o seu império em todas as hierarquias, em todas as classes, em todos os estabelecimentos sociais. Quantos homens vemos ainda ontem destituídos de meios, ou muito principiantes em sua vida, e hoje da noite para o dia endinheirados, metidos em

[1] *O Carapuceiro*, n. 46 (15/10/1839).

grossas especulações etc. etc.! Tiveram grande herança? Não consta. Tiveram o prêmio grande da loteria de Londres? Também não. Apareceu-lhes alguma alminha piedosa do outro mundo, indigitando-lhes onde havia caixões de dinheiro enterrados? Nada, que há muito não há alma que preste para essas coisas. Logo como tão rapidamente enriqueceram esses tafuis? Furtaram muito e depressa, e eis explicado todo o mistério.

É de advertir que o furtar acompanha por via de regra o mentir; por outra, que a mentira anda quase sempre na garupa do furto. Eu sou, por exemplo, mercador. Para impingir gato por lebre e embaçar o meu próximo, careço ter sempre de assento e sobremão uma fatura arranjada *ad hoc*, por meio da qual e da muita lábia faça ver aos fregueses que com eles não ganho um real, antes tenho algum prejuízo etc. etc. Logo é-me indispensável o mentir, *conditio sine qua* desfecharão em falso as minhas armadilhas ao furto; logo a mentira é inseparável deste, e tanto melhor furtará quem melhor souber mentir.

E haverá maré mais propícia, mais azada para furtar-se à vontade, do que seja uma sedição, uma sublevação, uma rusga? Ah! Quantos ainda se recordam com ternissima saudade da santa guerra de Panelas,[2] da nunca esquecida setembrizada[3] etc.! E quantos não choraram não haver um *da capo* da insurreição do Pará e da Bahia? Nessas águas turvas, nessas enxurradas é que o pescador ladino apanha peixe grosso. Aí é que é o furtar em grande escala, e a torto e a direito; aí é que os bons especuladores até sabem fazer prodígios, como certo jirigote que em uma das nossas guerras (creio que por causa da independência) fez o sorteamento dos gados para sustentação do Exército brasileiro, e em sua conta não apareceu abatido o valor de um só couro, de maneira que mil e tantos bois saíam do sertão todos em carne viva; e assim se apresentavam nos nossos acampamentos! Nessas desordens políticas, muitos, que eram uns gatos-pingados, ofereceram-se para defender a pátria, a ordem, a legalidade, porque como honrados cidadãos nunca poderão simpatizar com a anarquia. E acabado o fandango, estão ricos, senhores de prédios, dando dinheiros a prêmio e mangando no mundo, e mais

[2] *Santa guerra de Panelas*: referência às guerrilhas desencadeadas no anos 30 do século passado no interior de Pernambuco e Alagoas, movimento popular de protesto contra o regime regencial.

[3] *Setembrizada*: motins de conotação liberal ocorridos no Recife em setembro de 1831.

nos tolos, que acreditaram na sinceridade do seu patriotismo. Nanja eu.

Esses desejos tão ardentes em muitos de sublevações e desmembramento de províncias não têm outro fito senão o furto. Eles observam com intensa mágoa que não foram aquinhoados no bolo da pátria; que outros mais felizes estão comendo nele a fartar; que os que podem vão furtando sem fastio. E tudo isto não é para fazer cócegas, ou antes muita inveja, no coração de um bom patriota? Pois hão de comer uns tudo e outros nada? Se a pátria é mãe, não devem ser estes filhos e aqueles enjeitados. Se uns furtam tanto e tão impunemente, por que outros hão de ser excluídos do rateio? O Brasil (dizem eles) é patrimônio de certos velhacos; mas o que queremos é também termos a nossa vez: em suma queremos furtar, queremos gozar, queremos viver à custa dos tolos.

E com efeito parece que um terço do gênero humano é que desfruta e goza dos trabalhos do todo. Sempre o homem astucioso e ousado soube primar entre os outros, sempre o ladino e velhaco fez do simples e bonacho besta de carga, de sorte que uma grande parte dos bens deste mundo cabe por antiqüíssima usança aos mais espertos, e principalmente aos que têm o grande talento de saber furtar.

De saber furtar sim, porque de furtar a saber furtar vai uma distância imensa. Só furta segura e proveitosamente aquele que sabe repartir. Suponhamos que tal ou tal ministro despachou a Pedro para um bom lugar de fazenda, isto à força de poderosos padrinhos, e ainda mais de boas madrinhas. Que faz o nosso Pedro? Enche-se até os olhos; deita as manguinhas de fora, entra a galear, como um lorde, já não passa sem carro e sem partida, já trombeja a quem o conheceu na primitiva. E se há de repartir com quem o despachou, com os padrinhos etc., nada disto. Esquece-se de todos, e quando mais ferrado está na teta a aproveitar a pojadura, outro mais moquenco soube tanger os pauzinhos e tirar-lhe a mama. Por quê? Porque o sr. Pedro furtou sim, mas não soube furtar. Furtou só para si, e não para repartir por quem deveria; justo é pois que sofra a pena do seu descuido ou ignorância.

Aquele venturoso mortal, que tem ânimo, e jeito para repartir, furta pelo grosso, e à vontade sem susto do menor incômodo. Se é demandado em juízo, oh!, nesse elemento é que ele sabe nadar. Para aí corre ele, como cão a bofes, o foro é o teatro de seus combates e triunfos. Tudo está em que ele saiba e queira repartir com o advogado (a quem tanto rende o justo como o injusto), com o escrivão, que pode fazer muito bem ou muito mal, com o procurador, que não se descuida de procurar para si, e com o meritíssimo juiz, a quem muitas vezes é mister esclarecer com provas tão áureas, que não possa desconhecer a verdade, afora as gorjetas, que tem de repartir pelo bando dos acomodáveis beleguins. Furtar pouco e aos bocadinhos é de ânimo tacanho e miserável, pois que no pouco não há para repartir coisa que alegre o luzio, e deixe proveito. Furtar em grande escala sim; dá para repartir por muitos e deixa conveniência, e até pode produzir honrarias. O desgraçado que muitas vezes por vadio e para remir a necessidade (que tem cara de herege) furta um cavalinho ao senhor de engenho, ou ao lavrador protegido, é ladrãozinho formigueiro, é logo filado, remetido preso em uma escolta de encomenda e assassinado em caminho, porque resistiu, ainda que ele caminhe mais humilde que um cordeiro. E às vezes há quem dispense todas essas formalidades, mandando fuzilar o réu imediatamente por sua onipotência supramajestática!!! Entretanto esse mesmo senhor de engenho, que tanto se irrita por lhe furtarem um cavalo, a ponto de tirar a vida a seu semelhante, talvez tenha furtado a desvalidos órfãos, a viúvas desamparadas terras consideráveis e inteiras propriedades!!! Aquele é um malvado que não deve existir entre homens, e por isso é morto, como se fora um tigre ou uma cascavel; este é o ilustríssimo senhor capitão, major, coronel, prefeito ou subprefeito, que recebe mil zumbaias, e pertence à categoria dos homens de bem! O certo é que este mundo é uma fantasmagoria e uma verdadeira logração.

E o que direi a respeito da adulação? Lendo a história do gênero humano, essa grande mestra da vida, como lhe chama o grande Marco Túlio Cícero, vejo que adular aos grandes e poderosos foi sempre o caminho mais seguro de entabular fortuna e de conseguir pretensões. Alexandre Magno tinha certo jeito no pescoço, que lhe punha a cabeça torta. Que fizeram os cortesãos? Tomaram por moda do grande tom trazerem a cabeça a uma banda para macaquear o monarca! Já com seu pai Felipe tinham feito mais, porque tendo este perdido um olho em uma batalha, e por isso trazendo um parche preto daquele lado, todos os cortesãos se puseram também de parches nos olhos! O duque de Saxônia era de uma pança enorme: logo os seus cortesãos cuidaram de volumar as suas por meio de enchimentos, de sorte que o ser pança era coisa do grande tom.

Certo príncipe falto de dentes, lamentando-se disto a um seu áulico, este apresentando-lhe uma soberba dentadura, disse-lhe: "Ora, meu príncipe, quem há aí que tenha dentes?". Outro perguntando-lhe o rei que horas eram, respondeu: as que aprouver a Vossa Majestade. Daqui com grande acerto dizia um filósofo que a corte é um país onde ninguém diz o que pensa, não sabe o que quer, nem muitas vezes o que faz; onde ninguém cumpre o que promete, ninguém paga o que deve, ninguém pratica o que vê, ninguém crê o que professa. A corte em suma é o templo da Fortuna: o príncipe é o ídolo, os cortesãos são reciprocamente vítimas e sacrificadores.

Mas não é só nas cortes que tem valor a adulação. Ela é proveitosa onde quer que haja dependência; e quem não sabe adular, pode-se dizer que não sabe pescar. Sem isca é muito dificultosa a pescaria: assim sem adulação será maravilha obter-se o que se pretende. Todos gostam de incenso, todos roem palha, tudo está em que lha saibam dar. Finalmente os pontos cardeais do mundo político são *Furtar e mentir, adular e repartir*. Aquele que tiver estas habilidades conte que tem arranjada a sua fortuna. Mérito, honra, saber, virtudes são vocábulos bons para enfeitar papéis. O que convém é saber cada um lograr aos mais.

Em suma o egoísmo é a divindade do presente século. Cada um que faça por ser mais velhaco; cuide de desfrutar este mundo, que quanto ao outro a boa filosofia despreza-o, deixando tal crença para os tolos e miseráveis, que estão convencidos da existência de Deus, da imortalidade da sua alma e das penas e recompensas da vida futura.

# *A estultice do bumba-meu-boi*[1]

De quantos recreios, folganças e desenfados populares há em nosso Pernambuco, eu não conheço um tão tolo, tão estúpido e destituído de graça como o aliás bem conhecido bumba-meu-boi. Em tal brinco não se encontra nem enredo, nem verossimilhança, nem ligação; é um agregado de disparates. Um negro metido debaixo de uma baeta é o boi; um capadócio, enfiado pelo fundo de um panacu velho, chama-se o cavalo-marinho; outro, alapardado sob lençóis, denomina-se burrinha; um menino com duas saias, uma da cintura para baixo, outra da cintura para cima, terminando para a cabeça com uma urupema, é o que se chama a caipora. Há além disto outro

[1] *O Carapuceiro*, n. 2 (11/1/1840). Trata-se provavelmente da mais antiga descrição deste divertimento popular do Nordeste.

capadócio que se chama o pai Mateus. O sujeito do cavalo-marinho é senhor do boi, da burrinha, da caipora e de Mateus. Todo o divertimento cifra-se em o dono de toda esta súcia fazer dançar, ao som de violas, pandeiros e de uma infernal berraria, o tal bêbado Mateus, a burrinha, a caipora, o boi (que com efeito é animal muito ligeirinho, trêfego e bailarino). Além disto o boi morre sempre sem quê nem para quê, e ressuscita por virtude de um clister que pespega o Mateus, coisa muito agradável e divertida para os judiciosos espectadores.

Até aqui não passa o tal divertimento de um brinco popular e grandemente desengraçado. Mas de certos anos para cá não há bumba-meu-boi que preste, se nele não aparece um sujeito vestido de clérigo, e algumas vezes de roquete e estola para servir de bobo da função. Quem faz ordinariamente o papel de sacerdote bufo é um brejeirote despejado, e escolhido para desempenhar a tarefa até o mais porco e nojento ridículo. Em um país católico romano consente-se e aplaude-se que na maior publicidade sirva de bobo um bandalho disfarçado em sacerdote, e com as vestimentas do culto. E para complemento de escárnio esse padre bufo ouve de confissão ao Mateus, o qual negro cativo faz cair de pernas ao ar o seu confessor, e acaba, como é natural, dando muita chicotada no sacerdote!

Quem acreditará que tal se consinta e aprove em uma província das mais polidas do império do Brasil? Como é possível ludibriar e escarnecer mais o estado sacerdotal? Como se vê de sangue-frio e com satisfação tornar-se burlesco e ridículo o santo e terribilíssimo Tribunal da Penitência, um dos sacramentos da Santa Madre Igreja? Querem sinal menos equívoco do desprezo e abjeção a que tem chegado entre nós o ministério sagrado, e conseguintemente a religião? Alguns inconsiderados e iscados da lepra irreligiosa riem destes meus reparos, e procuram coonestar esse desaforo e imoralidade suma dizendo que muitos padres são relaxados, e por isso fazem-se credores destes e de outros motejos. Infelizmente vários padres entre nós são tão peraltas, tão frascários e desregrados, que só serviam para padres de bumba-meu-boi e de fandangos. Mas qual é a condição, classe ou hierarquia no Brasil em que se não encontrem indivíduos indigníssimos por sua relaxação e imoralidade? Mas por que se não procura para fazer a figura de bobo um magistrado venal, por exemplo, um militar covarde, uma autoridade despótica, um comerciante velhaquete, um empregado concussionário etc. etc.?

Só a classe dos ministros da religião é objeto de farsas burlescas e vive exposta aos mais sórdidos motejos do vulgo. E qual será a razão disto? Eu não conheço outra, senão o menosprezo em que tem caído entre nós a santa religião de nossos pais. A incredulidade tem-se derramado largamente pelo nosso povo, e daqui a maior parte dos nossos males morais. Qual é o jovem de alguma limpeza que não tenha lido e abraçado com sumo gosto as belas máximas da *Pavorosa ilusão da eternidade*, as *Liras* de José Anastácio, a carta apócrifa de Talleyrand ao papa, e o *Citador* de Pigault Le Brun?[2] Tais são os seus catecismos, tais são os seus livros mimosos. Muitas vezes encontramos um pastrano que fala tão mal, como um preto boçal, que escreve porca e miseravelmente, que nunca estudou coisa alguma, e todavia é um ímpio consumado, rindo da existência de uma vida futura, da imortalidade da alma, dogmas essenciais a toda e qualquer religião, mofando da re-

[2] *Pigault Le Brun*: escritor e ator francês, autor de comédias e romances fesceninos.

velação, dos sacramentos, preceitos e cerimônias da Igreja etc. etc.

Em conseqüência de tais doutrinas, que triste, que lastimosa, que horrível não é entre nós a educação doméstica! Os meninos vão-se criando como selvagens. Alguns pais apenas fazem batizar seus filhos já taludos, e só por mera cerimônia. Fora deste ato religioso, o menino não vê na casa paterna coisa alguma que lhe dê a menor idéia de dependência e de deveres para com o Ente dos entes e supremo senhor do mundo. Apenas ouvirá a algum dos muitos filósofos de curiosidade, que pululam por aí como mata-pasto, que há um criador de tudo, mas que este é um Deus de Epicuro, um Deus que tanto se importa com as nossas ações, como nós nos importamos com o que se passa na Trebisonda. Conseguintemente a lei suprema é gozar; o prazer é o único móvel das suas ações. E quando muito apenas lhe ensinam que seja cauteloso para forrar-se à perseguição das leis criminais.

Se tal é pela maior parte o ensino da gente média, e superior, por que nos admiramos de tanta imoralidade? O que foi de Roma, logo que nela se generalizou a doutrina de Epicuro, ou antes de seus exagerados discípulos? Nos teatros públicos cantava-se *post mortem nihil, ipsaque mors nihil est*,[3] Horácio endeusava a crápula, Ovídio os amores, tudo foi corrupção, venalidade, baixeza, servilismo, e a senhora das nações veio a ser presa e ludíbrio daqueles mesmos, a quem chamavam povos bárbaros.

As doutrinas dominam o mundo, e passam insensivelmente das classes superiores às médias, destas ao miuçalho, e até à ínfima canalha, à maneira da pedra, que lançada no meio de um lago faz com que as águas vão descrevendo círculos concêntricos, que se vão dilatando mais e mais à proporção que se apartam do foco do movimento. E nem me salte alguém pela proa, dizendo que o nosso povo é religioso. Não: o nosso povo, falando em toda a generalidade, não tem a verdadeira religião; tem pela maior parte superstição. Essas novenas, essas festas que por aí se fazem, raramente procedem de legítima e sólida piedade. Muitos as promovem, e vão a elas sem lhes dar valor algum religioso, tomam-nas por meros divertimentos populares, como qualquer bumba-meu-boi ou fandango. Outros, que ainda têm crença, mas relaxados em sua conduta, entendem que por esse meio saldarão as suas contas com o Juiz Supremo,

[3] "Após a morte, nada; a própria morte não é nada."

e poderão continuar impunemente na carreira de seus vícios.

Os detestáveis dogmas da incredulidade, que denegriram a Revolução Francesa nos fins do século passado, o ateísmo e materialismo brutal de La Grange, do barão d'Holbach, de Diderot e Helvécio, o deísmo zombeteiro de Voltaire e de Parny, ou declamador, paradoxo e misantropo de J.-J. Rousseau ainda são os mimosos do nosso Brasil. Infelizmente ainda estamos a este respeito no século XVIII. Hoje na polida Europa qualquer moço bem-educado correr-se-ia de citar Dupuy, Voltaire etc. etc. Entre nós, qual é o jovem desenvolvido e de bom-tom, que os não tenha por seus mestres e guias? As nossas meninas, geralmente falando, recebem uma educação meramente sensual. Todo o desvelo dos pais limita-se a fazê-las aprender a música, o piano, danças de todas as castas, a coser e bordar, ler e escrever, e a infundir-lhes nos tenros coraçõezinhos todo o gênero de vaidades. A respeito de religião apenas quatro coisas aprendidas materialmente nas escolas; e da verdadeira e sólida piedade nada vêem as meninas e nada aprendem. Todos os seus pensamentos giram no círculo das sedas, das galas, das louçainhas, das modas, das convivências, das partidas e bailes. O seu único recreio espiritual é a lição do imenso armazém das novelas. Perguntai-lhes pela história da criação do mundo, da queda de nossos primeiros pais, do dilúvio, da vocação de Abraão, da lei escrita, da vinda do Redentor, da sua vida, da sua paixão, morte e ressurreição, da vinda do Espírito Santo, da missão dos apóstolos, da miraculosa propagação do cristianismo, dos santos preceitos, dos sublimes conselhos do Evangelho etc. etc. Elas tudo ignoram, mas falai-lhes na Joaninha, na Adelaide, no *Menino da selva*, em *Mil e uma noites*, em *Mil e um quarto de horas* etc. etc., e pasmareis da sua erudição no gênero importante das novelas.

Com tais elementos nada deve admirar do que vai pelo nosso Brasil. Uma filosofia toda sensual tem-se embebido nos corações de uma grande parte de nós. Só aspiramos a gozos materiais, e daqui a razão suficiente da nossa tão geral imoralidade. Os pequenos, que em toda parte macaqueiam os grandes, abraçam os seus exemplos, e destes aprendem a desprezar a religião e muitas vezes a mofar dela. Muitas vezes o homem simples e rústico ouve da boca do próprio sacerdote motejos contra os dogmas mais respeitáveis da revelação. Quando a impiedade chega a invadir o santuário, quando se corrompe o próprio sal, que costumes se deve esperar de tal povo?

Parece-me que com razão atribuo essa corrupção às classes mais elevadas, por que quem é, por exemplo, que paga generosamente, que convida e aplaude o bumba-meu-boi e os fandangos, onde se escarnece vergonhosamente o estado sacerdotal, onde aparecem não poucas imoralidades? Não é decerto a gente baixa e pobre. Se esta não visse bem-aceita a tal folgança, se soubesse que os senhores agentes da polícia não consentiam esses desaforos, esse escárnio público aos ministros da religião, abriria mão de bumba-meu-boi e fandangos, ou caso continuasse nessa estúpida folgança abster-se-ia da nojenta farsa do padre, e mais da confissão etc. etc. Mas como se há de proibir o bumba-meu-boi, se dona Mariquinhas, dona Teté, dona Canexa, dona Chiquinha, dona Belinha, dona Faustolina, dona Fandangolina, dona Galopinda, dona Caxuxolina gostam tanto deste precioso divertimento? Alardeamos os nossos progressos de civilização, e ainda aplaudimos o bumba-meu-boi, folguedo que, sobre o que tem de imoral, pode-se chamar o *non plus ultra* da estupidez e da tolice! Não sei quando tomaremos juízo.

# *O nosso gosto por macaquear*[1]

Cada povo tem o seu caráter peculiar, seus usos, seus costumes e certa fisionomia, que o distingue de todos os mais. O inglês é grave, taciturno e eminentemente orgulhoso; o francês é alegre, jovial, trêfego e desinquieto; o italiano é afeminado, mesureiro e moquenco; o espanhol, bazófio e paroleiro etc. etc. Qual será o gênio ou caráter distintivo dos brasileiros? Parece que a nossa divisa é o arremedo: nada temos próprio, tudo queremos macaquear do estrangeiro, não já o que este tem de bom e de proveitoso (que tal imitação sempre será louvável), senão as piores coisas, as mais disparatadas e que menos convêm às nossas circunstâncias.

[1] *O Carapuceiro*, n. 3 (14/1/1840).

Como os ingleses e franceses têm a aliás muito saudável instituição do júri, nós também quisemos ter júri da mesma forma e com a mesma generalidade. Se havíamos de o ir estabelecendo pouco e pouco pelas cidades principais do litoral, nada disto. Criou-se logo por toda a parte sem se atender à falta de instrução, à incapacidade da maior parte da gente desses sertões para dar o devido andamento a essa instituição. Os resultados de tal arremedo são os que se observam todos os dias, isto é, a continuação e progresso dos mais horrorosos crimes na razão direta da impunidade. Geralmente falando, pelos nossos matos as causas criminais e até a maior parte das cíveis não se decidem segundo as leis, sim segundo o mandam as facas e bacamartes. Em qualquer vila, povoação ou lugarejo, há um certo número de poderosos, que são os ferrabrases do lugar, a cuja vontade e brutais caprichos tudo se dobra e obedece; e ai do juiz que se quer mostrar reto e observador da lei. Os facinorosos e assassinos são agentes salariados e ministros das vinganças desses valentões. Cada um destes, qual outro velho da montanha, tem uma horrorosa clientela de sicários sempre dispostos a executar fielmente os seus mandados. Se *per accidens* sucede ser preso algum dos assassinos, lá está o júri onipotente para o absolver, porque muitos juízes de fato seguem a regra de "hoje por mim, amanhã por ti", e raramente acharão no protegido e comissionado réu matéria para acusação. Finalmente se até nas maiores cidades capitais não poucas vezes os malfeitores encontram poderosos padrinhos, se há por aqui mesmo tanta gente, que se diz culta e civilizada, que simpatiza com os perversos, o que será por essas brenhas, onde a ignorância é incomparavelmente maior? Em todas as nações cultas a fragilidade, a miséria e má fortuna encontram arrimo, piedade e proteção; mas o assassino, o malvado é tido na conta de inimigo público, e como tal não encontra gasalhado, antes é perseguido por todos. Entre nós pelo contrário o ser perverso e assassino é um título de recomendação e patrocínio para muita gente poderosa! Muito nos parecemos com a França, Inglaterra e Estados Unidos!

A França, uma das mais antigas nações da Europa, a França, foco da civilização e das luzes, a França, onde se não conhece a horrível distinção, a incomensurável distância de senhor e escravo, a França, cuja população é toda homogênea, criou guardas nacionais. *Ergo* cá os nossos macaquinhos também as devem ter tais e quais. E quantos negócios nossos são decididos a trouxe-mouxe só por arremedo à Inglaterra e à França!

No artigo usos e modas é que mais notável se faz a nossa mania de macaquear. Como em França e Inglaterra, provavelmente por causa do frio, se inventasse a dança do galope, cá os nossos macaquinhos e sagüins no intenso calor da zona tórrida hão de dançar o galope etc. Vem aí em qualquer navio francês um cozinheiro, por exemplo, e uma rascoa do Havre. Cá os nossos alindados monos correm pressurosos a ver aqueles modelos. O cozinheiro, que é garoto, e já sabe que vem para um país de muito basbaque, rapa, *v. g.*, a cabeça de redor, põe por gravata uma toalha de mesa no pescoço, em lugar de calças enfia-se em umas ceroulas de pano de linho muito largas e franzidas por machos presas atrás por uma fivela, como cinturão de macaco; traz por meias umas amostras de alcatifa, o chapeuzinho é de baleta cinzenta, branca, roxa etc., a sobrecasaca não tem mais de um palmo de altura. Não há mais que ver: este é o último gosto das modas de Paris. E dentro de poucos dias todos os macacos andam vestidos como o cozinheiro do Havre.

As nossas senhoritas fazem o mesmo a respeito dos trajes da rascoa. A cabeça tem tantos repartimentos e estradas, que parece o labirinto de Creta. Anda às rebatinhas o molde de romeiro, que é uma espécie de murça, que admite inumeráveis feitios. As mangas do vestido constituem uma ciência positiva e muito complicada, porque umas parecem modeladas pelos paus de bater chocolate, outras são quase todas compostas de orelhas, outras têm mais relevos, estufados e recortes do que um retábulo de capela-mor. Muitas vezes para tais mangas corta-se uma tira de pano com quatro ou cinco varas, dez ou doze covadas de comprida, e toda vai tão franzida e acolchoada, que se reduz a palmo e meio pouco mais ou menos. A cintura há de ter o diâmetro da de um sagüim, ainda que a senhora seja dessas adiposas e com o corpo de jarra.

Não sei que francês se lembrou de dançar com o chapelinho na mão. É hoje o grande tom das quadrilhas, porque com efeito a dança é uma viagem, que se não faz sem chapéu, ou talvez porque o chapéu nessas quadrilhas tenha algum préstimo tão recôndito, que escapa à minha penetração. Também é do grande tom trazer a cavalo não chicote, ou varinha, porém sim uma grossa bengala, ou varapau. Será para espertar com ele o pobre animal? Foi muito provavelmente invento de algum francês extravagante, que assim se apresentou entre nós com caricatura de Sancho Pança. É tal a nossa fome de abraçar tudo quanto é estrangeiro, que tendo nós com fartura um lindo cipó, e muito rijo, denominado cipó-de-rego, e que se vende aqui por vinte réis, compramos o mesmo cipó por três ou quatro patacas aos franceses, que o envernizam e convertem em bengalinha!

Nos dias de baile qual é o jovem de bom-tom que não quer apresentar-se com cabeça de Menino Deus? Em conseqüência põe-se o lastimoso mártir esperando que *monsieur* Thear ou *Tuseur* Frontin lhe venha atanazar a cabeça, formando-lhe os bucles e caracóis à força de ferro quase em brasa, que ao encostar aos cabelos do padecente rechina, como uma frigideira no fogão. Mas tudo se sofre com resignação, e paciência, porque assim se afeitam os peralvilhos de Paris. E note-se que um destes buginicos, que agüenta de cara alegre tão grande penitência, não pode estar de joelhos na igreja nem cinco minutos, porque é muito delicado e tem pernas de alfenim!

Há na Inglaterra, na França e nos Estados Unidos muito belas instituições, usos excelentes, práticas admiráveis, costumes dignos de louvor, mas cá os nossos micos não estão para os imitar nesta parte. Nesses países os templos, *v. g.*, são lugares onde todos se apresentam com suma seriedade, com respeito sumo. Entre nós pelo contrário as nossas igrejas parece que são sítio os mais azados para o sussurro, para a conversação e para o mais despejado namoro, principalmente nas noites de novenas. Nestas há muitas vezes sacramento exposto: apinhoa-se a igreja de madamas e dos tais jovens; e estes, dando as costas para o altar, desprezam completamente o culto do santo dos santos para adorar as meninas, muitas das quais não deixam de aceitar as fervorosas preces desses devotos. Ferve o namorico de toda a parte, reciprocam-se os requebros deles e delas, ninguém se entende com o murmurinho, a casa do Senhor é talvez menos respeitada que o mais profano teatro! Muito nos parecemos com os ingleses, franceses e americanos! Somos tais e quais pelas costas. Se eu fora o ordinário, um só ato de igreja não consentia se celebrasse de noite, à exceção dos enterramentos, e seria muito escasso nas licenças para exposição do Santíssimo Sacramento, porque os objetos ainda os mais terríveis e respeitáveis tornam-se familiares e pouco atendidos, se os vemos a cada canto e todos os dias.

Finalmente ninguém dirá com justiça que o *Carapuceiro* calunia. O *Carapuceiro*, pelo contrário, ainda não diz metade do que vai por aí. Mas o *Carapuceiro*, sem se importar com a zanga que lhe têm os franchinotes e peralvilhos e rindo das pragas que lhe rogam certas meninas do bom-tom e todas as preciosas ridículas, só deseja ver emendados os defeitos do seu país. Diz verdades muitas vezes duras, magoa-se de que os brasileiros queiram ser ridículos macacos. Mas, increpando os vícios, respeita, como deve e prometeu, as pessoas; e assim vai prosseguindo em sua tarefa. Alguém dirá que é malhar em ferro frio. Mas o *Carapuceiro* entende que quando não aproveite a cem, aproveitará a um, e como diz o provérbio italiano: *Piano piano se vá lontano.*

O *Carapuceiro* não é da natureza do ouro, que a todos agrada, e mais sendo um periódico que se dirige a corrigir os vícios ridículos. Muitos se vêem aqui retratados, zangam-se. E como não têm outro meio decoroso de desbravar a sua ira, dizem que o *Carapuceiro* é imoral, vocábulo de um elastério infinito. E o que admira é que nunca se falou tanto na moral, nunca a moral foi tão panegiricada, como hoje entre nós, e ao mesmo passo nunca houve tanto ladrão, tanto assassino, tanto perverso etc. etc. Se se pergunta em que consiste a imoralidade dos escritos do *Carapuceiro*, um cita os verbos *bambolear-se*, *saracotear*, *rebolar-se*, outro aponta para esta ou aquela anedota, cujo sentido oferece às vezes duas faces, esta inocente, aquela maliciosa. Mas é mister, saibam esses catões agastadiços, que um periódico desta natureza não é o *Tratado de moral* do padre Concina, ou o preciosíssimo livro da *Imitação de Cristo*. Além disto essas anedotas não podem de maneira alguma corromper os costumes, porque a donzela inocente, o menino simples entende-as no sentido natural, e óbvio. Aquela porém, ou aquele, que as toma pela má parte, decerto já tem sobeja malícia; e tais contos não os podem corromper. Destes contos estão cheios inúmeros livros antigos, e muito estimados quer em prosa, quer em verso. O que estraga os costumes, o que perverte a moral é, por exemplo, a leitura de tanta novela corruptora, onde se ensina a filha a iludir a vigilância de seus pais para gozar de seu amante, à esposa a bigodear o esposo etc. etc. O que corrompe horrivelmente os costumes é a leitura dos folhetinhos, como o *Citador*, a carta apócrifa de Talleyrand ao papa, as *Liras* de José Anastácio e a praga de quadros com moças nuas, de Vênus saindo do banho, de Vênus e Adônis etc. etc., que todos os dias se despacham nas nossas alfândegas. A sátira tem suas regras, que esses catões censurinos nunca leram; e como a sátira legítima só deve recair sobre os vícios ridículos, *v. g.* sobre as modas, o namoro, a peralvilhice etc. etc., todo o seu merecimento está em os pintar com as cores mais vivas e naturalidade possível. Finalmente aconselho a esses senhores tão austeros só leiam livros de moral didática, livros espirituais; e, se a isto acrescentarem uma vida tão austera, como as de são Pacômio, são Simão Estilita, são Basílio, são Jerônimo, são Bento etc., teremos mais esses santos para o calendário. Mas é preciso que não mercadejem em escravos africanos, nem rebatam letras com usura escandalosa...

# *A má-criação*[1]

É este um dos principais males do nosso Brasil. Nós infelizmente nascidos no meio de escravos africanos somos pela maior parte e quase inevitavelmente malcriados. As brutais maneiras, as grosserias, os vícios dessa raça infeliz insensivelmente se têm inoculado no nosso povo, e eis o germe da nossa tão geral imoralidade. Em outros tempos havia entre nós um elemento que corrigia o mal até certo ponto, e este elemento era o temor de Deus, era a religião em suma. Logo porém que as doutrinas dos filosofantes, transpondo o Atlântico, se difundiram por todas as classes da sociedade, logo que essa filha do céu tornou-se objeto de desprezo e foi arremessada à ínfima

[1] *O Carapuceiro*, n. 4 (21/2/1840).

plebe, como simples embuste para iludir aos idiotas, os nossos defeitos e vícios não tiveram mais barreiras. O egoísmo assenhoreou-se dos corações e a imoralidade apareceu em toda a sua nueza, porque não há quem queira ser povo. E assim que os grandes batizam em desprezível esta ou aquela doutrina, esta ou aquela prática, os pequenos pelo natural sentimento de imitação também as vão desprezando até que desaparecem de todo das idéias de uma nação.

É vasta e lamentável, sem dúvida, a nossa má-criação. Onde existe mais aquele respeito sumo que os filhos tributavam a seus pais? Na presença destes, aqueles, muitas vezes já casados e fora da jurisdição paterna, conservavam-se silenciosos e escrupulosamente comedidos. Hoje, que fedelho há aí de dez e onze anos que não diga chalaças, que não zombeteie nas barbas de seu pai? Qual é o menino que deixe de irar-se, de descompor, de descomedir-se perante seus tios, seus pais etc.? Se estes estão conversando, se contam qualquer caso, o rapazinho toma-lhes a mão, contradi-los, desmente-os, parvoeja a seu gosto, e não há que se lhe diga porque o jovem é espertinho e de grandes esperanças.

Há poucos anos presenciei uma solene má-criação, um desaforo, que bastante me encolerizou. Uma senhora viúva com muita moderação estranhava ao filho, jovem de quinze a dezesseis anos, o recolher-se fora de horas, o sair de casa sem lhe dar parte etc. O que pensam faria o tal brejeirinho? Recebeu tudo com um riso sardônico, e por último descartou-se dizendo "Deixai-me, Loló, não posso convosco não". Não está um menino galante? Não é este um jovem de grandes esperanças? Não é de presumir que dê bons burros ao dízimo? As meninas da sua parte também vão-se adestrando no espírito de insubordinação. Dona Adelina já arrebita o narizinho, já trombeja quando a repreendem, e na presença de seus progenitores canta com todo o desembaraço:

*Um pai não pode privar*
*A filha de querer bem,*
*Se as leis dos pais são sagradas,*
*As de amor mais força têm.*

Que belo! Que menina espirituosa! Todos a denominam uma jovem sentimental, e com grande aptidão para filósofa. Mas eu, que já pendo para velho, e conseguintemente rabugento, digo que a sra. dona Adelina é uma completa malcriadinha, e com aptidão para outras prendas, que não convém declarar. Iaiá Dondom é assomada, caprichosa, respondona para seus pais: se lhe embargam qualquer vontade, quer deitar as casas abaixo com gritos, ou amua-se a um canto, dardejando de redor olhaduras, que patenteiam o rancor, que lhe rala o coraçãozinho, a pascácia da mãe apenas diz: "Esta menina tem força de gênio, é de muitos sentimentos". Eu, porém, dir-lhe-ia com o devido respeito: "A sua iaiá Dondom, minha senhora, o que tem de muito é má-criação". E em verdade a maior parte da gente, a quem se pretende desculpar com a força do gênio, não é senão gente malcriada, porque uma educação vigilante e bem entendida sabe temperar, adoçar e até mudar o temperamento.

Cresce esta menina e com ela crescem em proporção geométrica os desejos de casar. Casa finalmente, torna-se mãe de família. Que educação há de dar a seus filhos? "*A cabra vai pela via, por onde vai a mãe, vai a filha.*" O marido por outra parte saiu da classe dos jovens malcriados: foi sempre mau filho; como será bom pai? Os nossos maiores respeitavam as cãs: um ancião era bem acolhido e tratado com certa consideração, onde quer que se achava. Em sua presença os moços estavam atentos e calados. Hoje vogam outros princípios, hoje seguem-se outras máximas: um velho é objeto de escárnio, ou pelo menos de desprezo. Os jovens arcam com ele, procuram dar-lhe quinaus e levá-lo de vencida. Hoje, ao menos no nosso Brasil, quem decide de tudo são os jovens: legisladores jovens, magistrados jovens, mestres jovens, vai tudo uma maravilha.

Qual é hoje o menino de nove, dez anos, que já não toma seu charuto na presença do próprio pai? Aos doze anos traz o bonezinho à bolina, e já namora com todo o garbo e desempeno; pertence a inumeráveis sociedades todas acabadas em *ina*. Aos catorze está casado, aos dezesseis tem umas suíças que fazem medo à gente (menos às senhoritas); aos vinte anos calveja ou começa a encanecer, aos 25 tem gastrites, enterites, bronquites, hepatites, colites, encefalites, e morre bem velho na idade de trinta anos!

À proporção que foram caindo em desprezo os preceitos e conselhos evangélicos, o amor-próprio e todas as paixões, filhas suas, ganharam ala, e vão decidindo de tudo. Em conseqüência o perdão das injúrias reputa-se não mais virtude, senão desvergonha e fraqueza. Os pais já com as palavras, já por obras ensinam aos filhos que a vingança é um sentimento cavalheiro e nobre, e que não é homem de honra o que releva as faltas do seu próximo, e menos o que perdoa as ofensas recebidas do seu inimigo, senão aquele que lhe consagra ódio implacável, que o persegue por toda a parte, e negocia-lhe todo o gênero de males e a própria morte, se preciso for. Daqui a tão vasta e horrorosa multiplicidade de assassínios: daqui o crescido número de poderosos malvados, que não conhecem outra lei, senão a sua desregrada vontade, outro código, senão o das suas paixões, e, cercados de sicários assoldados, vão espancando, ferindo e tirando a existência a quem lhes parece, porque em tais almas de tigre a vingança é um prazer inefável. E donde provém tudo isto? Da má-criação.

Sou brasileiro nato, e ninguém me terá por suspeito, quando assim descrevo os males da minha pátria, males que tão entranhavelmente desejo ver corrigidos e emendados. Mas quando observo a preponderância, que entre nós têm adquirido os vícios, quando vejo encumeados, ocupando cargos eminentes, cheios de honras e prestígios a ladrões soleníssimos, a assassinos, a homens saturados de crimes horrorosos, ao mesmo passo que vivem no escuro e deslembrados cidadãos honestos e virtuosos, porque desconhecem a tática da adulação, da impostura e da intriga, quase que desespero do melhoramento moral do Brasil.

Dão cartas entre nós, são temidos e considerados homens que em outros tempos e em outros países jazeriam em masmorras, andariam desterrados, ou teriam acabado em um patíbulo por causa de seus enormes feitos!

Em outras nações, onde há religião, onde há verdadeira civilização, onde a moral não existe só nos livros e nas gazetas, o homicida profissional, o malfeitor, o facinoroso são tidos na conta de inimigos públicos, e como tais perseguidos por todos os cidadãos honestos, por toda a gente que tem que perder. Entre nós pelo contrário o desordeiro, o faquista etc. encontram padrinhos a cada canto, e o mesmo é cobrar fama de valentão e assassino, que ser respeitado e servido enquanto pretende! Se sucede ser preso um destes facinorosos, não falta quem trabalhe por o livrar, para o chamar a si e ter esse guarda-costas e ministro de suas vinganças. As leis criminais só têm ação sobre o escravo, ou sobre o pobre inteiramente desvalido, que, não tendo a mão assentada em cometer assassínios, não encontra quem o acolha e proteja. Finalmente a grande tática do nosso Brasil está em o sujeito fazer-se temido por assassino: cobrada esta fama, todas as coisas lhe correm à medida de seus desejos, e torna-se uma das notabilidades do país.

Para se fazer uma idéia bem clara da nossa má-criação basta entrar em qualquer igreja em ocasião de concurso. Que sussurro! Que açougaria! Que completo desprezo aos objetos sagrados da religião! Os jovens voltam de todo as costas para o altar, e só se entretêm com o madamismo, porque já se vê que os templos não foram instituídos senão para namorar, e um moço do bom-tom deve requestar o belo sexo onde quer que se ele ache. Aquele que, indo à igreja, ora ao Senhor e conserva-se sisudo, grave e respeitoso, é apodado de carola, de impostor e hipócrita, pois o homem desabusado, o bom filósofo, caso entre *per accidens* nesses lugares, deve apresentar-se de escárnio, jogando com os braços, com seu charuto ao canto da boca, e toda a sua atenção deve voltar-se para o grupo do sexo amável. Nossos maiores eram uns góticos, uns carrancas, quando respeitavam a casa do Senhor; e os ingleses, os franceses, os americanos do Norte devendo ser por nós macaqueados em tudo, e por tudo, só o não merecem quanto ao respeito e suma veneração, que consagram aos seus templos.

Finalmente se a boa educação da mocidade consiste em esta trazer uma enorme gadelha a uma banda, barbas e bigodes de mouro, casaquinhas em miniatura, meias alcatifadas, charuto inextinguível na boca, em saber de cor e salteadas todas as quadrilhas, em dançar o galope, o xote, o trote, a valsa francesa etc., em passear, comer, beber, namorar, bravatear etc. etc., os nossos jovens vão maravilhosamente a respeito de educação. Mas se esta consiste principalmente nos bons princípios e prática da religião e da moral, no temor e amor de Deus em suma, muito mal criados vão, com poucas e honrosas exceções, os jovens do nosso tempo.

# *Os nazarenos, ou ciganos de nova invenção*[1]

Tenho observado que quando os *Carapuceiros* tratam seguidamente algum assunto sério, muitos de meus ilustres leitores logo se desgostam, e não sei se ao menos lá consigo os batizam em maçadas. Até as mesmas senhoras, que muitas vezes se arrepelam com as carapuças, que lhes saem de molde, assim mesmo querem que o *Carapuceiro* sempre apareça faceto, ainda que lhes toque por casa, e conseguintemente lhe roguem alguma praga. Usança é de tempo imemorial acomodar-se o mercador ao gosto dos fregueses, pelo que, sendo o meu *Carapuceiro* uma espécie de mercadoria, forçoso me é transigir com os meus ilustres

[1] *O Carapuceiro*, n. 14 (19/5/1840).

leitores, até porque isso de transações é o sistema dominante do nosso Brasil. Com tudo se transige inclusive o dever com o interesse, a justiça com a velhacaria, a virtude com o vício etc.

Hoje pois farei algumas reflexões acerca dos nazarenos ou ciganos de nova invenção. E que gente é esta (perguntarão dona Mariquinhas, dona Chiquinha, dona Tetezinha etc.)? Será alguma colônia do Egito? Serão homens chegados recentemente das partes da Judéia em busca do seu messias? Serão farsistas, que por aí se andam inculcando para serem distribuídos pelos passos da Santa Quaresma? Nada disto, minhas meninas, nada disto. Esses nazarenos ou ciganos de nova invenção são brasileirinhos mesmos, uns natos, outros adotivos, e alguns estrangeiros. Quando virdes um jovem com barbas de mouro, metido em uma sobrecasaquinha pelas virilhas, com grandes gadelhas caídas até os ombros, aí tendes um nazareno ou cigano de nova invenção.

E que bela caricatura que ele apresenta se vai a cavalo! Leva na mão direita uma grande e grossa bengala, talvez para com ela espertar o paciente animal, e a gadelha vai-lhe flutuando à mercê dos ventos. Visto pela frente, parece um dos três reis magos, pela retaguarda qualquer o tomaria por um cigano.

Não há muitos anos que aqui saltou vindo da Bahia o ancião Barata,[2] que Deus haja; e trazia os cabelos tais e quais. Entretanto ninguém o imitou. Por quê? Porque o homem não veio da França; e devemos macaquear tudo que dali vem, sem advertirmos que na grande babilônia de Paris há gente muito séria, muito grave, muito assisada, mas também há muito buginico, muito saltimbanco, muito mequetrefe e muito peralvilho. Já ouvi a um sujeito defender o uso das barbas com uma razão de economia, isto é, que as tais barbas crescidas não estragam o lenço da gravata. De maneira que há mais de um século que se rapam barbas e se trazem gravatas, e só agora é que se descobriu que as barbas rapadas rompem os lenços! Não há dúvida que estamos no Século das Luzes e dos barbatos.

Em me encontrando com esse meu amigo apologista das barbas, não deixarei de perguntar-lhe se já engenhou alguma prova de economia para defender e coonestar o modelo de cabelos que sempre trouxeram os ciganos, e

---

[2] *Cipriano Barata*: jornalista e republicano baiano, que exerceu suas atividades no Recife nos anos 20 do século XIX.

que o bom-tom de Paris quer que hoje se chamem cabelos de judeu, ou à nazarena. Talvez sejam assim melhor do que aparados, para conservação e asseio das golas das casacas e propagação do bichinho piolho.

Contaram-me uma anedota que achei engraçada, conquanto não fique por fiador da sua veracidade; e neste caso digo com o rifão italiano: *Si non è vero, è ben trovato.* Certo jovem freqüentava uma casa de família, onde havia um menino de quatro a cinco anos, com quem muito brincava o dito jovem; e por isso o pequeno, apenas o via, corria para ele e fazia-lhe mil carícias. Por mais de seis meses deixou o sujeito de ir àquela casa, e quando tornou a aparecer estava inteiramente mudado. Apresentou-se de bigode, grandes barbas e com os cabelos à nazarena. Quem disse que o menino foi mais a ele, ou se lhe quis aproximar? Deitou a fugir, convulsavam-se-lhe todos os membros; e por demais lhe bradava a mãe: "Vem cá, meu filho, não tenhas medo: é o teu amiguinho, é o senhor F.", o inocente pequeno apenas o olhava a furto e dizia chorando: "Não, mamãe, é macaco, é macaco". (Advirta-se que havia poucos dias que o menino vira pela primeira vez, e com muito medo, um grande mono da África, que era nas barbas e no cabelo à nazarena vera efígie do tal jovem.) Se as moças, que quase todas tenho por inocentinhas e são comumente medrosas (menos para casar), se tomassem do mesmo horror pelas barbas e gadelhas, julgo piamente que pouca duração teria a moda dos nazarenos. Mas se elas acham tão lindo tudo isto! São coisas vindas da França, e é quanto basta.

Não entenda alguém que é tão intolerante o *Carapuceiro*, que proscreva absolutamente as modas. Sempre as houve e haverá, do contrário ainda hoje trajaríamos como dom Fuas Roupinho ou Egas Moniz. Mas é inegável que algumas modas há que por exageradas e extravagantes não são abraçadas, senão por gente fátua e leviana, que folga de singularizar-se em coisas tão frívolas. Os franceses designam um homem destes pelo vocábulo *fashionable* emprestado do inglês, termo muito complexo, com que exprimem o sujeito que põe grande cuidado e apuro em ataviar-se etc. Talvez o possamos verter pelo adjetivo chulo *espinicado*, mas ainda assim este não é tão compreensivo, como o *fashionable*; porque o *fashionable* é de mais a mais namorador, gamenho, requestador, bailarino etc. Onde aparece um destes, toda a gente fica tonta pelo nauseoso e ativíssimo cheiro de âmbar. Em uma sala de dança é um boneco risível. Tudo nele é contrafeito e afetado. Não dança sem chapéu em uma mão e bengala noutra. Tem os olhos ora esvaecidos, ora contemplativos, e reboleia os quadris debaixo do mais rigoroso *isocronismo*.

Também não faltam já senhoras espinicadas ou *fashionables*, as quais ordinariamente (coitadinhas!) acabam tísicas, porque o grande tom exige que a senhora só avulte em ancas, que seja magra, como um gafanhoto, e tenha cintura de macaquinho. Além disto deve ser um pouco desbotada de cor, assim por modo de quem padece sua intermitentezinha, ou sofreu há poucos dias um aborto, pois uma senhora nédia e de boas cores é rústica, é peã, é da roça, e não pertence decerto ao grande tom. Este ordena imperiosamente que a senhora nunca se declare sã e robusta; antes sempre deve queixar-se dengosamente de algum incômodo de saúde: ora da cabeça (e aí com efeito está todo o seu mal), ora dos dentes, ora de constipação e sempre do estômago.

Até os tais bodes em pé, em pertencendo ao grande tom, devem continuamente queixar-se de adoentados, porque dizer "Gozo saúde, estou de saúde", é uma grosseria imperdoável. Deve o jovem afetar um tom mavioso, uma falinha branda e açucarada, as maneiras e ademãs de sinhazinha; e, perguntado pela saúde, responder com ar meio aborrido: "Ah! não passo bem: padeço do estômago. Ainda ontem apliquei-lhe doze bichas etc. etc.".

É tal a miséria que a senhorita que quer pertencer ao bom-tom muitas vezes priva-se de comer ou bebe vinagre para emagrecer, e aperta-se horrivelmente nas talas de um espartilho inseparável. Esta menina nunca vai à missa, nem a ato algum de igreja, não reza, nem jejua por amor de Deus, mas vive em contínuo martírio por amor do mundo e para agradar ao esquadrão dos nazarenos, ciganos etc. etc.! Ora o diabo muito se deve rir de tal gente. Quanto ao enorme volume das ancas, *conditio sine qua* não se pode pertencer ao dito bom-tom, isso muito fácil é, e não dá cuidado, porque com certos saiotes metidos na goma tudo se arranja às mil maravilhas; e ainda que a jovem (é termo gamenho-parlamentar) seja tão magra como uma agulha seca, apresenta umas ancas alterosas, que tais nunca teve uma Antônia mole, que aqui houve e que era espantosamente bojuda. Mas não há nada neste vale de lágrimas que não esteja sujeito a seus reveses. Os tais saiotes, ainda que estufados como uma ventosa, são muito amarrotáveis; e com qualquer encontrão, sujeita-se a pobre *fashionable* a ficar no afogo, o que não é das coisas mais agradáveis. Mas vá que seja, e vivam os saiotes, que têm muito préstimo.

Reflitam os meus ilustres leitores, se já viram tais fatuidades nos ingleses. É a minha gente a este respeito. Trajam limpa e asseadamente, mas todos os seus atavios, todas as suas modas têm o cunho da gravidade e da modéstia. De maravilha se verá um inglês com cabelos à nazarena, à cigana, ou como os nossos matutos que vêm vender cargas de farinha, nem com trajes de bailarinos. E por que nós brasileiros, já que a sorte nos condenou a macaquinhos das mais nações, não arremedaremos no trajar à gente inglesa? Não é a Inglaterra uma nação muito grande, muito polida, muito civilizada? É sem dúvida; e qual a razão de lhe não imitarmos os trajes e as modas? *Dicant Paduani.*

As modas têm dado tantas voltas, por tal forma se há percorrido o círculo das extravagâncias humanas a este respeito, que não tardará ainda voltemos aos usos de 1500. Já vejo por aí cada cachamorra de bengala, que mete medo. Breve ressuscitarão as cabeleiras com rabicho, os coletes pelas virilhas, as casacas de punhos etc. etc. *Vanitas vanitatum, et omnia vanitas.* Mas tomem as modas o jeito que tomarem, sempre direi que os tais cabelos à nazarena, ou à cigana, cabelos que sempre trouxeram os nossos meninos, não harmonizam com os bigodes e barbas de mouro. Esta mistura parece-me um contraste e, se assim me posso exprimir, uma espécie de anacronismo.

# *As quadrilhas*[1]

Não há coisa mais falada, não há coisa que tanto se tenha generalizado como sejam as quadrilhas. Por toda a parte aparecem quadrilhas (inclusive de ladrões) e a esta voz quadrilhas mexe-se o norte, remexe-se o sul e anda tudo em bolandas. Estão quase proscritas todas as mais danças; a cantoria chama-se maçada: só não são maçadas as monótonas e sempiternas quadrilhas! Quadrilha o menino, apenas sai dos cueiros e pode firmar os pezinhos; quadrilha o velho já trêmulo e decrépito; quadrilha a solteira, quadrilha a casada, ainda que esteja com a barriga à boca, até quadrilha a viúva, talvez que por penitência e por alma do seu defunto, que Deus tenha; qua-

[1] *O Carapuceiro*, n. 2 (6/4/1842).

drilha a moça magrinha e esbelta, e quadrilha também a revelhusca balofa e obesa. Quadrilham corcovados, quadrilham paralíticos, quadrilham tortos. Para quadrilhar em suma basta andar em dois pés. Estamos no século das quadrilhas, e quadrilhas em todos os sentidos...

Para haver quadrilha basta que se dêem quatro pessoas para dançar, e um que toque qualquer instrumento, senão é que em falta absoluta deste supre a boca de um dos espectadores, assobiando. Qual é hoje o lugar, por mais remoto e esquisito que seja, em que não tenham penetrado as quadrilhas? Por esses matos, por essas brenhas, por esses sertões já se quadrilha: eu não conheço coisas mais vulgares do que charutos e quadrilhas. Contou-me um amigo que, passando por certa estrada do mato, viu um casebre com grande adjunto; ouviu zangarrear violas e um compadre Mané Chico, que gritava à porta "*balancia, balancia*: sinhá Dondom é a minha *vos aviso*", concluiu o sujeito que aquele era o mr. Labotier daqueles lugares, que estava ensinando as quadrilhas e queria dizer *balancez* e *vis-à-vis*.

Perguntai aí a qualquer menina pelo padre-nosso, pelo sinal da Santa Cruz, pelos mandamentos da lei de Deus, pelos artigos da fé; e julgará que a estais empulhando, porque nunca ouviu falar em tais antiqualhas. Mas falailhe no *pantalon*, no *l'été*, na *poule*, na *pastourelle*, no *chasser*, e ouvireis pasmado como se desenvolve nas cinco marcas das quadrilhas, e como está instruída na importante ciência dos saltinhos e pinotes. Por toda a parte se estabelecem sociedades com quantos nomes de deuses e deusas subministra a mitologia; e tudo vem a cifrar-se em quadrilhas. Quem observa de fora as tais quadrilhas, em vendo dançar uma, fica satisfeito, porque todas as mais vêm a dar no mesmo, e acabam pelo *li li fan fão*. Mas os que dançam não pensam assim: acham-lhe um gosto particular, e quanto mais dançam mais se lhes abre o apetite de dançar, de maneira que o antigo rifão deve hoje adicionar-se assim: O comer, o coçar e o quadrilhar, tudo está em começar.

Para que se explique essa extremosa paixão por um divertimento tão monótono e invariável releva que nele haja alguma coisa oculta, algum mistério concomitante às tais quadrilhas, que seja desconhecido dos profanos que não dançam. Serão as distribuições dos cartões? Serão as conversinhas à puridade durante os intervalos? Serão os passeios finais? Nada posso aventurar a este respeito, mas o que posso dizer é que eles e elas, que tão furiosamente gostam das quadrilhas, é porque lhes acham algum sainete, alguma graça particular. Extrinsecamente as danças aparecem com efeito às vezes nessas reuniões, coisas que são de um cômico perfeito, e que assaz divertem aos espectadores. Em certo baile de grande tom rezava o programa que os cavalheiros deviam apresentar-se de calças justas, dessas que os franceses chamam *pantalon collant*. Entre outros muitos figurinos comparece um muito magrinho e empertigado, mas admirou a todos a grossura das pernas, que piamente criam dever ser as do maçarico. Quadrilhou em santa paz o bom do jovem por largo espaço, porque em verdade o quadrilhar não é mais do que engomar com os pés o assoalho, porém tentou-o o demo para dançar uma velocíssima valsa de corrupio. E eis que a barriga de uma das pernas passa-se-lhe para a canela, o que deu motivo a grande risota, e foi causa de eclipsar-se o nosso homem corrido, envergonhado e provavelmente maldizendo-se dos programas de bailes e das suas tristíssimas gâmbias. Consta que agora reprova muito os bailes, e acha muito ridícula coisa o *pantalon coulant*.

Nos grandes bailes do Rio de Janeiro, como, por exemplo, o dos estrangeiros, costumam quase todos a dançar as quadrilhas sem largar os seus chapéus e bengalas, porque se o fizessem, sendo grandíssimo o número dos concorrentes, provavelmente haveria trocas prejudiciais etc. etc. Entendem aqui alguns dos nossos casquilhos que o chapéu e a grossa tranca chamada bengala são trastes indispensáveis nas tais quadrilhas, e, por menos numerosa que seja a companhia, não depõe jamais o chapéu e a maroma: com eles passeiam, com eles dançam etc. etc. Isto é que é saber pôr as coisas em seus competentes lugares. Sujeito há entre nós tão furiosamente macaqueador, que, em chegando da corte qualquer amigo dos pintalegretes e *fashionables*, corre a ele para informar-se como na corte se fazem as mesuras, como se anda, como se ri, como se cospe etc. etc. E cada arlequim recém-chegado dali vem a ter aqui o seu palhacinho de curiosidade.

Um dos meus ilustres leitores me enviou, para publicar, o seguinte diálogo entre dona Mariposa, mr. Pirueta e o jovem Titire; e aí o apresento tal e quejando por me parecer apropositado.

DONA MARIPOSA

Mr. Pirueta, aproxima-se o baile dos meus anos; e eu desejo que as quadrilhas se desempenhem com o último primor. Há coisa no mundo que se compare às quadrilhas?

MR. PIRUETA

Decerto: as quadrilhas e o vapor são duas potências, que têm mudado a face do mundo. Que insípida, que desagradável, que triste não seria a sociedade, se não fossem as divinais quadrilhas.

DONA MARIPOSA

Apoiado. Do que serve a vida sem quadrilhas? O que fora da nossa civilização, o que foram os nossos direitos e garantias, se não existissem os bailes?

MR. PIRUETA

Exatamente vos exprimistes, *mademoiselle.* Certo nestes princípios é que eu dediquei-me aos importantes estudos da deusa Tália, e cheguei a formar-me na Escola Politécnica de Danças de Paris, tenho os mais honrosos atestados da Escola Normal de Grotescos e saltos mortais, e sou sócio correspondente das escolas de pinotes de Berlim, de Madri, de Londres, de São Petersburgo, de Amsterdã, da Filadélfia etc. etc.

TITIRE

Quanto invejo as vossas prendas e títulos, mr. Pirueta!

DONA MARIPOSA

O senhor primo não tem de que se queixar: dança peregrinamente.

MR. PIRUETA

Sem lisonja, vós, senhor, dançais, *ma foi*, *comme il faut.*

TITIRE

Obrigado.

DONA MARIPOSA

Que belo! Quadrilhas e pedacinhos de francês... que coisas de encantar a gente! Que faria, se eu entendesse o francês?

TITIRE

Se alguma coisa valho no departamento da dança, é porque fui discípulo de mr. Pirueta: de tudo lhe sou *redevable.*

DONA MARIPOSA

Bravo! A melhor, a melhor. Que bonita palavra! Mas creio que não vem no caderno das contradanças.

TITIRE

Esta lindíssima palavra francesa corresponde na nossa miserável língua a devedor.

DONA MARIPOSA

Sim? Pois eu lhe protesto, e juro que nunca direi devedora, porém sempre *redevable.* Mr. Pirueta, se o meu nome chegar à posteridade nos gloriosos anais das quadrilhas, de tudo, confesso, vos serei *redevable*.

MR. PIRUETA

*Merci, mademoiselle, merci.*

DONA MARIPOSA

Que linda coisa. Quero saber de tudo que for da França.

TITIRE

E tem razão; porque tudo que vem da França é excelente, é o melhor possível.

MR. PIRUETA

Certamente que a França está à testa da civilização do mundo.

DONA MARIPOSA

Principalmente quanto ao departamento das modas, e das danças.

TITIRE

Sem dúvida. A quadrilha, por exemplo, é o *supra summum* da perfeição dos costumes: as quadrilhas simbolizam o progresso das luzes; nelas até descubro toda a ciência governativa, política, diplomática, representativa, econômica, estatística e numismática.

DONA MARIPOSA

Querido primo, vós sois um poço de sabedoria. Que palavras francesas tão bonitas! Haveis de ter a bondade de mas ensinar para me servir delas nos bailes.

TITIRE

Com muito gosto, porque *felizmente para mim estou ao fato das ressursas* do sistema que felizmente nos rege, e nas quadrilhas em um *golpe de vista* estou *visando* símbolos da nossa política. Na divisão dos pares, considero a divisão dos poderes, e nos *vis-à-vis* a sua harmonia. Na mesma diversidade dos cavalheiros e senhoras de todas as idades e feitios, contemplo a representação nacional. Nos mestres-salas e marcadores, vejo o poder executivo. Nos passeios, e conservas o poder moderador, e na distribuição dos cartões, nos despeitos, ciúmes, zanguinhas, intriguinhas e lograções por preferências de pares, figura-se-me o poder judiciário. Não há nada portanto como as quadrilhas. Prima, vós já sabeis o que quer dizer *bouquet*?

DONA MARIPOSA

Não: e o que quer dizer?

TITIRE

Pois é possível, querida prima, que desconheçais uma das palavras sacramentais dos bailes? *Bouquet* significa "ramalhete de flores": mas só as pessoas rústicas, grosseiras e dos tempos góticos é que ainda se servem miseravelmente do termo *ramo*. Nós porém só devemos usar *bouquet*.

MR. PIRUETA

*C'est charmant!*

DONA MARIPOSA

Olhe, amável primo: se eu fora deputada e legislativa, propunha a indicação para que fosse proscrita a língua portuguesa, ou, pelo menos, que só se falasse português afrancesado.

TITIRE

Não é preciso que haja disposição legislativa *ad hoc*: as novelas, as traduções e os periódicos vão nos fazendo esse importante serviço.

DONA MARIPOSA

Então estou eu bem, que já tenho lido para mais de 6 mil novelas. Sim, sim, novelas e quadrilhas hão de felicitar a espécie humana.

# *O que é ser pelintra*[1]

De onde viria este vocábulo, aliás tão usual? Fê-lo, cunhou-o e lhe deu voga o povo soberano, e tem, como outros muitos, a seu favor o uso, *quem penes arbitrium est et jus et norma loquendi,*[2] diz o mestre Horácio. E o que será um pelintra? Este vocábulo é muito compreensivo, porque por pelintra exprime-se não só o peralvilho, o peralta, o bonifrate, o buginico, senão além disto as maneiras abrejeiradas, a exageração das modas e todas as qualidades de um perfeito bandalho, de sorte que quem diz um pelintra diz um agregado completo do mais extremo ridículo.

Descrevamos-lhe primeiramente o físico; depois tratar-lhe-emos da moral. Principiemos por aquela parte, onde

[1] *O Carapuceiro*, n. 6 (20/4/1842).

[2] "Que é quase arbitrário, e é a lei e a regra da fala."

há uma quase absoluta ausência de miolos, quero dizer, pela cabeça. O pelintra não se contenta com qualquer gadelha à nazarena, como ultimamente nos veio de Paris em figurinos pintados e vivos, mas traz cabelos de cigano, de maneira que quando xoteia por aí a cavalo é uma perfeita caricatura: é um esganarelo, é o bandalhismo personalizado. E é de advertir que nenhum anda a cavalo sem uma bengala da grossura de uma trança. Enormes barbas lhe descem quase até aos peitos. A sobrecasaca, antes borjaca, não tem mais de um dedo de gola, como túnica de franciscano, isto é, franciscano do tempo do rei velho, porque hoje (com honrosas exceções) também os há *fashionables* e pelintras, o que toca o *supra summum* do burlesco. Em verdade que um secular traje à moda, e com todos os pontos e vírgulas da casquilharia, ainda se pode tolerar e desculpar, mas que um frade amortalhado em vida e um franciscano queira campar por boneco, por figurino e cupidinho de burel é o creme, é a jaléia do ridículo.

A roupa do pelintra é por via de regra tão estreita e apertada que parece grudada no corpo de jeito que lhe constrange os movimentos. Traz pendente da algibeira do colete quando usa deste (porque muitas vezes anda sem ele) uma correntinha de relógio que preciso fora ver-se para se não julgar que é uma correntinha de candeeiro. O enorme charuto na boca é um traste indispensável, assim como uma gravata encarnada, azul, verde, amarela etc. etc. do tamanho de uma toalha de mesa. Alguns há que já não usam de camisa de fazenda branca, senão de chita, ou de qualquer riscadinho. As suas maneiras são todas afetadas, e têm um certo palavreado que o denuncia de eminentemente leviano e insuportavelmente tolo. Picar cavalos, bolear com primor, engomar o assoalho com os pés nas monótonas quadrilhas, fumar, jogar e namorar tais são todo o mérito, todo o préstimo de um verdadeiro pelintra.

A respeito da moral o pelintra reúne os mais ridículos defeitos. Muito raramente haverá pelintra que não seja vadio, sujeito sem emprego, sem estudos, sem indústria honesta de que viva. Entretanto apresenta-se sempre asseado e garrido, e em qualquer mesa de jogo desova patacões e meias doblas, que é um pasmar. O botequim, o teatro e as esquinas são o seu pórtico, o seu liceu, a sua academia, o seu ateneu. Aí é que ele está como peixe na água; aí é que ele discorre magistralmente em política de maneira que daria quinaus em Mazarino, em Richelieu, em Pitt, em Burke e em Fox. Aí é que ele dá coartadas de mestre na ciência econômica, e, se *per accidens* se trata de algum objeto que diga respeito à religião, nisto é que o nosso pelintra é grande, vasto e profundo, porque estudou muita teologia, muita exegética e muita moral no compadre Mateus, no *Citador*, na *Teresa filósofa*, na carta de Talleyrand ao papa, nas *Liras* de José Anastácio, na *Pavorosa ilusão* de Bocage e em inumeráveis novelas, fontes perenais de todo o saber. Com que desfastio e desdém despreza este filósofo de café a crença universal da imortalidade da alma, das penas e recompensas da vida futura etc. etc.! Ainda por condescendência e favor concede que exista um Deus criador de tudo, mas é um Deus lá a seu talante, um Deus acomodado com a gente, um Deus indiferente a tudo, um Deus que tanto se importa com o que vai cá pelo nosso mundo, como qualquer de nós com o governo da Cochinchina. Na sua respeitável opinião todos os fatos do cristianismo são patranhas, todos os mistérios absurdos, que repugnam à altíssima razão de Sua Senhoria, todos os sacramentos invenções de padres matreiros, todos os atos de piedade e devoção, todas as cerimônias da Igreja fanatismo e superstição. Um destes doutores conheci eu que, não crendo na existência de Deus, tinha medo, que tremia, do diabo e cria sofrivelmente em bruxas e feiticeiras.

Pelintra sem ser namorador o mesmo fora que bosque sem árvores e rio sem água. O pelintra pois anda por aí à tuna, e às atenças da sua casquilharia espera conquistar todo o império do madamismo. Como vive descativado de cuidado, todo se dedica ao culto do Deus vendado, e tem sempre léu para entreter-se com objetos amatórios, em que se torna grandemente conversado e destro. Traz ordinariamente as algibeiras abarrotadas de escritinhos de amores, de versinhos, de glosas, e tudo vai distribuindo de entuviada e a esmo por quantas encontra e a sorte lhe depara. É peça obrigada de todos os bailes levando sempre a carteirinha, em que faça apontamentos de novas conquistas e assente a promessa de dona F. e dona S., que ficam certas, justas e contratadas de dançar com ele as quadrilhas número tal e tal, neste ou naquele baile. E tudo com uma pontualidade que não é mais escrupuloso o livro mestre de deve e há de haver de qualquer comerciante.

O pelintra de ordinário é bazófio, mentiroso, metido a valentão e superfinamente caloteiro. Gaba-se de conquistas espantosas, e mal pela pobre menina que cai na pequice de lhe dar corda e de responder aos seus tolos e impertinentes escritos. Melhor fora que tudo estampasse nas folhas públicas, porque o pelintra é um diário ambulante e faz consistir grande parte da sua glória em assoalhar as suas vitórias amantéticas; e assim o escrito da inconsiderada, que lhe deu entrada, é lido, relido, analisado e comentado por lojas, por boticas, por cafés, por bailes e teatros etc. etc. E que língua afiada que tem um destes para cortar pelo crédito e reputação de qualquer senhora! Como se inculca pesquisador e minuciosamente sabedor da vida privada do seu próximo! Em verdade se todo o pelintra é vadio, por via de regra não tem melhor entretenimento do que falar da vida alheia.

Entretanto um destes não deixa de ser querido do belo sexo, ordinariamente inesperto e que se deixa com facilidade levar de meras aparências. Muitas vezes o homem sisudo, grave e reportado é pouco, ou nada agradável a certas meninas, que se desvivem por casquilhos e franca-tripas. Estes sim por seus esgares e gatimanhos, por seu trajar aperaltado, por sua leviandade, é o adônis das partidas, é o cupidinho dos bailes, é o feitiço de muitas belas. Não há madama *fashionable*, que não queira dançar com um destes bonecos muito espinicados e mais aromáticos, que um sepulcro de Quinta-feira Santa. Quem só atenta para a cabeça de um pelintra parece que está vendo Pilatos, Anaz, Caifaz, ou o Centurião, mas do pescoço para baixo é um macaquinho, é um bonifrate, é um boneco de peloticas. Ai da menina que chega a esposar-se com um destes jovens da escola peralvilha de Paris! Não se mantêm mulher e filhos, não se sustenta família, não se educam e arrumam aqueles com cabelos à nazarena, com barbas de mouro, com trajes de arlequim, nem vivendo por lojas e botequins, por teatros e bailes, senão trabalhando, mourejando, economizando e adquirindo a reputação de cidadão industrioso e honesto.

# *O que é uma coqueta*[1]

Não temos em nosso idioma um vocábulo que exprima exatamente a noção muito complexa que os franceses dão ao seu vocábulo *coquette*. O nosso clássico dom Francisco Manuel[2] e outros serviam-se do epíteto *loureira* para significar a mulher dada a namoricos; e em certos casos este nome pode muito bem traduzir-se pelo de coqueta, porém este vocábulo tem muito maior extensão, porque a coqueta não é só a namoradeira. É também faustosa, fátua, cheia de vaidades, e só se ocupa em estudar todos os meios, todas as traças de se tornar agradável e sedutora.

[1] *O Carapuceiro*, n. 9 (30/4/1842).

[2] *Dom Francisco Manuel de Melo*: prosador português do século XVII.

Tendo sido os nossos maiores muito menos afrancesados do que nós apenas conheciam as suas loureiras, isto é, moças que se ataviavam e enfeitavam a fim de serem galanteadas dos maganões do seu tempo. Mas hoje, graças a Deus, que só nos falta cuspir à francesa, hoje, que tudo absolutamente vamos adotando da França em matéria de usos, maneiras e costumes, hoje, que o nosso Brasil, de muito polido e civilizado que está, já conta não pequeno número de madamas plena e completamente afrancesadas, tenho que talvez nos seja indispensável o naturalizarmos o vocábulo *coquette* com muito maior razão e necessidade, do que as ressursas, os massacres, os resortes, o estar ao fato e inúmeros outros galicismos, de que muitos se servem em desapiedado menoscabo da aliás riquíssima e formosíssima língua portuguesa. Pelo que, dada a terminação própria desta, não duvidarei de adotar o vocábulo *coqueta* com a mesma extensão de significado que lhe têm dado os franceses.

E o que será uma legítima coqueta? Para que os meus benignos leitores melhor possam ajuizar nesta matéria, eu passo a apresentar-lhes o retrato iconológico que fez da coqueteria um autor moderno, e de mais a mais francês, cujo voto deve ser decisivo na matéria. Aí vai a tradução, não boa certamente, mas tal, e quejanda, segundo melhor pude entender. A coqueteria é uma jovem com um vestido todo semeado de lantejoulas e latas. O seu passo é ligeiro e buliçoso, como o de Flora, quando acaricia o Zéfiro sobre o esmalte dos prados. Tem o mel nos lábios feiticeiros e o absinto no coração. Umas vezes dardeja dos olhos cintilantes raios sedutores do desejo; outras cobre-os de nuvens de uma languidez voluptuosa. Ora as carícias lhe animam a tez com o doce vermelho das rosas, ora tinge-se com os brandos matizes de uma sensibilidade mentirosa. Seus cabelos flutuam à mercê dos revoltosos caprichos, irmãos dos inconstantes zéfiros. Traz na mão uma rede delicada tecida de artimanhas, de desmaios, de suspiros e de outros estratagemas; e de contínuo a agita sobre um cardume buliçoso de entezinhos transparentes, que para logo se acham abatidos a seus pés na postura do despeito, do servilismo e da desesperação. Daí à galantaria há só um passo. Esta é uma dama que parece ter o rosto calçado de aço. O cinismo da licença lhe sombreia a cabeça com o seu penacho orgulhoso: o despejo reina em seus olhos nunca visitados do pudor, semelhantes aos das bacantes quando desgrenhadas, e com o tirso na mão pisam todas as leis da decência. Suas roupas curtas, parecidas às das donzelas de Esparta, quando quase nuas iam disputar o preço dos exercícios gínicos, são enfeitadas de cores cambiantes. Dos impuros lábios lhe sai o fogo das pinturas perigosas: uma mocidade ardente, sustentando em uma mão a tocha da paixão, e em outra a frágil cana da inexperiência, corre pressurosa a perder no golfão da corrupção os frutos ainda verdes da educação, as brandas raízes da virtude e as delicadas flores da saúde.

Uma coqueta é o étimo da inconstância, é um composto de fingimento e seduções. Se é solteira ou viúva, namora e deixa-se namorar de quantos damejadores a cortejam e galanteiam. A todos assiste, a todos sorri acariciadora e bondosa, a todos entretém em enganosas esperanças. Se é casada, tem o pobre marido, quando muito, por um mero traste de luxo e de convenção, de que apenas se faz uso em certos dias *pro formula.* Nunca a sinceridade e a candura acham entrada no coração da coqueta. Todos os seus ademães, todas as suas maneiras, todas as suas palavras, todas as suas ações são estudadas e contrafeitas, tudo nela se endereça a lisonjear e seduzir a mais poderosa das paixões humanas, qual é o amor físico. Daqui vem o extremo cuidado que ela tem em reparar e consertar os estragos que causar-lhe possa a mão destruidora do tempo. Daqui o artifício dos arrebiques, dos besuntos, dos cosméticos e toda a farragem de excessivos adornos e das modas mais extravagantes; daqui finalmente os cabelos postiços e outras muitas coisas postiças, com que a coqueta procura suprir faltas aliás irreparáveis da natureza ou dos anos.

Curius Fortunatianus, retórico do século III, traz em uma das suas obras o seguinte problema: uma coqueta tinha três amantes; brindou o primeiro, deu o sobejo do seu copo ao segundo e coroou o terceiro. Pergunta-se a qual destes dava ela preferência. Esta questão pôs em alarma a República das Letras, e sobre ela discutiram largamente vários professores reunidos na Universidade de Upsala, se bem que todos os barbaças desta sabiam muito menos de tais matérias do que aí qualquer francatripas que bebe das águas do Sena, e mesmo cá do nosso Capibaribe. Seja porém como for, os senhores mestres, depois de haver dado o nome de A ao amante a quem a coqueta brindou, o de B àquele a quem entregou o sobejo do seu copo, e o de C ao que cingiu de coroas, proferiram muito anchos e autoritativos a decisão seguinte: a moça deseja ter o A por amigo, o B por amante e o C por marido. O primeiro tem em seu favor a confiança, o segundo a paixão, o terceiro a vaidade. Ela fará ensaios do A, desgostar-se-á do B e conservará o C. A reina no coração, C na cabeça e o B rege esse móvel interno que os médicos denominam o plexo nervoso, que Diderot chamou a besta feroz, e que vários sábios querem substitua na mecânica da mulher à máquina a vapor. Tal foi a decisão do intrincado problema, porém se eu tivesse o mérito e honra de pertencer a tão ilustre conclave, pedindo vênia acrescentaria que a tal menina do problema em breve esquecer-se-ia do ABC e continuaria os seus exercícios amatórios por todas as mais letras do alfabeto.

O dr. Palpard, médico da Faculdade de Montpellier, pretendeu provar em uma memória relativa ao assunto que nos ocupa que o sentimento do pudor é muito mais natural e constante no homem que na mulher. Em prova da sua estranha asserção, cita todos os fatos que a experiência lhe subministrara em cinqüenta anos de exercício da sua arte, e bem assim o testemunho de crescido número de seus colegas e empregados de ambos os sexos no serviço dos hospitais. O estilo da medicina tem privilégios, a que se recusa a nossa delicadeza, pelo que não ousarei analisar fatos descritos pelo autor com uma candura e chaneza tão positivas que me espantam. Só direi pois, em resultado, que nas mesmas provanças em que o homem não testemunhou senão vergonha, impaciência e zanga, muitas mulheres, depois de uma defesa breve e dengosa, sempre mostraram resignação, docilidade, indiferença e satisfação mal disfarçada.

O mesmo doutor indaga depois as causas desta oposição de proceder. O pudor inteiramente desconhecido na vida selvagem lhe parece um fruto da civilização e das idéias religiosas, mas encontra uma inimiga muito mais poderosa na mulher do que no homem, e vem a ser a coqueteria. Ele pretende, além disto, que a umidade dos lábios é um dos sinais característicos das coquetas. E assim o decidiu um célebre pintor, que sendo encarregado por um fidalgo de fazer um quadro representando a Voluptuosidade, o homem não o quis receber dizendo que ia de encontro à verdade em um ponto capital. Ambos convêm que a principal figura deve exprimir o desejo, mas o fidalgo sustenta que deve ser por lábios secos e sequiosos, e não úmidos, como o artista delicadamente os representara.

Sustentava o pintor, pelo contrário, que a umidade dos lábios sempre acompanha as mulheres coquetas, e que nesta classe está sem dúvida a voluptuosidade personalizada. O dr. Palpard foi de parecer afinal que não se considerando a umidade labial, senão como um simples resultado da irritação habitual da membrana pituitária e do sistema mucoso, ainda assim estava em pé a sua opinião, porque é coisa bem sabida que as mulheres apaixonadas e muito impressionáveis ao amor mais facilmente adquirem defluxos do que as outras pessoas do seu sexo.

"Acertou vosmecê (disse ele ao pintor) e muito próprios estão os lábios da sua figura da Voluptuosidade. Plínio, o naturalista, e outros escritores da Antiguidade referem duas particularidades a respeito de Antônia, viúva de Cláudio Druso, uma era que nunca cuspira e a outra, que sempre fora casta. Esta última circunstância é bem para notar-se em uma filha do famoso triúnviro, desse Marco Antônio, que abalou o universo pela energia de suas frascarias. Pouco importa que essa moça fosse casta, porque jamais cuspiu, ou que jamais cuspisse por ser casta: a concomitância dos dois fatos vem em defesa da exatidão do quadro. Acresce a esse testemunho antigo a mais respeitável autoridade entre os modernos, quero dizer, a Academia Francesa, a qual em seu dicionário traduz esta expressão vulgar "*L'eau lui en vient à la bouche*" (vem-lhe água à boca) por esta outra "*Il y prend goût, cela lui fait envie*" (acha gosto nisto, isto excita-lhe desejos). Esta sinonímia condena sem réplica a opinião do fidalgo, porque mostra uma secreta simpatia entre o nascimento do desejo e a secreção das glândulas salivares. Muito se há discorrido a respeito da coqueteria!

# *A sede dos empregos entre nós*[1]

Em um país como o nosso, onde tudo é feito à força do azorrague por braços escravos, forçosamente o trabalho manual cai em descrédito e tem-se por coisa vil. Nada mais direi a respeito da importação de africanos. O tempo, esse grande mestre das coisas humanas, e talvez que uma triste e horrorosa experiência virão a decidir o problema, e a futura geração fará à presente a devida justiça. Entretanto o certo é que no Brasil ninguém quer dar-se à agricultura, ao comércio, às artes etc. O que a todos estimula é a sede dos empregos públicos. Já o sapateiro, o alfaiate, o carpina etc. abrem mão dos seus ofícios,

[1] *O Carapuceiro*, n. 22 (15/6/1842).

e metem-se na estiradíssima réstia dos pretendentes a cargos públicos!

Não há hoje rapazinho, por mais pobre que seja, que se não dedique aos cursos jurídicos. E para quê? Para empolgar empregos, para viver do fisco, isto é, do suor do povo, porque em sendo bacharéis entendem muitos que o governo tem rigorosa obrigação de os despachar; e há tal destes tão lastimosamente basbaque, que diz à menina a quem requebra que uma carta de bacharel formado corresponde a uma fortuna de 40 ou 50 mil cruzados! E o mais é que não faltam peixotas que peguem na isca; e afinal o senhor bacharel formado não tem que lhe dar de comer.

Todos os dias se engenham e se criam empregos absolutamente inúteis só para arranjar afilhados. Mas que sorte desgraçada não é a do funcionário público! À exceção de bem poucos empregos vitalícios e inamovíveis, todos os mais estão sujeitos ao arbítrio do governo. E como entre nós (e dizem que onde quer que se dê o regime representativo) os ministérios são tão instáveis e transitórios, como as vistas de uma câmara óptica, nenhum empregado público, por mais inteligente, por mais fiel, por mais zeloso e honrado, que seja, se pode considerar seguro. A cada mudança de ministério, a cada alteração de gabinete treme o mísero empregado, vendo a hora em que lhe tiram o pão, porque o ofício, que honrada e dignamente servia, bem pode ser ambicionado pelo sr. deputado F. já para si, já para um parente, um amigo etc. E é da índole do sistema das transações o contentar os amigos, que nos ajudaram a subir o poder, e nele nos sustentam, embora para isso se posterguem todas as regras da decência, da eqüidade e da justiça.

Além disso, à vista do que cotidianamente se está observando acerca da instabilidade dos empregos, qual será o funcionário público que faça o sacrifício de ser fiel, assíduo e limpo de mãos, se está bem certo que nada disto lhe aproveita para ser conservado? Se teme que a cada momento lhe tirem o bocado para o dar a algum dos inumeráveis esfomeados que achou bom padrinho? Tal cidadão naturalmente cuidará de encher-se o mais possível, e de fazer o seu pecúlio para quando lhe chegar o dia fatal e quase infalível de sua demissão: e eis como tal sistema semeia e cultiva, a meu ver, a imoralidade por todo o Brasil.

Que diferente porém não é a sorte do homem que para viver não carece de favores do governo! Em verdade que se importam o agricultor, o comerciante, o proprietário, o artista, o industrioso em suma, que prevaleça a facção do alecrim ou da manjerona? Que se importam que conquistem o poder os do lado direito, ou do esquerdo da Câmara; que suba Manoel, ou desça Antônio; que o programa governamental seja este, ou aquele etc. etc.? Tais cidadãos só desejam sossego e proteção; só querem que lhes não faltem certos agentes naturais, e que Deus Nosso Senhor lhes dê vida e saúde. Que independência! Que nobre orgulho que pode ter o homem que felizmente não está sujeito ao arbítrio e caprichos de quem governa! Mudam-se os cenários políticos, sobem os que haviam descido, descem os que haviam subido à maneira de alcatruzes de nora; e o nosso industrioso, sem sofrer a menor cólica, sobranceiro aos vendavais da borrasca política pode dizer com o justo dos estóicos:

*Etiamsi totus ilabatur orbis,*
*Impavidum me ferient ruinae.*[2]

Em verdade, que se importam o agricultor, o negociante, o médico, o bom alfaiate, o sapateiro etc., que o ministro tal seja bonito ou feio, que os estime ou não, que seja conservado ou demitido etc. etc.? Corram as estações

[2] "Mesmo que o mundo inteiro caísse, as ruínas me atingiriam impávido."

regulares ao primeiro, não se paralisem as transações ao segundo, haja boas febres, bons estupores etc. ao terceiro, não sobrevenha ao quarto e quinto a moda de andarem todos só em camisa e descalços, que estão contentes e não carecem de ninguém. Mas tal é a loucura do espírito humano, tal é entre nós a sede de empregos públicos, que o negociante larga o comércio, o agricultor desampara o campo, o médico abre mão da sua clínica, o alfaiate deixa a tesoura e a agulha, o sapateiro abandona os couros, a sovela etc. para se atirarem aos mares tempestuosos da política, para viverem sempre assustados de favores do governo.

Quem quiser fazer idéia clara dos tormentos do purgatório vá à corte em qualidade de pretendente. Vá saber o que são sustos, cólicas, zangas, humilhações e desassossegos de toda a laia. Vá ouvir as melhores palavras, as mais lisonjeiras promessas, vá receber o melhor agasalho, e depois de mil passadas, de inúmeras visitas, zumbaias, bajulações e sempre horrorosa despesa, leva pelas ventas o fatal *Escusado*! Eu confesso que há cortesãos muito honrados: eu mesmo alguns conheço que justamente merecem a qualificação de homens de bem. Mas, geralmente falando, as cortes são um agregado de sujeitos que, alardeando de muito capazes, reciprocamente se acusam de o não ser.

Eles fazem boas reflexões contra a vanglória e seguem-na inseparavelmente, fingem corar, quando os elogiam, e desesperam, quando se lhes negam louvores; riem-se da adulação; mas folgam de ser adulados; a ninguém amam, e queixam-se de não ser amados; clamam contra a murmuração, e são os mais assíduos maldizentes; estudam com maligna curiosidade os defeitos alheios e escondem com superfina hipocrisia os próprios. O cortesão vinga as injúrias depois de as haver dissimulado; acaricia o inimigo enquanto o teme, e dá-lhe as costas, logo que o predomina; serve-se do amigo enquanto dele precisa; adora os protetores no externo; mas interiormente despreza-os; sofre com mudo despeito os sucessos sinistros e espera com oculta inquietação os prósperos. O cortesão é cauteloso em esconder os próprios sentimentos, flexível em mudá-los, destro em insinuá-los, sempre aparelhado para louvar segundo o juízo, para odiar segundo o gosto e para viver segundo os caprichos de outrem.

Madame de Pompadour (que tinha voto na matéria), em uma de suas cartas dirigidas à marquesa de Fontenailes, diz: "Quando considero a baixeza, a impertinência, o caráter sorrabador e rasteiro de grande parte dos cortesãos, ponho grande diferença entre os grandes homens e os figurões. Estes, que muito desprezo, enjoam-me de morte. Aqueles muito me comprazem, mas são bem raros. Lamento a sorte dos monarcas, que vivem torneados desses macacos dourados tão vis e maléficos, como os de Angola. As cortes, para as quais a gente do vulgo olha com tanta inveja, não devem excitar senão compaixão. Outro dia o abade de La Tour du Pin veio ver-nos a Versalhes; e como lhe perguntassem o motivo da sua visita, respondeu que, tendo de fazer em um sermão uma pintura do Paraíso, tinha vindo aqui tomar o modelo. Pobre homem! Se os excessos das mais vis e funestas paixões, a inveja, o ódio, a raiva, a desesperação, os grandes furores e delitos da ambição pudessem dar uma imagem do Paraíso, então podia vir sempre à corte".

Triste de quem carece de mendigar empregos públicos para poder subsistir. Ai daquele que na pretensão de um lugar tem pela proa um inimigo, ou um rival poderoso. E é de advertir que há nas províncias sujeitos poderosos com todas as más manhas dos cortesãos sem nunca terem ido à corte. Até as senhoras participam grandemente das fatais vicissitudes dos empregos públicos. Enquanto a esposa e filhas do agricultor, do negociante, do artista etc. vivem tranqüilas sobre a estabilidade de seus maridos e de seus pais, as do funcionário público andam sempre assustadas, vendo a hora em que são precipitadas na miséria pela demissão daquele que lhes servia de arrimo. As mesmas mulheres dos juízes de direito, conquanto este emprego seja vitalício, não se podem dizer tranqüilas, porque os maridos muitas vezes são removidos daqui para ali, e andam com a fatiota às costas.

Não obstante estas considerações, não há quem não queira ser empregado público. Um inveterado prejuízo faz com que ainda olhemos com pouca estima para os ofícios manuais. Conheci uma pobre menina, que, sendo pretendida em casamento por um bom ourives, rejeitou-o, ou antes sua presunçosa mãe despediu-o, dizendo que era descendente de família nobre e não tinha sua filha para casar com artista! E é de advertir que tanto ela como a filha subsistiam de esmolas, e passavam, como é de crer, miseravelmente. Mas eram fidalgas e naturalmente aspiravam a algum funcionário de alto coturno; desprezavam o industrioso pretendente, como se a nobreza fosse alguma qualidade física, como se a indigência não bastasse para a reduzir a zero.

O que tem de desonroso o viver o homem do trabalho de suas mãos? Não foi este o preceito imposto pelo Criador a nosso primeiro pai? Se o artista é homem honesto e laborioso, em vez de menos preço merece toda a estima de seus concidadãos. Já não estamos felizmente no século do feudalismo. Hoje só se atende principalmente para a riqueza, e o trabalho, a indústria são a fonte desta. Ainda em tempos mais remotos, logo que na Europa foram decaindo os prejuízos dos séculos de barbaridade, começaram a ilustrar-se as classes industriosas. Só o vício e o crime nos devem envergonhar, só são desprezíveis os ociosos, os vadios etc., pertençam a que hierarquia pertencerem. Não são muito mais úteis à sociedade, e conseguintemente mais estimáveis, um bom pedreiro, um ferreiro, um carpina peritos nas suas artes, do que um padre cavalo, um doutor burro, um magistrado besta etc. etc.?

Quanto terreno por aí baldio e desaproveitado por falta de quem o cultive! Quantos por aí andam feitos sacerdotes e até pastores, quantos frades, quantos juízes disto e mais daquilo, que muito melhor estariam se se dessem à honrosa e muito profana vida da agricultura, ou mesmo se se houvessem aplicado a tocar rabeca, flauta, trompa, fagote, a músicos em suma! Assentemos em conclusão, que a sede de empregos públicos entre nós é uma mania, aliás não menos prejudicial ao Estado que aos particulares, mania que só se irá desvanecendo com o tempo à proporção que o povo, ilustrando-se mais e mais, melhor for conhecendo os seus verdadeiros interesses.

# *O que deve ser uma dona de casa*[1]

Enquanto o marido por fora agencia, trabalha, lida e moureja por adquirir meios de subsistência, cumpre que a mulher de portas dentro zele, vigie, guarde e economize. Não há cabedal, não há fortuna que resistir possa a uma família onde reinam o desmazelo, o luxo e o desperdício. É indubitável que os arranjos domésticos estão a cargo da mulher; e se esta é vadia, preguiçosa e dissipada, tudo se perde, tudo se estraga, tudo se consome.

Qual é a menina que se não açora por casar? Qual é a que se não julga suficientemente habilitada para o estado conjugal? Entretanto é mais difícil, do que de ordinário se imagina, o deparar com uma verdadeira mãe de família.

[1] *O Carapuceiro*, n. 36 (3/8/1842).

Muitas vezes um homem enamora-se de uma jovem, que tem a seus olhos fascinados pela paixão todos os atrativos, todas as prendas, todas as virtudes imagináveis. Leva meses e anos uma vida de cachorro, quero dizer, anda feito pretendente: ora recebe um sorriso, ora uma repulsa, ora um furtivo carinho, ora um decidido rigor, de sorte que o semblante da sua amada pode-se chamar o telégrafo de seu coração padecente. Depois de tantos sustos, de tantas privações e penitências consegue esposá-la. Ei-lo que se considera no cúmulo da sua felicidade, e mais vaidoso do seu triunfo do que Alexandre em Arbelas, ou Napoleão em Marengo e Austerlitz. Mas passados os primeiros meses do noivado, à proporção que vai arrefecendo o fogo dos primeiros amores e que a posse vai gerando o tédio, o homem conhece que casou com uma empada, com uma boneca, e não com uma dona de casa. E então começam as zangas, os reviretes, as murmurações, as escarapelas, e às vezes uma guerra declarada e eminentemente escandalosa.

Que moça menos azada para vir a ser dona de casa do que aquela que é criada só para brilhar nos bailes e companhias? Que boa mãe de família poderá tornar-se uma menina que nunca se ocupou senão em ataviar-se para parecer bem, que nunca aprendeu senão piano e quadrilhas, que não sabe dar um ponto, não sabe remendar, nem fazer uma torcida? Uma menina que, sob o nome de Sinhazinha, de Iaiá, de Dondom etc., é o ídolo da casa paterna, a quem só fazem todas as vontades, a quem se lisonjeiam todos os caprichos, que nunca entrou na despensa, senão para papar furtivamente alguma gulodice, nunca pôs os pés na cozinha, e nem sabe como se trata de uma galinha para caldo? Tal moça nunca passará de senhora de sala, e nada mais.

Daqui não infira algum agastadiço que pretendo sejam as meninas educadas para cozinheiras. Não: *est modus in rebus.* Cada uma deve ser criada segundo as suas posses e a sua posição social, mas, sejam estas quais forem, corre aos pais obrigação de educar suas filhas de maneira que possam vir a ser boas donas de casa, porque o primeiro destino que a natureza deu às mulheres foi o de mãe. Aprenda sim a menina a ler, escrever e contar, aprenda a música e o piano, aprenda as línguas francesa, inglesa e italiana, a geografia, a história mormente a do seu país, aprenda embora a dançar e ao desenho; adquira todas as instruções, que lhe possam cultivar o espírito e torná-la mais interessante e amável. Mas também saiba coser, bordar, engomar, governar uma casa e fazer todos os arranjos e economias domésticas. Seja ativa, solícita, zelosa e vigilante, tenha em suma amor à aplicação e trabalho, porque a ociosidade é ocasionada a todos os vícios e até acarreta enfermidade, além do enojo inseparável de uma vida desleixada e preguiçosa.

São dez, são onze horas da manhã, e Sinhazinha, sem nenhum incômodo de saúde, ainda está como que abeberando na cama. Ergue-se pelo meio-dia. Uma escrava, ou criada (que devem saber sua tal ou qual geometria por causa dos triângulos acutângulos e obtusos da cabeça) lhe arranja os cabelos. Esta ajusta-lhe o colete, aquela o vestido, e até as meias é preciso que a mucama lhas calce. À uma hora da tarde é que este astro se faz visível em casa. Almoça sempre afetando incômodo e falta de apetite (porque é coisa que entra no ritual do grande tom); e daí vai estudar a lição do piano. Eis chega o mestre de dança, e Sinhazinha põe-se na sala a dar pulinhos, pernadas e a recuar como camarão dentro d'água, ou a fazer arrufos de pirá brigando, o que tudo pertence à execução das monótonas e sempiternas quadrilhas. Janta pelas cinco horas da tarde. Da mesa passa à varanda a fim de receber os cumprimentos, adorações e ternas olhadelas da corte dos amadores. De noite baile, *soirée* ou teatro, que aturam até meia-noite e mais.

Esposa-se uma menina deste jaez; e poderá ser boa dona de casa? Saberá dirigir e governar uma família? Não decerto: naturalmente continuará no mesmo teor da vida de solteira, e muito mais se o marido for desses condescendentes, que não querem incomodar e desgostar em coisa alguma às suas caras-metades. É de advertir que este nome de metade só assenta bem na boca do marido, quando este é de marca agigantada, e a mulher pelo contrário tão pequenina, que lhe dá pela cintura; que traduzido ao pé da letra quer dizer que tal mulher é justamente metade de seu marido, que alguma vez seja ainda menos de metade. Antigamente dizia-se que a mulher, quanto mais pequena, melhor, porque levava menos pano em seus vestidos. Mas hoje não é assim: alta ou baixa, bojuda como uma pipa ou esguia como um espeto, gasta as mesmas varas ou côvados de fazenda, porque o que pode sobejar de comprimento e de largura acomoda-se tudo nas ancas, embora fique a senhora com feitio de campainha de cima de mesa.

Não há fortuna, por mais colossal que seja, que resistir possa aos desmazelos, ao luxo e desperdícios de uma mulher que não sabe ser dona de casa. Tudo se quebra, tudo se deteriora, tudo se gasta, tudo se consome, e nada chega em uma família, onde faltam o zelo, a economia, o bom regime da mulher. A louça que serviu para a ceia fica a granel por cima de mesas e cadeiras, os pratos e copos por lavar: vem o gato e quebra tudo. As toalhas ainda novas convertem-se logo em trapos de limpar candeeiros e de tirar panelas do fogo. As escravas, principalmente se são mucamas e recolhidas, furtam a mãos-cheias o açúcar, a manteiga, a farinha, o doce etc. etc., que repartem com os seus apaixonados. Tudo se faz tarde, e a más horas, porque, se a senhora jaz na cama até alto dia, as escravas também não se levantam cedo, e o desarranjo da família é inevitável.

Uma verdadeira dona de casa, concluído o almoço e dadas as competentes ordens e disposições para o jantar, assenta-se na costura, rodeada das mucamas, e aí cose, ou borda, remenda, remonta e conserta a roupa da família, pois onde falecem estas providências, onde se não dá trabalho, zelo e economia tudo se perde, se deteriora, e não há riqueza que possa durar. Quantas famílias, quantas gerações se têm abismado aos horrores da mendicidade e da miséria por culpa de uma dona de casa, que foi causadora da ruína de fortunas consideráveis! Quantos infelizes pedem hoje por portas, porque seus pais inconsiderados e loucos dissiparam todos os bens, e não lhes legaram senão necessidades e vergonha!

A ninguém fica mal o trabalho; a ociosidade sim. A ociosidade até é contrária à saúde. Uma senhora vadia e preguiçosa, uma senhora que só faz divertir-se por companhias, e que em casa só se ocupa em comer, dormir e enfeitar-se, adquire enfermidades crônicas, torna-se de uma compleição lânguida, e entra a padecer do sistema nervoso, que é um manancial fecundo de inefáveis sofrimentos. De tudo quanto dito fica, fácil é concluir quão momentâneo seja o negócio de casamento. Para certos cargos, para certos empregos requer-se a habilitação dos pretendentes; para alguns faz-se necessário um concurso. E não seria convinhável que nenhuma mulher se esposasse sem passar por um exame prévio? Sim, toda a moça que quisesse casar deveria ser examinada e aprovada em ler, escrever, contar, em coser, em remendar, tomar pontos de meias, fazer torcidas, e até nos princípios gerais da cozinha.

Ai, como é grosseiro o maldito *Carapuceiro*! (Dirão certas senhoritas do grande tom.) Uma senhora bem-educada e de certa ordem não é gente do vulgo para fazer essas coisas. Uma jovem que goza de consideração não se deve ocupar nesses trabalhos só próprios de gente baixa e pobre. Costuras, bordados, vestidos, atavios e adornos de toda a laia, tudo paga fora, em tanto que ela apenas se entretém com a leitura de novelas, com o piano e com as divinais quadrilhas. Quanto não for isto é rusticidade e carranzice. Já declino para a velhice, e talvez daí provenha esta minha humilde opinião de entender que, tendo a natureza, como já disse, destinado a mulher para as altas e importantíssimas funções de mãe, parece querer que acima de tudo ela possua as qualidades e prendas de uma boa dona de casa: o canto, o toque, a dança etc. não são para desprezar. Mas tendo-os por dotes secundários e obras de supurerogação. Se neste meu pobre alvitre alguma heresia há condenada pelo código criminal do bom-tom, queiram perdoar a minha simpleza, atentas as boas intenções com que escrevo estes e outros dislates. E sobretudo peço às minhas ilustres leitoras me não tomem ojeriza. Se muitas recebem gabos e incensos de deidades, muito mal assento lhes fica o ódio, de que se tomarem contra mim. *Tantoens animis colestibus iras*! Tantas raivas em anjinhos do céu!

# *A boa educação*[1]

Educai honestamente os meninos (gritam os professores da honestidade natural) e tereis sem dúvida homens honestos. Têm em verdade esses senhores muita razão em querer que se eduquem honestamente os meninos; e eu cá do meu cantinho os exorto a clamar: Metade do gênero humano educa a outra, e o mundo inteiro é aquilo que o faz ser a educação. Atentai para os meninos que crescem, os quais mesmo calados os admoestam que lhes cedais o lugar para eles ocuparem, e a pátria para administrarem, advertindo que daqui a poucos anos tereis bem constituídos os vossos magistrados, se bem instituídos tiverdes os vossos filhos.

[1] *O Carapuceiro*, n. 40 (17/8/1842).

A educação, que tanto pode nas plantas insensatas e nas bestas irracionais, por que não poderá muito mais em espíritos inteligentes e livres? Toda vez que contemplo um bem arranjado jardim de flores e um bem coordenado horto de plantas, quando olho para um poldro dócil à mão do cavaleiro, ou escuto a doce cantilena de um canarinho instruído por uma flauta, não faço mais do que observar os efeitos ordinários da educação material. Mas que espantosos efeitos se não admiram no nosso século relativamente à educação política? Vemos uma nação bárbara e quase selvagem trocar as suas caçadas em academias de geometria, as suas choupanas em palácios de luxos, os seus pântanos em arsenais de náutica, tentar mares e ventos desconhecidos, favorecer artes e artífices, acolher em seu seio riquezas e prazeres, ser avisado no conselho, prudente nas armas e no guerrear, e vencer depois de haver, entre os próprios desbarates, aprendido a vencer aos seus mesmos vencedores.

É muito forte sem dúvida e ao mesmo tempo gloriosíssima a autoridade da educação sobre os homens. E daqui é que nos ânimos de tantos se levanta uma destemperada cobiça de serem legisladores; daqui é que em todos os países pululam métodos e reformas não menos no comércio que nas letras, havendo tantos que anelem ser diretores não só das rendas do país, como das idéias privadas e pensamentos ocultos dos literatos. E é de notar que hoje os métodos de estudar são os mais expostos à novidade e à variedade. Mas a este respeito disse o profundo Kant que não conhecia outro bom método de estudos para um Estado, senão escolher bons mestres e deixá-los ensinar a seu modo. Todavia eu agouro prosperidades e glória a tantos e tão vários códigos literários que se decretam em vários países; e enquanto venero homens preclaros e sumos, que com a velha e rançosa vagareza chegaram a dilatada e altíssima doutrina, estarei sempre disposto a congratular-me com os nossos afortunados jovens, que em tão curto espaço de vida, e alguns até ainda imberbes, têm-se tornado tão rápidos conquistadores de todo o saber.

Seja o que for, concedo que a boa educação serve maravilhosamente para infundir a probidade logo desde os tenros anos. Mas o que me parece é que se não atende bastantemente a este ponto; e que de fato não se ensina bastante probidade aos moços. E assim o pensava o grande Pascal, quando dizia em seus pensamentos: "O que menos se ensina, que qualquer outra disciplina e ofício, é a ciência de ser homem de bem, a qual tem aliás não pequena extensão. Todos se jactam de saber mais aquilo que menos esperam conseguir, que é a honestidade". Educação para fazer um homem de bem é aquela do camponês singelo, franco e sofredor, que com o exemplo ensina aos filhinhos o trabalho das lavouras e o penso dos animais agrários, deixando-lhes em legado e herança o amor à vida laboriosa, desse pai honrado em suma, que não leva à boca o pão sem que primeiro rogue ao céu abençoe a sua pobre mesa.

Educação capaz de fazer homens de bem é a que algumas vezes dá um morigerado artista, que previne o sol com o trabalho, e o trabalho com a assistência ao santo sacrifício da missa; que exorta os filhos a toda diligência não só por ganho, senão por dever; que no desenfado das festas mistura o parco divertimento com o devoto mas longo exercício da religião, sempre afastado além disto do ócio das praças e da corrupção das tavernas. Educação apta para formar homens de bem é a que a seus filhinhos dá o honrado mercador, fazendo-os sabedores da lealdade de seus ganhos; que não vexa com avaras sutilezas aos agricultores; que não é menos solícito do crédito das suas mercadorias que das suas balanças; que ensancha a esmola à proporção que se lhe ensancha a riqueza; que se acerta mudar de estado, não muda o coração, e continua a reverenciar os seus maiores; que procura no próprio tratamento antes o cômodo que o fausto, e sempre convida a família a render graças com humilde adoração ao Benfeitor Soberano.

Mas tais gêneros de educação são próprios do vulgacho, em que só entra o pároco e o catecismo, e não merecem por isso os aplausos dos especuladores do mundo. Passa por coisa sabida que as idéias de religião podem muito sobre as pessoas grosseiras e gente do povo. Quando porém certos sujeitos dizem que a educação torna os homens honestos, falam de alguma coisa mais elevada, e têm especialmente em vista as condições mais gradas e elevadas, as quais há mister serem governadas com a filosofia. Entremos pois nos palácios, ou antes nos quartos internos dos nobres, para ver se a educação que hoje se lhes dá é apta para os tornar homens de bem. Um livro há, atribuído a Quintiliano,[2] no qual aparecem sobre a educação, que se dava no seu tempo aos nobres, queixas amargas sim, porém justas. Não produzirei só sentenças, imitando

[2] *Quintiliano*: professor e escritor latino do século I.

a certos declamadores, que querendo invectivar contra as desordens do seu século, como novas e nunca vistas, citam o testemunho dos padres do quarto e quinto século. O meu argumento será unicamente este: que conhecendo-se por uma parte que o autor desse livro vivera em uma idade corrompida, e vendo-se por outra que muito semelhante àquela é a educação presente, deduzirei que não é tão fácil esperar que se eduquem entre nós homens puros e honestos, assim como tais não se educavam então. "Outrora (diz o citado livro) o menino era amamentado não no cubículo de uma ama alugada, mas no seio de sua mãe, que nisto punha a sua maior glória. Logo que o menino estava grandezinho, chamavam em seu socorro uma parenta já idosa e de bons costumes, diante da qual nenhum dito mal soante se podia pronunciar, nem má ação praticar, porque essa aia com o seu pudor e severidade até os próprios brincos do menino sabia moderar. Assim Cornélia educou os Graco, Aurélia a César, Azia a Augusto. Na nossa idade porém (continua o autor) abandona-se o pequeno a uma ama grega, a quem se agregam um ou dois servos, muitas vezes vilíssimos, sempre burlescos e bufões, e que se não ajeitam a nenhuma coisa séria. Das suas fábulas, de seus erros e prejuízos enchem-se os vazios ânimos dos rapazes. Na casa toda, não há quem tome o cuidado de examinar o que se diz e o que se faz relativamente aos filhos, pelo que pouco e pouco nestes como que se inocula a impudência e o despejo. De certo que os vícios particulares desta nossa Roma parecem-me concebidos no útero materno, isto é, o amor dos histriões, dos gladiadores, das carretas, do teatro e do circo, de sorte que a alma toda ocupada nestas bagatelas já não deixa lugar para as belas-artes. De que outras coisas se fala em casa? De que outras ouvimos falar aos jovens nas assembléias e academias? Os mesmos mestres públicos entretêm-se de tais futilidades com os seus alunos, porque cuidam em aumentar o número dos estudantes não com a exatidão da disciplina, nem com a experiência dos talentos, sim com as carícias, com as zumbaias e adulações."

Volvamos agora os olhos em torno de nós; e a fim de que ninguém se queixe de que finjo inimigos aéreos pelo gostinho de os debelar, não recorrerei a sonhos nem fantasmas. Examinemos o geral, e vejamos o sistema ordinário, em vigor do qual se pretende educar meninos, que saiam homens de bem. Em que desamparo se não deixam quer meninos quer meninas em muitas casas de gente do grande tom! Os passatempos noturnos, o sono diurno e a distração de todas as horas não lhe permite podê-los ter debaixo das vistas. As portas de tais casas não se fecham ordinariamente, senão quando a aurora abre as do dia, e então o leito sucede à companhia, ao baile e ao teatro. Os filhos, entretanto, avezados a perder o sono da noite, derramam-se pelos corredores e pátios a conversar com lacaios, com criadas etc. E deixo ao critério das pessoas sensatas o ajuizar que males podem daqui originar-se à mocidade.

Passados os tenros anos, logo que ao menino assomam os primeiros alvores da razão, cuida-se em lhe dar mestre. Seja-me lícito a este propósito citar por inteiro a passagem de Bergier no seu *Exame do materialismo ou refutação do célebre sistema da natureza*, tomo 2º, capítulo 8. "Houve um tempo (diz ele), e não muito apartado do presente, em que entre nós se professavam as virtudes sociais, a probidade, a chaneza, a honra, o zelo patriótico, a bravura, a fidelidade, a amizade, a generosidade, o uso razoável das riquezas, a moderação nos prazeres e a humanidade para com os miseráveis. Tempo em que o francês soberbo, por assim dizer, de suas vantagens andava com seguridade dando o espetáculo dos seus costumes e do seu caráter às nações estrangeiras, ou os mesmos estrangeiros vinham à nossa terra, se não para aprender a virtude, ao menos para aprender os meios de a fazer amável. Então a educação dos jovens mais grados e abastados era confiada quase que exclusivamente a eclesiásticos; e estes foram os corruptores da mocidade, foram os que com as suas mortíferas lições formaram quase todos os grandes homens que honraram a nação. De alguns anos a esta parte há-se reconhecido o abuso desta educação religiosa e sacerdotal, e aos antigos substituíram-se mestres, pedagogos e aios cheios de elegância, de belas maneiras e tintos de um leve verniz filosófico, e que têm ensinado aos seus educandos uma moral muito superior à do Evangelho. De então para cá deve de ter crescido infinitamente o número dos cidadãos zelosos, dos esposos fiéis, dos juízes incorruptíveis, dos pais de família laboriosos etc. etc. A geração presente deve vangloriar-se da sua superioridade a respeito da passada, mas entretanto de toda a parte se ouvem clamores contra a corrupção da mocidade, e o mundo superabunda de famílias desgraçadas, de pais aflitos e infelizes. Nas diversas escolas que se hão aberto nas províncias do Reino, tem-se querido introduzir mestres limpos de todo o embaraço da decência eclesiástica e formados na capital sob a moral dos incrédulos. E foi preciso despedir tais homens admiráveis, cujos exemplos não eram menos perniciosos que as lições." O autor da história importante dos jesuítas acrescenta que pela maior parte os colégios dirigidos por leigos estão desertos ou desarranjados.

A respeito de colégios que critério se não faz preciso! Um colégio bem entendido é uma máquina estudada, composta e perigosamente sujeita a mil transtornos, tal e qual um finíssimo relógio de repetição. Entretanto alguns que abrem colégios têm-no antes por um moinho de vento, que deve andar bem toda vez que é protegido da aura propícia de alguma alta proteção. A matéria parece-me importante; e por isso prosseguiremos nela no número subseqüente.

# *A linguagem bordalenga de muita gente*[1]

É verdadeiramente lastimosa a linguagem ou gerigonça luso-africana de muita gente nossa, e não só do mençalho, como até de hierarquia elevada. Já não tratarei da prosódia ou acentuação da voz, pela qual estendem tudo que deve ser breve, e formam desta arte uma linguagem tão morosa que enfastia e quase dá sono. Vemos muitas vezes uma menina galante, viva e espirituosa. Mas em falando é uma miséria; e o mais é que, se alguém lhe diz que se corrija de falar tão descansada e preguiçosamente, arrebita o nariz, chofra-se e responde desdenhosa: "Eu nasci no Brasil, e não sei falar língua de marinheiro".[2]

| [1] *O Carapuceiro*, n. 58 (19/10/1842).

| [2] *Marinheiro*: português.

E que tal o descarte? Se no Brasil o que se fala é a língua portuguesa, segue-se necessariamente que com os portugueses ilustrados e polidos é que devemos aprender a falar, e não com tia Rosa e mãe Benta etc. etc.

Dona Mariquinhas é bela, veste-se com gosto, apresenta-se nos bailes com garbo e airosidade; dança bem as sempiternas quadrilhas, toca seu piano e canta agradavelmente. Mas quando fala, diz pra mode quê? em vez de por amor de quê? Diz cadê ele? em vez de que é dele? Diz vigie em lugar de veja. Diz oreia, veiaco, cuié, muié em vez de orelha, velhaco, colher, mulher etc. Dona Chiquinha é amável por seus encantos e bons modos, mas a cada passo não tira da boca o seu oxente! e não perde o vezo do mi deixe. Conheço uma senhora que, receando de que lhe falte alguma vez o *lh*, a torto e a direito os vai encaixando em todas as palavras, e assim nunca diz senão obrelha, culha, papagalho, fastilho etc. etc.

Que coisa mais geral entre nós do que os vocábulos *bunda*, *caxerenguengue*, *quicé*, e outros muitos de origem africana? Por esses matos, bem poucas pessoas fazem uso do verbo *ver* ou *olhar*; tudo é espiar. Espiou para ele, espie isto, espie aquilo. Muitos declaram guerra aos *r* finais, e dizem sempre mandá, buscá, comê, dormi, singulá etc.

etc. De protetor dizem em regra protetora, de morador, moradora, de sabedor, sabedora: mas de senhor formam *senhora* com *o* bem aberto. Quase todos os *e* são reduzidos a *i*, e assim dizem mi deixe, mi espere, ti faço, ti quero, minino; e o *lh* quase soa como *l* simplesmente na boca de muitos, que ainda assim não o proscrevem de todo. Por isso dizem muler, coler, ficou-le, pegou-le, le pedio em vez de mulher, colher, ficou-lhe, pegou-lhe, lhe pediu.

Estes e outros vícios procedem de muitas causas, sendo a principal sem dúvida o trato familiar com pretos africanos, que são por via de regra os nossos primeiros mestres. Depois disto o abandono, antes desprezo, em que temos a língua vernácula, contentando-nos de a falar segundo aprendemos de nossas amas, quase sempre escravas etc. etc. Pasmo de ver (e aliás não reprovo) a multiplicidade de colégios de educação que se vão estabelecendo entre nós. Os meninos e meninas de pais abastados desde os tenros anos vão logo aprendendo não só a traduzir, senão a falar as línguas francesa e inglesa. Mas sabem eles e elas alguma coisa da sua própria língua? Nada mais do que o que ouvem aos escravos e à gente grosseira, e eivado de inúmeros barbarismos e solecismos. Quando muito contentam-se de dizer que estudam a gramática portuguesa.

A respeito deste ponto vem-me a pêlo dizer francamente o que penso, conquanto não pretenda inculcar por acertada a minha humilde opinião. Eu entendo que isso de fazer dar a meninos a gramática é uma completa burla e tempo perdido, porque a gramática de qualquer língua regular é uma metafísica sublime, que excede a capacidade de uma criança. E se esta não percebe o sistema gramatical, tudo que se lhe faz decorar é materialmente, como o papagaio, e por conseguinte de nenhum proveito. O que cumpre fazer a meu ver, a este respeito, é curar de que os meninos não ouçam falar senão a pessoas limadas e corretas, pois destarte avezar-se-ão a uma linguagem certa sem que todavia saibam dar a razão dos vocábulos e suas relações. Só depois do rapaz desenvolvido, só depois da filosofia aprendida é que me parece conveniente o estudo da gramática da língua materna.

E será crível conheça capazmente qualquer língua estranha quem ignora a sua própria? Que filósofo, que orador, que jurisconsulto, que estadista, que político pode ser um homem que desconhece o idioma em que pensa, fala e escreve? Será possível aprender o português em livros franceses ou ingleses? E qual o resultado desse abandono em que há caído nosso aliás tão rico, tão agradável idioma? O que todos os dias vemos e lastimamos até em muitas de nossas leis. Um dos nossos jovens dado à cultura das letras inculca-se por um poço de sabedoria. É consumado jurisconsulto, é político de mão-cheia, é filósofo, é tudo. Mas só o que não sabe é falar ou escrever, porque quando fala ou escreve é num engrimanço tal, ou num mistifório de francês e português, que se não conhece a que idioma pertença.

É para admirar o desvelo que merece a muitos pais que os filhos aprendam línguas estrangeiras, que aprendam danças e instrumentos, e o nenhum cuidado que empregam para que eles saibam o seu próprio idioma, estudo aliás tão preciso e indispensável! Quanto não é feio, e até nauseoso, ver um jovem com barbas de profeta, e tão pintalegrete, como o mais afiado *petit maître* de Paris, e ouvi-lo pronunciar: estou com muito calou, meu cavalo carregadou, esquipadou, boi decedou, o mestre purgadou etc. etc.

Bem sei que em toda a parte a gente baixa comete barbarismos e solecismos, e por isso nem eu os estranho nela. Mas é insuportável o falarem errada e grosseiramente pessoas de ordem superior e que pertencem à classe grada da sociedade. Os galicismos principalmente têm vergonhosamente deturpado a formosíssima e riquíssima língua portuguesa. Eu não reprovo, antes louvo, que, quando nos faltem vocábulos para exprimir certas noções ou certas coisas novas, adotemos os estrangeiros, procurando-os sempre em primeiro lugar nas línguas mais aparentadas com a nossa, como sejam, por exemplo, a espanhola, a italiana, depois a francesa, e ultimamente a inglesa, mas dando a esses vocábulos o cunho nacional. Os nossos melhores clássicos já haviam naturalizado por precisão o verbo francês *surprendre*, mas vestiram-no à portuguesa, dizendo soprender ou suprender, e não, como agora proferem e escrevem quase todos, surprender. É sabido que este verbo francês compõe-se da preposição *sur* e do verbo *prendre*, mas em português não há tal preposição *sur*; o que há é a preposição sob, so, ou su, como soterrado, suposto etc. Logo, pede a analogia que digamos suprender ou soprender, e nunca surprender.

Qual é entre nós a pessoa que não diz estar ao fato disto ou daquilo; que não fala nas ressursas; que não usa do massacrar e de outras francesias completamente desnecessárias? Se temos o vocábulo *ramalhete* (falando de flores), que precisão há de dizermos *bouquet*? Se formos neste andar, daqui a poucos anos diremos *couteau* em vez de faca, *fourchette* em vez de garfo, *fromage* em vez de queijo etc. etc.

A mania das traduções, mormente de novelas, tem acabado de estragar a língua portuguesa. É indubitável que as línguas bem como as pessoas têm sua fisionomia própria e que a elocução varia na razão da índole e caráter de cada uma. Todos sabem que o francês em sua composição é monótono, não admitindo senão muito raras transposições. A sua marcha é: logo adiante o sujeito, após o verbo, e logo ao pé o seu regime direto, e o indireto acompanhando-o etc., à laia duma procissão, em que as irmandades vão por sua ordem umas após de outras. Em conseqüência dessa regularidade, aliás muito adequada aos assuntos didáticos, a língua francesa é menos eufônica, menos apta para a poesia e eloqüência, do que a nossa, a espanhola, a italiana, a inglesa e a alemã. Mas o que é que praticam pela maior parte os nossos tradutores de novelas francesas? Não fazem mais do que trasfegar, se assim me posso exprimir, os vocábulos franceses tais e quais para o português, assim pelo modo por que nas tipografias os tipos passam dos componedores para as galés. E o resultado é sair uma composição toda afrancesada e completamente ridícula.

Quem freqüenta a lição dos clássicos não pode suportar nem meia página dos nossos *gallici-parlas*. Demais o traduzir é para qualquer? Uma tradução boa talvez seja tarefa mais árdua do que a de qualquer escrito original, porque, além do perfeito conhecimento das duas línguas, certo talento, certo engenho, certo tato fino e apurado gosto cabe que tenha o tradutor, para penetrar-se e possuir-se do espírito do autor.

Muita gente crê que o estudo da gramática é quanto basta. Mas primeiramente, como já disse, o que se ensina nas aulas debaixo do nome de gramática portuguesa de nada serve aos meninos; e ainda quando a aprendessem capazmente, ela só serviria para falar sem erros de sintaxe, de concordância e de regência. Mas que distância não vai de falar ou escrever corretamente a falar e escrever bem! A índole, o gênio, as belezas, a força, os idiotismos de qualquer língua não vêm, nem é possível aprender nas suas respectivas gramáticas. Todas essas coisas só as ensina a eloqüência nacional, a freqüente lição dos clássicos com a devida crítica, e a comunicação com literatos, que falem bem. Mas não se creia que, para ter voto nesta aliás muito importante matéria, basta ser padre, médico, bacharel formado em leis etc., pois bem podem tais sujeitos ter estudado muito as matérias de sua profissão e a respeito de língua serem absolutamente leigos.

Desenganemo-nos, pois, que enquanto não estudarmos seriamente a nossa língua nunca progrediremos nas ciências, e na república das letras nunca passaremos de meros papagaios. Cultive-se embora o estudo das línguas estrangeiras, porém muito mais o da nossa. Que diferença das obras de Garrett e de Castilho, nossos contemporâneos em Portugal, à maior parte dos escritos que por aí vogam, já originais, já traduzidos! Que miséria, que vergonha não é ser deputado, chamar-se orador um tatambinha, que fala quase como pai Mateus ou mãe Rosária! Ou exprimir-se em um sarrabulho galo-luso, que se não sabe o que é! Os franceses, os ingleses, os italianos, os alemães de certa ordem todos estudam muito cuidadosamente a sua língua até em aulas públicas, para isso estabelecidas. E nós, que tudo queremos arremedar do estrangeiro, por que não os imitaremos em objeto de tanta utilidade? Será perdido o tempo que um jovem furtar às quadrilhas e aos bailes para freqüentar o estudo do seu próprio idioma? Reflitam bem os pais nas seguintes palavras do judicioso Boileau:

*Sans la langue en un mot l'Auteur le plus divin*
*Est, quoique il fasse, un mauvais escrivain.*[3]

[3] "Sem a língua, o autor mais divino/ é, malgrado o que faça, um mau escritor."

# *O que é ser bom moço*[1]

Depois que se adotou a fórmula bom moço, já não há ninguém mau. Em outras eras, naqueles ferrenhos tempos em que o capitão Frigideira[2] era uma das notabilidades da nossa terra e um ouvidor era uma potência muito mais temível do que hoje toda a Relação, dava-se o nome de bom moço ao mancebo humilde, obediente, calado, respeitador dos mais velhos, que sabia de cor e salteada toda a doutrina cristã, que não perdia missa, nem outro qualquer ato religioso; que não fazia a primeira barba sem prévia licença de seu pai; que na idade de dezoito anos ainda se chamava menino, que em casa andava em fralda de camisa, e talvez com um nozinho atrás para não a

[1] *O Carapuceiro*, n. 75 (17/12/1842).

[2] *Capitão Frigideira*: figura popular pernambucana.

molhar; que ainda usava de camisa de gola, e não ia para a aula sem um pajem que o vigiasse e guardasse.

Já no jovem desses tempos espigavam as barbas, e ainda brincava com seu oratório, com procissões e novenas, com regimentos de cartas, com espingardinhas, com trombetinhas e outras maravalhas do mesmo jaez. Em qualquer adjunto, e mormente na presença de homens já feitos, conservava-se silencioso, e na maior publicidade tomava a bênção ao papai e mais à mamãe. Finalmente por qualquer rebaldaria ou travessura, ainda apanhava com as correias, se não tinha a fortuna de apadrinhar-se com dindinho ou dindinha. Aos dezesseis anos, entrava na aula de latim, de onde só saía dali a nove ou dez anos para casar ou para ordenar-se, mas era um gramaticão respeitável, porque nessas eras a gramática reputava-se a maior das ciências, e tinha a nomeada de doutor todo aquele que levantava intermináveis questões sobre supinos e gerúndios etc. etc.

Como estão trocados os tempos! Que espantoso não é o progresso, em que caminha o nosso século XIX! Até então o mundo era regido pelos velhos, mas dizem que ia muito mal. Hoje é administrado por jovens, e asseveram-nos *a fortiori* que vai uma maravilha! Hoje tudo é prodigioso, porque até os talentos desabrocham tão presto e tão cedo, que é um pasmar. Os meninos de agora aos quatro anos entram nas primeiras letras. Em virtude dos novos admiráveis métodos de abreviar e simplificar tudo, aos sete anos passam para o latim, o qual aprendem aí em quaisquer dois anos e sem levar uma só palmatoada. Lógica, geometria, retórica, geografia, cronologia e história, isso estudam muito bem em um ano. O francês tomou hoje o lugar do latim. O jovem de boa educação começa a aprender o francês desde que principia a falar, e ainda ignora o padre-nosso e já sabe os verbos auxiliares e as quatro conjugações. Em suma, se os estatutos das nossas academias não exigissem para a matrícula a idade de quinze anos em diante, não faltariam jovens matriculados com dez anos, e aos quinze ou dezesseis já bacharéis, doutores, deputados e juízes disto, daquilo e daquilo outro.

A idéia de veneração e respeito à ancianidade está inteiramente eliminada do novo programa da nossa educação, tanto que, se outrora o ser velho era um título para merecer atenções da mocidade, hoje é um desar, e não sei se diga que uma pecha para o menosprezo e desprezo. E o que é que presentemente se chama um bom moço? É um rapaz despejado, que nenhum respeito tem aos mais velhos, inclusive a seus próprios pais e mestres. É um jovem que aos catorze anos já namora a torto e a direito, e pode dar quinaus em uma freira a respeito de intrigas amorosas; que vestido como dom João de Castro ou dom Vasco da Gama, com cabeça de são João Batista e armado de um charuto como um archote, e muitas vezes de óculos fixos por causa de não vir a faltar-lhe a vista, por aí anda, e tem o mundo inteiro por seu.

Vejo o jovem Cazuzinha, que me é desconhecido; e se pergunto que é, dizem-me: Oh! é muito bom moço. Dança muito bem as quadrilhas, pertence a várias sociedades de bailes, não perde partida, conhece perfeitamente até pelo faro o que é *soirée* inteiro, o que é *soirée* partido, o que é meio *soirée* etc. etc. Assobia sua flauta muito sofrivelmente, passeia e namora todo o dia, dança ou joga o *ecarté* toda a noite, tem uma ponta de língua que é uma navalha. Mas que emprego, que ocupação, que ofício, que indústria tem esse sr. Cazuzinha? Não se lhe conhece nada disto: só o que se sabe é que é muito bom moço. Vai ele à missa aos domingos e dias santos? Só se há madamismo que namorar. Confessa-se ao menos uma vez cada ano? Qual! A confissão está proscrita do ritual do bom-tom, e só tem lugar em velhos estúpidos ou patetas, porque que pecados pode ter um jovem do ditoso século das luzes, em que o catálogo dos pecados tem se resumido à expressão mais simples? Se o pai repreende ao nosso Cazuzinha, arrebita-lhe o nariz e responde-lhe com a arrogância própria do seu nobre orgulho. Se a mãe lhe quer dar algum conselho, volta-lhe as costas e chama-lhe bruxa impertinente. Além disto o jovem Cazuzinha é mais valente que Roldão. Não anda sem faca ou punhal, e por qualquer coisa forma uma briga e quer matar todo o mundo; mas é sempre muito bom moço.

Também concorre muito para o predicamento de bom moço o ter-se educado na Europa, mormente em Paris. O jovem Manezinho daqui foi muito criança para um desses colégios. No fim de cinco ou de seis anos aí o temos de torna-viagem. E que melenas que traz! A cada instante, é-lhe forçoso estar escabeceando, como besta com mosca, porque os cabelos tapam-lhe os olhos. Traz camisa de riscadinho, gravata de mil cores, uma casaca com arremedos de chambre, umas barbas como as do mais cheiroso bode, chapeuzinho de palha ou boné, e o inseparável charuto. Vem misturando francês com português, que ninguém entende. E que frutos colheu ele da sua educação parisiense? Oh! É boa pergunta essa? Deu um curso completo de natação: pula, pinoteia e salta melhor que um macaco, porque aplicou-se bastante à *gymnastique*. Toca admiravelmente berimbau, estudou geometria, porém por cá não sabe resolver o mais simples problema, porque a geometria que estudou foi só francesa. Finalmente é bacharel em artes. Mas este jovem de que há de viver, que é o grande caso? De ensinar a nadar por princípios? Cá no nosso Recife é rara a pessoa que não saiba nadar de curiosidade, apesar de não ter dado anos a esse estudo, e cá nos vamos arremedeando como Deus nos ajuda. De tocar berimbau ou trombeta, ou de dar pulos de mono? Não terá com que mandar ao açougue. Mas *monsieur* Manezinho é bom moço, e isso basta para vir a ser tudo.

Antigamente a política era um mistério, um arcano, uma monita secreta que só entrava em certas cabeças cobertas de cãs, porque, se a política é a arte de reger as nações, entendia-se que só a podia saber o homem de profundos estudos e muito amestrado pela experiência do mundo. Mas hoje qual é o jovem de quinze anos, qual é o bom moço que não mete as botas nos maiores publicistas, e não sabe mais de política do que Aristóteles, Cícero, Platão, Licurgo, Sólon, Hobbes, Maquiavel, Montesquieu e J.-J. Rousseau? E ele conhecendo o que é liberdade, o que é direito, o que são garantias, tem quanto se faz mister para politicar infinitamente. E se tem certo tom para declamar contra o despotismo, isso é ouro sobre azul: está o jovem no caso de ser escritor público e derramador de luzes.

No tempo do rei velho dizia-se que a fome era o verdadeiro apolo de muitos poetas. Hoje, ao menos entre nós, não se quer saber de poesias; e a fome passou a ser a musa inspiradora de muitos periodiqueiros, não só a fome de comer, senão muitas vezes a fome de figurar, de mandar etc. etc. E qual será o governo que agrade a tais esfomeados? Quase todos são uns cabritinhos que berram por mamar, e que só se calam enquanto chegam a aproveitar alguma pojadura. Mas em verdade essas teorias, essas declamações de política já são muito cediças e nada aproveitam. É preciso dar aos espíritos a direção do trabalho e da indústria, e não a do ergotismo e das abstrações. Um povo laborioso e que progride na indústria, esse é que é o povo verdadeiramente livre, porque prospera e vive feliz. Eu reconheço que a oposição é um elemento essencial no regime representativo; e qual será o governo do mundo que não sofra oposição? Mas o que se deve desejar é que esta seja franca, leal, honesta e conscienciosa, e não oposição pessoal e só de pescaria.

Mas, passando ao nosso propósito, é tal a latitude que se há dado à expressão bom moço, que até assim se qualifica qualquer jovem, em quem se não conhecem outras prendas mais do que governar bem um carro, fazer bravuras a cavalo, dizer pulhas e chalaças e ser um completo vadio, e às vezes um ditongo de tolo e peralvilho. São estes os que mais galram, são estes os que em tudo se metem e em tudo se acham, e não há muitos anos que esses bons moços arrogavam-se o título de pais da pátria, e traziam-nos aqui numa contínua lida de sedições, de rusgas, de desordens. Felizmente essas influências vão muito decaídas entre nós, conquanto não faltem por aí bons moços que, saudosos das cebolas do Egito, ainda desejam ver reproduzidos esses dias da sua glória e do seu predomínio. Porém creio que já lhes não será fácil recobrar os perdidos foros, porque felizmente o Pernambuco de hoje não é o Pernambuco de 21, 22 e 24.

# *Os passatempos do Natal*[1]

A calma, que ora faz nesta cidade, convida a maior parte de seus habitantes a procurarem o ar do campo e a saírem uns para as aprazíveis margens do Capibaribe, outros para o saudável sítio de Beberibe, estes para Olinda, aqueles para a Boa Viagem etc. etc. Nestes meses parece que toda a cidade se muda para o campo. Mas a dizer francamente o que sinto, antigamente os nossos subúrbios tinham mais ares de campo, neles se gozava de mais liberdade do que hoje em que o incremento da população tem aumentado os prédios e dado a esses sítios certo caráter de cidade. Em outros tempos, nos lugares de passar a festa, havia muito poucas casas, disseminadas aqui

[1] *O Carapuceiro*, n. 77 (24/12/1842).

e ali, encontrava-se muito maior número de árvores e de arbustos, e conseguintemente o ar era mais fresco, mais puro, mais agradável. Era muito maior o número de passarinhos, que descantavam à porfia por essas campinas e bosquezinhos, porque não havia tanta cópia de caçadores, como agora, que não deixam respirar esses inocentinhos, que com suas variadas cantilenas tanto amenizam a vida do campo.

Nessas eras de paz e de sossego de que liberdade se não gozava! Nossas avós trajavam muito singelamente. Com seus xales, sua saia branca, sem meias e com uns chinelinhos nos pés assim passeavam, assim faziam visitas, assim iam ao banho. As famílias davam-se mais umas com as outras, e havia entre elas mais lhaneza e sinceridade. Os divertimentos desses tempos, que tinham seus arremedos de patriarcais, eram os jogos de prendas e as nossas sempre aplaudidas modinhas. Sinhá Chiquinha, ou sinhá Naninha, por exemplo (porque nessas eras eram raros os dons), cantavam suas chulas, seus lundus acompanhados à cítara e à viola, e os maganos de então também namoravam delas, também lhes faziam versos, também diziam suas proezas por amor delas, finalmente também casavam com as suas amadas, e delas tinham meninos tão real e perfeitamente como hoje se pratica.

Era então desconhecido o vocábulo baile, e se alguém falasse em *soirée*, tomariam isso por alguma pulha ou feitiçaria. Boquinha todos sabiam o que era, mas *boquet*! Ninguém tal entenderia. Em funções de batizado ou casamento havia os minuetos rasteiros, os cotilhões, e de ordinário arrematava-se tudo com o baiano, que então não se reputava dança imoral como hoje, em que os costumes vão se apurando, como se vê e todos admiram. O chá apenas se achava de venda nas boticas para remédio. Os almoços eram carne assada com molho de ferrugem e pirãozinho da panela, e com isto nossas avós eram rechonchudas, fortes e vigorosas. Não padeciam de gastrites, não punham bichas, nem se viam perseguidas das hipertrofias, e de ordinário chegavam a avançada idade. Nos belos areais do Poço da Panela, do Monteiro, Caldeireiro etc., em noites de luar ajuntavam-se ranchos, e ranchos uns cantando, outros tocando, outros brincando o jogo do limãozinho. E com que inocência um manembro desses ditosos tempos se plantava de pernas encruzadas em um círculo de moças, procurando o limãozinho de mão em mão, e elas cantando sempre o “Chora Mané, não chora;

chora porque não vê o limão: o limão anda na roda por culpa deste babão bestalhão!".

Que diferença não fazem hoje os nossos usos e costumes! Presentemente tudo está francês e não temos uma só prática, um estilo, que se possa dizer que nos caracteriza. As próprias modinhas já perderam o cunho de modinhas, e ora não são outra coisa mais do que pedaços de árias ou de sinfonias italianas, agradáveis sim, mas que não são modinhas. Hoje os nossos campos de recreio quase que em nada se diferenciam da cidade. Agora até os bailes emigram para os subúrbios e quase que com as mesmas formalidades e etiquetas. E a base desses divertimentos, já se sabe, é sempre quadrilha e mais quadrilha, a qual com a devida vênia rigorosamente não se pode chamar dança, porém sim passeio ao som de música. Em verdade em tais contradanças os cavalheiros não têm outro mister, senão andar pausadamente para aqui e para ali, fazendo sempre cortesias às senhoras, entretanto que estas enviam-se a eles de gasnates estirados, cabeça a uma banda, todas enrufadas com os seus engomados vestidos, e assim por modo de peruzinhos quando principiam a brigar.

Nos intervalos das monótonas e maçadoras quadrilhas, vem o chá, acompanhado dos sequilhos, bolinhos etc., e é quando mais se conversa; mas os que estão amarrados ao *ecarté* nas mesas mesmo tomam o chá e prosseguem a cumprir o seu fado. Concluído o baile, este perdeu duzentos réis, aquele trezentos réis etc., porém regalou-se o maganão, e passa muito contente o resto da noite! E que distância não vai da frugalidade de então ao luxo de hoje! Eu não ignoro que o luxo economicamente considerado nada tem de mau, antes é um forte incentivo da indústria e aumenta a riqueza do país. Sei que o luxo só prejudica a quem é imprudente e louco, mas pelo lado da moral o luxo é ocasionado a mil males. Bem se sabe quanto é contagioso o exemplo, e que extraordinário esforço cabe que empregue quem se quer apartar de usos geralmente adotados e aplaudidos. Onde predomina o luxo bem rara é a pessoa que a ele se não cruze, quando não por gosto próprio, ao menos por imitação, por condescendência e por não fazer figura triste na sociedade.

Introduz-se, por exemplo, a moda de as senhoras não saírem de casa com vestidos de chita, porém só de seda. Dir-se-á a isto: a mulher que não comprar sedas ou não saia, ou a sair seja com o seu vestido de chita ou de cassa conforme as suas posses. Estes alvitres são fáceis de dar, porém não de praticar. Todas querem não só sair, se não igualar às mais, e para isto façam-se embora os maiores sacrifícios, embora fiquem arruinados o pai, o marido etc. etc. Onde o luxo é o principal elemento de estima e veneração pública, que esforço de virtude não é preciso para o magistrado deixar de ser venal, o advogado trapaceiro, o comerciante limpo em seus negócios, o padre desinteressado, a mulher falta de meios superior às sugestões dos sedutores? Neste sentido é que me parece que o luxo é uma peste. De que serve que este aumente por uma parte a riqueza de um país, se por outra lhe corrompe e estraga os costumes? A riqueza é sem dúvida um bem, mas não é o único. E qual será mais feliz: um povo menos rico, mas de boa moral, ou um povo muito rico, mas de péssimos costumes?

Creio que proporcionalmente falando não há hoje cidade de tanto luxo como a nossa; e é de notar que comparativamente não são as pessoas abastadas as mais faustosas. Um homem, por exemplo, que vive do seu ofício, a muito custo meteu o filho no curso jurídico. No dia da sua formatura dá um banquete, para o qual endivida-se e arruína-se. Outro, que Deus sabe como passa, casa uma filha ou batiza um filho, e quer fazer festança, convida amigos e conhecidos, dá um grande pagode, mas no outro dia não tem com que mande ao açougue, à taberna e à quitanda. O juiz tem pequeno ordenado e mesquinhas propinas, o que tudo apenas lhe chega para ir passando parcamente, mas ele não quer viver no escuro e deslembrado, quer receber zumbaias, quer andar na melhor roda; e o que fará? Vender a justiça e pô-la em almoeda a quem mais der.

Talvez que de dedução em dedução se possa mostrar que o luxo entre nós é uma das causas do desprezo da lei e da impunidade dos crimes. As precisões factícias, os regalos da vida com o hábito convertem-se em prisões reais, e para as satisfazer muitas vezes é mister postergar os deveres, calcar a justiça e cometer indignidades e até crimes. Do que levo dito, não infira alguém que é meu intento proscrever o luxo, tanto mais quanto este é sempre relativo. O que eu quisera, sim, era que a educação atual da nossa mocidade fosse espancando esses prejuízos de pretenderem os pobres ombrear com os ricos.

O tempo do Natal é aqui o da maior parte das novenas e festas das igrejas dos nossos subúrbios. Mas é de notar que tais atos religiosos são para a maioria da gente um verdadeiro passatempo, e nada mais. Qual é a moça um pouco *fashionable* que vá à igreja confessar-se ou ouvir missa? Muitas vezes a igreja fica-lhe a vinte passos da sua casa, e a sinhazinha nunca lá entrou de dia. Mas de noite às tais novenas todas vão, como vão a qualquer função, a qualquer divertimento, e muito mais se há fogo ou máquina! Não sou eu tão anacoreta e rigorista, que pretenda excomungar as convivências e recreios honestos, mas o que muito reprovo é que os santos e os augustos mistérios da religião sirvam de pretexto ou, como se costuma dizer, de pé de cantiga, para súcias, pagodes, namoricos etc. etc. Em Pernambuco os chamados presépios do Menino Deus têm chegado a um excesso tal, que já parecem mania. E que de maganices e conquistas se não fazem nessas festanças patusco-religiosas! Que influência, que furor se não desenvolve, que excessos se não praticam por causa de certas pastorinhas, tudo em louvor e honra do Menino Deus!

Estes passatempos de presépios são de ordinário a partilha da gente menos elevada. À de ordem superior pertencem as partidas, os *soirées* e os bailes. A moda e o bom-tom ordenam que as cinturas das senhoras sejam o mais delgadas possível, para o que parece-me que até dormem com os espartilhos. E não será um martírio, uma verdadeira penitência o estar noites inteiras apertada em duras talas de barbatana de baleia? Não será esta uma das principais causas de tanta irritação do estômago, de tantas pulmonites etc. etc.? Mas enfim o bom-tom assim o quer, e que glória não é para uma senhora o acabar a vida na flor dos anos tísica, marasmada etc. por se não apartar dos preceitos da moda? Não é melhor deixar de existir do que não ter a cintura do diâmetro da de um macaquinho? Que desar, que vergonha, que descrédito não é para uma senhora o dizer-se que tem a cintura grossa? Cintura grossa! Pode haver maior opróbrio? Portanto aquela que assim a tiver aperte-se com todas as forças, traga embora na maior opressão às entranhas, retarde com isso embora a livre circulação do sangue, adquira as mais graves moléstias, seja acometida até de uma apoplexia, morra enfim na aurora da sua existência, que o seu nome passará à posteridade cheio de triunfos e de aplausos, dizendo todas a uma voz: ela morreu sim de tanto arrochar-se; mas sempre se apresentou de cintura fina.

Não admira que a tudo isto se sujeitem as moças, quando não faltam veteranas que se apertam e martirizam para parecer garbosas. Uma destas fez anos em certo sítio pela festa, e assentou de os festejar com todo o fausto que lhe foi possível, apresentando-se com ares de deusa, talvez de Prosérpina, rainha do império das trevas. Chamava-se ela dona fulana da Luz. Houve grande jantar, e na sobremesa (que começamos a chamar *toast* depois que viramos estrangeiros) alguns vates, mais inspirados de Baco que de Apolo, fizeram-lhe seus versos. E como quer que certo parasita desse o seguinte mote:

*Faz anos a luz mais pura*
*Das luzes que o Olimpo tem*

um magano fechou a quadra epigramaticamente desta maneira:

*Faz anos a luz mais pura*
*Das luzes que o Olimpo tem:*
*Lux aeterna luceat ei*
*Requiescat in pace amen.*[2]

É esta quadra do ano a grande safra dos jovens. E tais são as coisas humanas, que é quando pior tempo levam os escravos e os cavalos, porque trabalham de dia e de noite. Qual é nestes meses o sujeito que se não provê de um cavalo para os seus passeios, e com mais razão se traz filado algum namorico? Os que são menos abastados, coitadinhos!, não podem ser tão assíduos em ver e visitar as suas respectivas pastorinhas, mas alugam ainda que sejam

[2] "A luz eterna resplandeça para ele,/ descanse em paz, amém."

camelos para os domingos e dias santos, e por aí vão xoteando, que parece que apregoam pazes. Ora nesses patuscos acho acertado o trazerem grossas bengalas na mão, porque de ordinário os tais cavalos de aluguel só à força de bastonadas poderão dar de si alguma coisa. Mas do que serve uma maroma dessas na mão de quem anda montado em cavalos árdegos e expeditos? Só se é para não perderem o equilíbrio à laia de bailarinos.

Ora pois, muito boas festas desejo a todos os meus ilustres leitores e mais leitoras, livres de indigestões, constipações e tudo quanto for incômodo, inclusive o zangarem-se do *Carapuceiro*, que diz quanto lhe vem à cabeça e conseguintemente muito despropósito, mas sem o mínimo intento de ofender a seu próximo. Disse.

ESTA OBRA FOI COMPOSTA PELO ESTÚDIO O.L.M. EM AGARAMOND E IMPRESSA PELA GEOGRÁFICA EM OFF-SET SOBRE PAPEL PÓLEN SOFT DA COMPANHIA SUZANO PARA A EDITORA SCHWARCZ EM ABRIL DE 1996.